Klaus Deichmann

Der Mensch im neuen Jahrtausend

Mittel oder Mittelpunkt?

TRIGA\VERLAG

Die Deutsche Bibliothek – CIP-Einheitsaufnahme
Deichmann, Klaus:
Der Mensch im neuen Jahrtausend: Mittel oder Mittelpunkt?/
Klaus Deichmann. –
Gelnhausen: TRIGA\VERLAG, 1999
ISBN 3-89774-020-6

1. Auflage 1999

Herzbachweg 2, D-63571 Gelnhausen

Umschlaggestaltung: Waldemar Pohley, Heiloo, Niederlande;
DWP, Agentur für Werbung, Schermbeck
Satz: Beate Hautsch, Göttingen
Druck: Alfa Druck, Göttingen
Printed in Germany
ISBN 3-89774-020-6

Widmung

Dieses Buch wendet sich an Menschen, die auf der Suche nach dem Sinn des Lebens und nach einer Erfüllung sind, an Menschen, die sich nicht vermarkten lassen und bereit sind, eigenverantwortlich den eigenen Weg zu gehen, um dieses Leben zu bestehen. Ich möchte nicht Wahrheiten als solche verkünden, sondern vielmehr den Leser zur individuellen Weiterentwicklung und zur Findung *eigener* Wahrheiten anregen. Der Weg ist das Ziel!
Das Gedankengut entspricht meinem Denken. Viele haben zu den dargestellten Überzeugungen – willentlich oder unwissentlich – beigetragen. Mitmenschen, die (vermeintlich) ursächlich für die (wenigen) tiefen Täler in der persönlichen Entwicklung des Autors waren und solche, die ursächlich die überwiegend positiven Höhen im privaten und beruflichen Bereich mitgestaltet und mitgetragen haben. Die erste Kategorie schätze und akzeptiere ich, den letztgenannten bin ich sehr dankbar und bleibe ihnen verbunden.
Allen voran war es meine Frau, die mir in bald vier Jahrzehnten mit der ihr eigenen Intuition auch in schwierigeren Zeiten zur Seite stand und mich dabei vor vielen Umwegen bewahrte. Ihr widme ich dieses Buch.
Aber auch alle anderen waren oder sind für mich

Botschafter meines Lebens!

Ein Hinweis vorab:
Ich möchte in diesem Buch der Leserin/dem Leser das umständliche er/sie, ihm/ihre oder ihre/sein ersparen.
Um diese immense sprachliche Schwerfälligkeit zu vermeiden, habe ich die »männliche Variante« gewählt, auch wenn das nicht im Einklang mit meiner Überzeugung steht, wonach Frau/Mann jeweils *eine* ebenbürtige Seite der *gleichen* Medaille sind!

Inhalt

Vorwort

In der Nähe unseres Hauses, in der Calle San Andrés im Süden von Mexico City, lag ein unbebautes Grundstück. Mit großer Regelmäßigkeit kamen frühmorgens ganze Indio-Familien, um nach den Überresten der Wohlstandsgesellschaft in diesem Wohnbezirk zu suchen. Das wenig Nützliche half, diesen Menschen das Überleben zu sichern.
Beim morgendlichen Duschen immer das gleiche Bild aus dem Badefenster: die hungrigen Menschen auf der Suche nach einem Morgen. Philosophische und theologische Gedanken waren besonders hier, aber auch während unserer Mittelamerika-Jahre ganz allgemein ständige Begleiter; Fragen nach dem *Woher* und *Wohin* und oft auch nach dem *Warum* des menschlichen Daseins.
Etwa 15 Autominuten entfernt lag in der Nähe der Ausfallstraße Insurgentes mein Büro, die Zentrale der mexikanischen Tochter eines weltweit bekannten deutschen Chemiekonzerns. Ein guter Abstand zum Büro, morgens zum Einstimmen, abends zum Abschalten ...
Eines Tages, im Jahre der Olympischen Spiele (1968), hatten aufgrund sozialer Unruhen sehr nervöse Sicherheitsorgane das Gebiet rund um unser Bürogebäude weiträumig abgesperrt. Ein Volkswagen, voll besetzt mit fünf jungen Studenten, war auf Befehl eines Polizeioffiziers mit Maschinenpistolen durchsiebt worden. Angeblich hatte der jugendliche Fahrer provokativ den »spanischen Finger« gezeigt.
War dem Polizeioffizier das Unbewußte oder der Aggressionstrieb, wie Freud dies formulierte, einfach »nur« durchgegangen?
Für uns war es einmal mehr ein erschreckendes Beispiel, wie wenig ein Menschenleben in einem Land der sogenannten Dritten Welt überhaupt wert ist. Auch hier wieder dieser

Zweifel an dem *Warum?* Wer einmal das speziell auf mexikanische Verhältnisse zugeschnittene Buch der Kinder von Sanches von Oskar Lewis [1] gelesen hat, wer über Jahrzehnte auch in anderen Erdteilen das Dasein, das Zusammenleben von Menschen mit offenen Augen verfolgt und immer wieder Hintergründe zu erhellen gesucht hat, kommt zwangsläufig von der Philosophie zur Theologie und zur Psychologie (oder umgekehrt).

So ist es auch mir ergangen. Eingebunden in die täglichen Herausforderungen der industriellen Welt, habe ich – sicher stark geprägt von fast zwei Jahrzehnten meines Auslandseinsatzes – früh begonnen, Erkenntnisse vor allem der Psychologie, später, ergänzend, solche aus der Esoterik, in meiner praktischen Tagesarbeit umzusetzen. Dabei habe ich viele nützliche Erfahrungswerte mit erstaunlichen praktischen Ergebnissen gewinnen können.

Drei Jahrzehnte nach der in Mexiko erlebten Tragödie sind Forschungen darüber, wie Menschen mit dem von Sigmund Freud beschriebenen Aggressionstrieb umgehen, nicht weniger aktuell. Wenn in unseren Breiten Menschen ausrasten und vor lauter Hilflosigkeit nicht mehr Herr ihres Verhaltens sind, dann führt das in der »zivilisierten« Welt nicht selten ebenfalls zu Mord und Totschlag. Die Medien sind voll von solchen Schreckensberichten.

Wie subtil die Aggression in Vorstandsetagen der Industrie bewältigt wird, zeigt ein jüngst aus unmittelbarer Nähe erlebtes krasses Beispiel. Ein mehrköpfiger Vorstand war in sich zerstritten, Haßgefühle an der Tagesordnung und Loyalität ein Fremdwort – entsprechend waren auch die geschäftlichen Mißerfolge. Ein Vorstandsmitglied, das – erfolgreich und bei den Mitarbeitern beliebt – sich in keiner Weise etwas hatte zuschulden kommen lassen, aber »kulturell« nicht paßte, sollte »verabschiedet« werden. Während einer Abfindungsverhandlung hatte dann der zuständige Personalvorstand Auftrag gegeben, die Werksfeuerwehr(!) einzusetzen, um diesen Kollegen am weiteren Zugang zu seinem Schreibtisch zu hindern ... Auch wenn es nicht zu diesem Einsatz

kam: Gerichtstermine waren die Folge, und ich gehe davon aus, daß dieser verdienten Führungskraft – wie so vielen in unserer heutigen hektischen, oft menschenverachtenden Arbeitswelt – eine Abfindung gezahlt wurde und damit auch dieser Fall »erledigt« ist.
Sicher, im Ergebnis weniger folgenreich und gegenüber dem Vorfall in Mexico-City nicht vergleichbar. Nur, psychologisch mag es hier die Parallele zu einem ähnlichen Auslöser im Persönlichkeitsraster gegeben haben. Und vor allem: die Verantwortlichen für solche teuren Fehlentscheidungen sitzen (noch) auf ihren Posten, verantwortlich für persönliche Schicksale, die nicht interessieren, wie für geschäftliche Mißerfolge, die zumeist von Aufsichtsräten kaschiert werden. Durch eine verfehlte Personalpolitik entstehen der deutschen Wirtschaft jährlich Milliardenverluste!
Ist der Mensch **Mittel?** Ist der Mensch **Mittelpunkt?** Oder – situativ – beides? Das sind Fragen, die mich gerade auch in der heutigen, schwieriger gewordenen Arbeitswelt in der Industrie bewegen. Geprägt von internationaler Erfahrung, nach über zwei Jahrzehnten in Führungspositionen, versuche ich seit langem, Theorie und Praxis in Einklang zu bringen. Das dabei gebildete und sich weiter bildende Erfahrungsmosaik besteht aus vielen Einzelaspekten. *Die Wahrheit ist immer der letzte Stand der eigenen Unvollkommenheit!* Dieses Motto und die Überzeugung, daß *Leben immer auch Lernen (und Anwenden!)* heißt, sind und waren meine Triebfedern für die fortwährende Suche nach Brücken zwischen wissenschaftlichen Erkenntnissen und eigener Praxis; sie sind auch die Triebfeder für diese Arbeit.

Drei grundsätzliche Bemerkungen möchte ich voranschicken:
1. Ich habe gelernt, **nicht zu missionieren.** Jeder von uns durchläuft dieses Leben als eine Art Schulklasse, mit allen *Hochs*, aber auch mit allen *Tiefs*, mit allen negativen als auch positiven Seiten. Hilfestellung von dritter Seite sollte ausdrücklich erwünscht sein. Religiöse Gemeinschaften mit absolutem Wahrheitsanspruch passen nicht mehr in das Bild

des dritten Jahrtausends. Leider sieht das diesbezügliche internationale Umfeld augenblicklich – am Ende des 20. Jahrhunderts – nicht sehr verheißungsvoll aus.
Den beiden großen Kirchen in Deutschland gelingt es offenbar immer weniger, den Kern des christlichen Glaubens unserer Gesellschaft plausibel zu machen. Religiöse Sehnsucht wird schon lange nicht mehr nur kirchlich erfüllt. Nach den offiziellen Untersuchungen steigt die Anfälligkeit für neue religiösweltanschauliche Ideen, für Erfolgs- und Selbsterlösungsideen in lebensgeschichtlichen Umbrüchen. Insofern können die Kirchen in der Auseinandersetzung mit neureligiösen Strömungen auch viel über ihre eigenen Defizite lernen.

2. Meine hier geäußerten Ansichten schreibe ich aus einer **europäischen** Perspektive. Wir leben – weltweit gesehen – auf einer *Insel*, mit einem allgemein hohen Lebensstandard. In Deutschland, mit rund 80 Mio. Einwohnern zur Jahrtausendwende, haben wir eine parlamentarische Demokratie mit vielen Macken – aber wo ist ein besseres, für den Menschen besseres, System in Sicht? Trotz aller Übel und Mißstände um das Thema Ausländer zum Beispiel: Wo werden Menschenrechte, ganz allgemein gesprochen, so eingehalten oder diskutiert wie in den europäischen Ländern? Und **Ausländer sind wir alle – gleich im Nachbarland!**
Apropos Ausländer: Psychologisch gesehen fühlt sich derjenige, der sich dem steten Wandel des Lebens widersetzt, irgendwann in der eigenen Haut fremd. So entsteht Unsicherheit und anstelle, daß »man« (oder »frau«) sich mit der Ursache auseinandersetzt, wird sie nach außen projiziert. Die Fremden/Ausländer werden so von vielen als Bedrohung erlebt und bekämpft.
Willy Kraus [2] hat in einem Vortrag treffend formuliert, daß wir »keineswegs die Augen vor dem Zeitgeist verschließen dürfen, denn Gewitterwolken sind aufgezogen, die eine liberale demokratische Szene zu verdunkeln drohen. Westliche Wertvorstellungen schwappen leicht über in Kriminalisierung, Demoralisierung, Häßlichkeit und Laster. Massive An-

griffe werden gegen das Leistungsprinzip als angeblicher Vollstrecker der Herrschaftsbedürfnisse der kapitalistischen Gesellschaft gerichtet. Die Kriminalität steigt an: in Deutschland ziehen nicht einmal ein Prozent der angezeigten Diebstähle eine Strafe nach sich. Die Demokratie verliert so an Glaubwürdigkeit, da ihr die Wähler freiwillig davonlaufen. Dem Vertrauensverlust in die herrschende Equipe folgt die Ausschau nach neuen Führergestalten. Im Zeitalter der Verwirrung werden neue Großmogule auftauchen, die robuste Abenteurer und charmante Gauner nach sich ziehen. Aber wenn der Sozialismus tot ist, der Liberalismus degeneriert, das Christentum in unseren Breiten ohne Heilsrezept bleibt, dann ist offenbar nur noch Platz für Anarchie, die aber keine Probleme löst und deshalb auch nur ein vorübergehender Zustand sein kann.«
Hier der Hinweis auf unsere *wehrhafte Demokratie.* Es steht doch dem einzelnen keineswegs frei, einfach **zu tun, was er will,** nur weil wir in einer Demokratie leben. Die Freiheit hat dort ihre Grenzen, wo der andere Nachteile aus egoistischem Verhalten einzelner erfährt! Von Ethik mehr in Kapitel III.

3. Mir ist jeder **absolute** Anspruch, religiös, politisch oder in jeder anderen Richtung, suspekt. Im Rahmen dieser Arbeit werde ich immer wieder darauf hinweisen, daß es die integrative Fähigkeit von uns Menschen ist, die uns ein Zusammenleben erst ermöglicht.
Hier soll die alte chinesische Weisheit vornanstehen:

Wer dem anderen das Anderssein nicht zugesteht,
ist noch weit vom Weg der Weisheit entfernt!

Außerhalb Europas, kommen vor allem in den USA, aber auch in Kanada, Australien und Japan immer mehr Menschen auf die Fragen nach dem *Woher, Wohin* und *Warum.*
Von den sechs Milliarden Menschen, die momentan unsere Erde bevölkern, werden wahrscheinlich maximal 10 % **die** Stufe erreicht haben oder erreichen, die nach Maslow [3] die

Grundbedürfnisse deckt. Für **die** Menschen, die das tägliche Brot nicht sicher haben, und das ist leider weltweit noch die überwiegende Mehrheit, ist die Frage nach **Woher, Wohin und Warum,** wie die Frage nach der **persönlichen Weiterentwicklung weniger relevant!**
Unsere Gesellschaft im Herzen Europas ist dabei, an purem Egoismus zugrunde zu gehen. Leistung, technischer Fortschritt, ein Höchstmaß an Produktion und Effizienz – bei immer größer werdenden Arbeitslosenzahlen – sind die Götzen. Kulturelle, geistige und philosophische Werte treten mehr und mehr in den Hintergrund. Wer handelt schon nach ethischen Werten? Allenfalls beobachten wir ein ungebremstes Streben nach immer mehr Fortschritt, nach Befriedigung der ständig wachsenden Erwartungen: Alles muß immer größer werden, von allem muß es immer mehr geben – mehr Freiheit, Wachstum, Profit, mehr EGO ...
Der Motor dieses Systems ist der Egoismus. Jeder denkt an sich, an seine Lustmaximierung – für das Allgemeinwohl soll doch gefälligst der Staat sorgen. Es werden immer mehr Rechte gefordert – die Pflichten vergessen. Wir sind auf dem Weg in eine Ellbogengesellschaft. Der Ohne-mich-Staat wird jedoch nicht in der Lage sein, die Probleme der Zukunft zu meistern. Wir brauchen daher dringend wieder die Bereitschaft zur Übernahme von Verantwortung und zum Dienst am Mitmenschen, am Staat und am Gemeinwohl!
Wenn wir uns in dieser Gesellschaft nicht auf einen ethischen Minimalkonsens einigen werden und das Klima allgemeiner Bereicherung und Raffgier nicht verändert werden kann, ist nicht auszuschließen, daß wir uns eines Tages mit der viel gerühmten freien Marktwirtschaft in einer „Catch-as-catch-can“-Situation befinden. Ist der Zerfall also unweigerlich vorprogrammiert?

Es sind nicht die Umstände, die den Menschen schaffen.
Der Mensch ist es, der die Umstände schafft.
(Benjamin Disraeli)

Einleitung

Dieses Buch handelt von Menschen. Von der Zusammenarbeit, vom Mit- und auch vom Gegeneinander. Das sind sehr alte Themen, und einfache Antworten auf diesbezügliche komplexe Fragen habe auch ich nicht gefunden. Aus dem Mosaik der Möglichkeiten habe ich für dieses Buch die Schwerpunkte **Psychologie, Esoterik und Wirtschaft** gewählt, also vor allem **die** Punkte, die ich in meiner Praxis **nachvollziehen** und **umsetzen** konnte.

Wenn man sich mit Menschen befaßt, dann entdeckt man sehr schnell die doch sehr unterschiedlichen Potentiale: Die Willensstärke ist unterschiedlich, die Intelligenz, das Antriebspotential sind deutlich individuell verschieden, ganz abgesehen von der Leistungsbereitschaft, der Frustrationstoleranz, der emotionalen Kraft oder der Kondition. Und die ganze psychische Breite einer Persönlichkeit ist so einmalig wie die Fingerabdrücke der derzeit den Planeten bevölkernden etwa sechs Milliarden Menschen.

In **Kapitel I** werden von den grundsätzlichen fünf Richtungen der **Psychologie** nur Teilbereiche berührt. Psychologie als *Wissenschaft* wird erst seit etwa 150 Jahren betrieben und ist bis heute ein heterogenes, faszinierendes Gebiet. Ich versuche hier im Mosaik der Persönlichkeit, des Charakters, die praktisch nachvollziehbaren Entsprechungen innerhalb der einzelnen Segmente herauszustellen.

Solche Entsprechungen, Ähnlichkeiten und Überlappungen werden auch in **Kapitel II** deutlich. In der **Esoterik** wird sowieso davon ausgegangen, daß alles mit allem verbunden ist. Wie oben so unten, wie außen so innen, wie im Mikrokosmos so im All, dem Makrokosmos. Dieses Buch beinhaltet ebenfalls persönliche Hypothesen, deren Überprüfung auf Wahrheit vielleicht nicht immer gleich gelingen mag – nur, die

Erde wurde bekanntlich lange Zeit auch als Scheibe definiert und Andersdenkende als Ketzer zu Tode gebracht ...
Ich beschränke mich im Rahmen der Esoterik auf die Gebiete, die ich mir im Laufe der letzten 15 Jahre erschließen und in meiner praktischen Arbeit als Führungskraft in der Industrie nachvollziehen konnte. Schon hier ist es mein Anliegen festzuhalten, daß Esoterik nicht einfach eine andere Bezeichnung für alternativ, versponnen, grün oder pseudoreligiös ist. Esoterik wird hier verstanden als eine jahrtausendealte geistige Tradition in der Entwicklung der Menschen. Ein esoterischer Weg ist immer der Weg jedes einzelnen Individuums in einer Zeit der Vermassung. Der Ursprung liegt im griechischen Wort »esoterikos«, was innen, geborgen, geheim bedeutet oder auch nicht für die Öffentlichkeit bestimmt. Der gegensätzliche Begriff ist »exoterisch«, nach außen gerichtet.
Im **Kapitel III** schließlich geht es um Themen, die – allgemein – in der Managementliteratur detailliert dargestellt werden. In der vorliegenden Arbeit werden wichtige Teilaspekte behandelt. Ich versuche dabei, die Klammer zwischen **Psychologie, Esoterik** und meiner praktischen Arbeit in der **Wirtschaft** darzustellen.
Damit sind nicht Führungsgrundsätze und ausformulierte Leitsätze gemeint, die auf Hochglanzpapier an Bürowänden und in Fabrikhallen propagiert werden. In der täglichen Praxis sind solche leider oftmals hohl. Hier ist der Mensch Mittel, obwohl er doch eigentlich Mittel**punkt** ist – oder sein sollte. Leider wird oft übersehen, daß der Erfolg beim Wirtschaften wesentlich von der Leistungsbereitschaft bzw. der Motivation der einzelnen Mitarbeiter abhängig ist. Manche Manager, die schnell vordergründig betonen, daß »der Mensch **im** Mittelpunkt **ist**«, beweisen durch ihr Verhalten, daß der Mensch dann »auch allen im Wege« steht.
Eines der größten Probleme in vielen Unternehmen ist eine mangelhafte Führung. Wenn Hierarchien verschwinden, rückt die Kompetenz der Führenden in den Vordergrund. Und wirksame Führung ist nötiger denn je. Teilautonome Ar-

beitsgruppen läuten zunehmend das Ende der hierarchischen Führung ein. In dezentralen Organisationen sind verbindliche Führungsprinzipen zu vereinbaren, und selbständige Teams müssen koordiniert und zusammengeführt werden. Doch vor diesem Hintergrund ist vielen Führungskräften das eigene Rollenverständnis abhanden gekommen. Sie klammern sich an alten Machtbefugnissen und Modellen fest und behindern mit oft nicht nachvollziehbaren personellen Entscheidungen die lebenswichtige, weitere Unternehmensentwicklung. Die Motivation für Führungskräfte und Geführte ist dann leider meist dahin.
Das Schlußkapitel, **Kapitel IV,** bringt ein **Resümee** und soll dem Leser Mut machen, seine Entwicklung – beruflich und privat –, ja sein eigenes Schicksal selbst in die Hand zu nehmen. Es sind am allerwenigsten die »anderen« schuld am eigenen Versagen. Jeder hat es weitgehend selbst in der Hand, sein Schicksal zu gestalten, auch um Erfolg zu haben!

Unsere Art, die Probleme zu sehen, ist das Problem.
(Stephan R. Covey)

Ein Mosaik menschlicher Aktivität
(Die unterlegten Felder sind Themen dieses Buches)

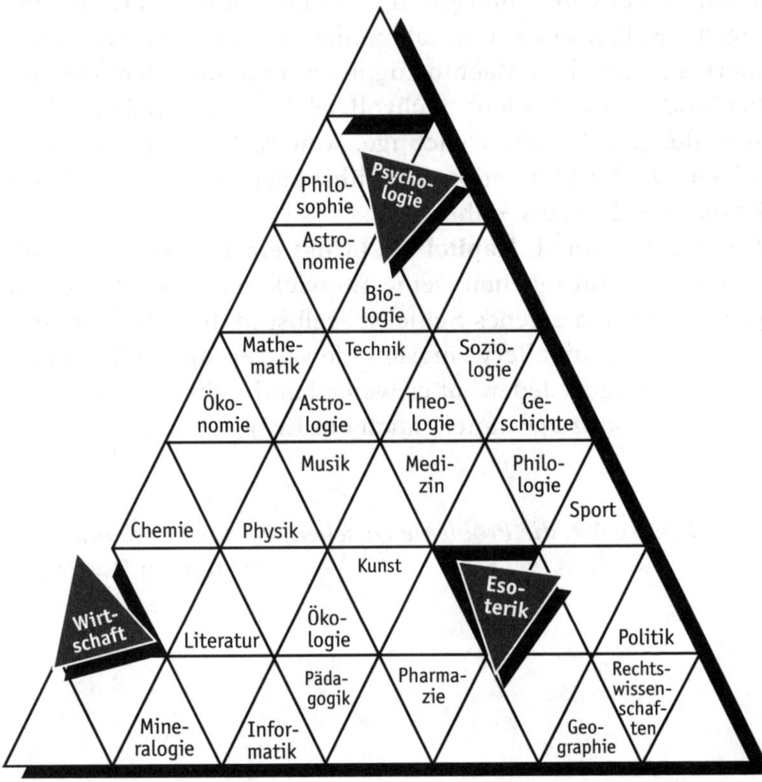

I Der Mensch im Licht der Psychologie

1 Menschenkenntnis

Wie bei einem Eisberg nur der kleinste Teil an der Oberfläche sichtbar ist, so spielen sich sowohl das Miteinander als auch das Gegeneinander im menschlichen Austausch weitgehend unbewußt ab. Kommunikationsexperten gehen davon aus, daß überhaupt nur zehn Prozent unserer Kommunikation über Worte vermittelt wird. Weitere 30 Prozent machen die Laute/Töne aus, und die restlichen 60 % kommen körpersprachlich zum Ausdruck [4].

Nun ist auch die Wissenschaft der Psychologie ein sehr weit gefächertes Gebiet und Interpretationen und Definitionen sind keineswegs immer einhellig. Auf einen Nenner gebracht, ist **Psychologie die Lehre vom Charakter, von den Charaktereigenschaften und vom Verhalten eines Menschen.**

Im wesentlichen kennt die Psychologie fünf grundsätzliche Richtungen, die hier der Vollständigkeit halber aufgeführt sind:

- Sozial-Psychologie,
- Klinische Psychologie,
- Wahrnehmungs-Psychologie,
- Emotions-Psychologie,
- Persönlichkeits-Psychologie.

Im weiteren Verlauf dieser Arbeit werden die behandelten Themen nicht dieser Einteilung folgen: vielmehr sind für ein besseres Verständnis Anleihen aus allen Bereichen sinnvoll. Schwerpunkte sind, themenbezogen, die Wahrnehmungs- und die Persönlichkeits-Psychologie.

Die wissenschaftliche Beschäftigung mit psychologischen Fragen hat eine lange Tradition; sie läßt sich bis Aristoteles zurückverfolgen. Geschichtlich gesehen, änderte sich das grundsätzliche Verständnis von Wissenschaft hin zu einer Orientierung an der Erfahrung (Empirie) erst in jüngster Zeit. Mit der Entwicklung präziser Meßverfahren auch in der Psychologie gewann die *systematische* Überprüfung von Annahmen immer mehr an Bedeutung. So wird der Beginn einer *wissenschaftlichen* Psychologie auf die zweite Hälfte des 19. Jahrhunderts fixiert.

Menschenkenntnis – wer behauptet nicht, sie zu haben! Jedoch – wie wenige Menschen sind imstande, aus den Äußerungen des anderen, aus seinem Verhalten, seiner Gestalt, seinen Bewegungen und seinen Aussagen ein wahres Bild seines Charakters zu schaffen! Die beliebten Tests in populären Zeitschriften haben die Leser aufs Glatteis geführt: Manche glauben, mit ein paar verzwickten Fragen die Seele eines Menschen testen zu können. Das kann nicht einmal der geschulte Psychologe. Immerhin hat die Wissenschaft Verfahren zur Menschenkenntnis entwickelt, deren Anwendung auch für den aufgeschlossenen und verantwortungsbewußten Laien interessant ist.

Wer über den anderen ein Urteil zu fällen wagt, trägt Verantwortung! Um sich seines Urteils auch nur einigermaßen sicher zu sein, braucht man ein gehöriges Stück Erfahrung und ein solides Wissen. Dabei ist es ein schier unmögliches, aber immer ein unvollständiges Unterfangen, den Weg zur Erfahrung menschlicher Psyche bis zu Ende zu führen. Der Mensch ist ein zu kompliziertes Wesen, als daß ein anderer ihn **ganz** begreifen könnte.

Mit der Menschenkenntnis hat es also eine merkwürdige Bewandtnis. Man schätzt sie sehr hoch, doch glaubt eben fast jeder, er besitze sie in genügendem Maße und man brauche deshalb nicht viel an sich zu arbeiten. Andererseits ist leicht festzustellen, daß dort, wo Menschenkenntnis am nötigsten wäre, am wenigstens von ihr zu bemerken ist. So in der Kindererziehung, im Schulunterricht, im täglichen Umgang mit dem Freund, dem Bekannten, dem Ehepartner, im Betrieb oder auch im Straßenverkehr.

»Gerade Menschen, die meinen, sie seien gute Menschenkenner, wie zum Beispiel Personalverantwortliche in den Betrieben, die beruflich viel mit der Beurteilung von Menschen zu tun haben, schneiden bei einer wissenschaftlichen Überprüfung ihres Beurteilungsvermögens nicht besonders gut ab.« [4]
Wie oft könnte im täglichen Miteinander ein Quentchen Menschenkenntnis dazu verhelfen, das Klima zu verbessern und Reibungen zu vermeiden. Aber nirgends wird Menschenkenntnis gelehrt, wahrscheinlich eben auch, weil man sie synonym mit dem vermeintlich »gesunden Menschenverstand« gleichsetzt.
Hier trifft Wilhelm Busch, der Zeichner und große Menschenkenner, genau den Punkt, wenn er formuliert:

Wie wolltest du dich unterwinden,
kurzweg die Menschen zu ergründen,
du kennst sie nur von außenwärts,
du siehst die Weste, nicht das Herz.

Wenn wir unsere Kinder erziehen und unterrichten, wenn wir unseren Kollegen und Mitarbeitern gegenübertreten, so tun wir dies – meist unbewußt – unter bestimmten Vorstellungen von deren Wesensart und Reaktionsweise. Diese Vorstellungen aber bedürfen oft dringend einer Revision; denn vielfach sind sie veraltet – oder falsch! Erst wenn es mit dem anderen »gar nicht mehr geht«, wenn sich im Umgang mit den anderen erhebliche Schwierigkeiten einstellen, wird man nachdenklich, zweifelt vielleicht sogar an seiner eigenen Menschenkenntnis oder fragt auch den Psychologen um Rat: »Bitte rasch ein Rezept gegen Hemmungen, Verstimmungen des Ehepartners, Lern- oder Verhaltensstörungen bei den Kindern!«
Kein Psychologe ist imstande, auf derartige Fragen eine eindeutige Antwort zu geben. Um so weniger kann der Laie solche Probleme in der Art eines Einmaleins lösen. Um sich selbst und andere besser zu verstehen, muß man nicht nur die allgemeinen Erscheinungen des Seelenlebens kennen,

sondern auch etwas über die unterschiedlichen Ausprägungen bei den einzelnen Menschen wissen.
Erschwerend für Diagnosen kommt hinzu, daß sich Mitmenschen innerhalb der Gruppe, des Betriebes, des Vereins oder auch nur in einer Clique anders verhalten. Der Mensch im *Plural* verhält sich eben anders, als ein Mensch als *Individuum.* Also müssen wir uns für ein ganzheitliches Verstehen auch mit der Sozialpsychologie befassen, der Wissenschaft über das psychische Verhalten in der Gruppe.
»Die psychologische Wissenschaft kennt kein Forschungsgebiet *Menschenkenntnis.* Um Aussagen beweisbar zu machen, hat sie im Bereich der sogenannten *Psychologischen Diagnostik* und der *Charakterologie* objektiv nachprüfbare Methoden entwickelt, deren Anwendung tiefergehende Kenntnisse vom Aufbau der Psyche voraussetzen.« [6]

Beurteilungsprobleme resultieren schon aus der Tatsache, daß jeder

- ein subjektives *Selbstbild* von sich hat, ebenfalls ein
- *Leit-* oder *Wunschbild,* wie ein
- *Wesensbild,* von dem die meisten nichts wissen.
- Dazu kommt ein *Fremdbild;* das ist ebenfalls ein subjektives Bild, das sich *Dritte* von einem Menschen machen.

Viele Menschen sehen ihr *Wunschbild* als ihren Charakter an und übersehen oder beschönigen dabei ihre Schwächen und Fehler.
Mich interessiert dieses Gebiet der Charakterologie seit vielen Jahren ganz besonders, weil hier theoretische Erkenntnisse im Umgang mit Mitmenschen in die Praxis erfolgreich umgesetzt werden können. Mit diesem Thema haben sich viele Psychologen – teilweise ein ganzes Leben – beschäftigt. Schwerpunktmäßig werden im folgenden die Typenlehre von **Kretschmer**, besonders und ergänzend die Arbeiten von **Schulz/Schleip** mit zusätzlichen eigenen Aussagen und Erfahrungen dargestellt. Dazu kommen die Erkenntnisse von **Endres.**
Endres hat übrigens fünf wichtige Grundforderungen für

die Menschenkenntnis erarbeitet, deren Zusammenfassung lautet:

Größte Sorgfalt beim Beobachten,
aber allergrößte Vorsicht beim Beurteilen. [7]

Im ersten Teil dieser Arbeit geht es im wesentlichen um *Charakterologie,* also um eine Typologie, die sich zunächst am Äußeren orientiert, um hieraus entsprechende Schlüsse zu ziehen. Anschließen werden sich grundsätzliche Erkenntnisse der *Farbpsychologie, der Physiognomie* und der *Graphologie.* Dennoch wird diese Arbeit nur unvollständig bleiben können. Zur Menschenkenntnis gehören viele weitere Aspekte, wie zum Beispiel die Merkmale der Stimme eines Menschen, die Bedeutung und Deutung von Körperbewegungen oder die Sprache der Hände (non-verbale Kommunikation). Überhaupt verrät der Ausdruck eines Menschen viel über sein Inneres. Alle diese Ansätze erschließen *den* Menschen tiefe Einblicke in das menschliche Wesen, die mit offenen Augen durch die Welt gehen.
Auf der folgenden Seite zunächst ein Überblick über wichtige psychologische Arbeitsgebiete. Die heutige Forschung in der modernen Psychologie kennt eine Vielzahl von psychologischen Fachrichtungen. Die APA (American Psychological Association) hat die Begriffe in 27 Hauptgebiete eingeteilt [8].

Es ist nicht genug zu wissen,
man muß auch anwenden;
es ist nicht genug zu wollen,
man muß auch tun.

(Johann Wolfgang von Goethe)

Der Mensch und die Psychologie
(Die unterlegten Felder sind Themen dieses Buches)

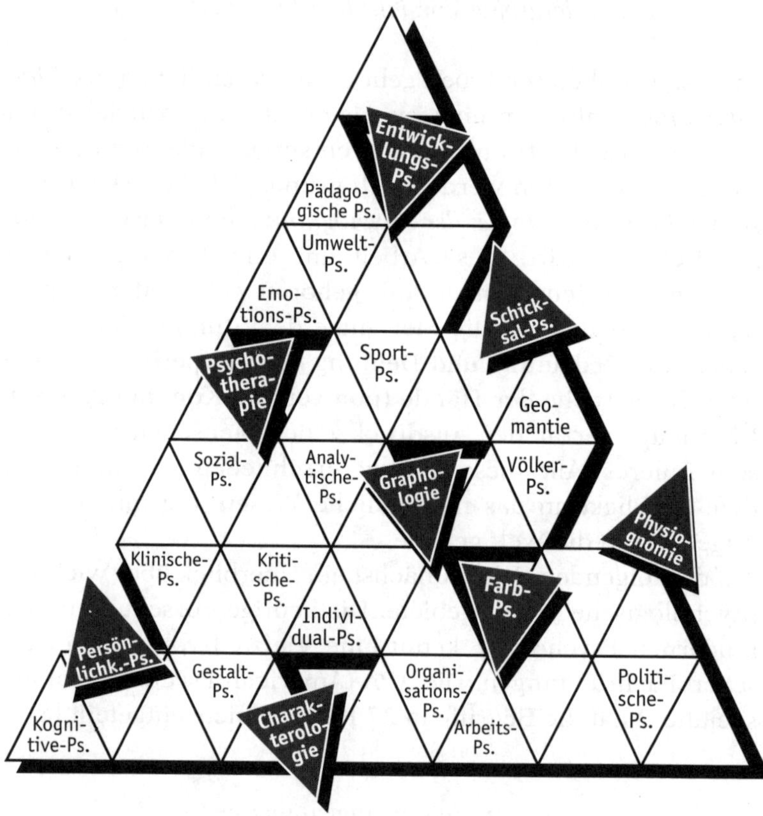

Für die Praxis der Menschenkenntnis ist es vorteilhaft, möglichst viele Typologien zu beherrschen; wer nur über ein einziges Typensystem verfügt, wird feststellen, daß dieses nicht einmal ausreicht, um seine Bekannten zu erfassen. ... Typen dürfen nicht mit Sammelschachteln verglichen werden, in die sich die ganze Menschheit restlos einordnen läßt. Sie sind vielmehr Aspekte, unter denen die Vielfalt individueller Gestalten geordnet und verstanden werden kann [5].

(Rudolf Spieth)

2 Charakterologie

2.1 Geschichte

Denker und Dichter haben die Menschen schon in der Antike immer wieder vor die Aufgabe gestellt, sich selbst zu erkennen. Schon die alten griechischen Philosophen hatten am Apollotempel in Delphi die Inschrift angebracht: *Erkenne dich selbst!* Daraus ist ihre Überzeugung ablesbar, daß Selbsterkenntnis dem Menschen nicht schon von Natur aus gegeben ist, sondern von diesem erst erarbeitet werden muß. Als Beschreibung typischer Charakterformen gab es schon im Altertum eine Charakterologie.

Eine der frühesten Typologien wurde im fünften Jahrhundert v. Chr. von dem griechischen Arzt **Hippokrates** vorgeschlagen. Er stellte die Theorie auf, daß der Körper vier Flüssigkeiten enthält, von denen jede einem bestimmten Temperament gleichkommt. Danach hängt die Persönlichkeit eines Individuums davon ab, welche dieser vier Körperflüssigkeiten vorherrscht. Den vier Elementen Feuer, Wasser, Erde und Luft, aus denen die Welt nach der damaligen Lehre bestand, ordnete man entsprechende Körpersäfte zu (gelbe Galle, Schleim, schwarze Galle und Blut). Aus der Dominanz dieser bei den Menschen unterschiedlich gewichteten Körpersaften konnte man – so die griechischen Ärzte und Philosophen – das Temperament erkennen.

Diese *Lehre der vier Temperamente* konnte sich über zwei Jahrtausende hindurch behaupten (siehe Kapitel I-2.3).

Außer **Hippokrates** und **Aristoteles**, beschrieben andere Philosophen wie **Theophrast** von Eresus oder später der römische Arzt **Galen** Charaktere. Diese Theorien wurden dann im 17. Jahrhundert von **Jean de la Bruyere** erneuert. Auch die seinerzeit stark beachtete Menschenkunde von **La Chambre**, wie auch die Bemühungen von **Thomasius**, der den Charakter in Graden bestimmen wollte, sind hier zu nennen. Im 18. Jahrhundert sind die breiten Ansätze einer *Erfahrungsseelenkunde* und Bekenntnisliteratur (Moritz, Lavater, Rousseau),

wie auch die aphoristischen Anmerkungen Lichtenbergs Vorläufer einer *Charakterologie.*
Das Bild vom Menschen wurde so in den letzten 100 Jahren deutlich verändert. Überhaupt hat das alte biblische Menschenbild im Verlauf der letzten 500 Jahre dreimal eine starke Erschütterung erfahren. Die erste erfolgte, als **Kopernikus** (1473-1543) behauptete, die Erde – und damit der Mensch – sei nicht im Zentrum des Kosmos, wie man das damals, der Bibel folgend, noch annehmen konnte.
Der zweite Schock wurde von **Charles Darwin** (1809-1882) ausgelöst, der feststellte, daß der Mensch nicht unmittelbar von Gott erschaffen wurde, sondern vielmehr das Produkt einer sehr langen Entwicklungsreihe sei.
Und dann kam **Sigmund Freud** (1859-1939), der Begründer der modernen Tiefenpsychologie, und propagierte: »Das ICH ist nicht Herr im eigenen Hause.« Sein neues und großes Forschungsgebiet war das *Unbewußte* in der menschlichen Seele. Er lehrte: »Der Mensch ist nicht das, was er zu sein glaubt; die Seele ist weit mehr, als das bißchen Bewußtsein, das wir haben.«
Freud verglich die Seele mit einem Eisberg. Nur ein kleiner Teil rage in das Bewußtsein des Tageslichtes, der größere Teil aber sei uns nicht erfahrbar. Oder das Bewußtsein sei auch wie eine kleine Insel auf dem riesigen Meer des Unbewußten. Er unterschied ferner das *Latente,* das noch nicht Entwickelte, das *Verdrängte,* das wir nicht mehr wahrhaben wollen und das *Vergessene,* an das wir uns nicht mehr erinnern. Zum Beispiel sieht Freud die überwiegenden Gründe für die Neurosenbildung beim erwachsenen Menschen in frühesten Prägungen im Kleinstkindesalter.
Der Schweizer Tiefenpsychologe **Leopold Sondi,** der Begründer der *Schicksalspsychologie,* hat sich speziell mit dem menschlichen Schicksal befaßt. Er entdeckte und erforschte das familiäre Unbewußte mittels ausgedehnter Erb- und Stammbaumforschungen, wie der Zwillingsforschung. Der Grundgedanke seiner Theorie, die er *Genotropismus* nannte, lautete: »Der Mensch ist nicht so frei, wie er meint. In unse-

ren Wahlhandlungen werden wir weitgehend von unseren latenten Erbanlagen gesteuert, vor allem in der Berufswahl, in der Interessenwahl, in der Partnerwahl, in der Krankheitswahl – und in der Todeswahl. In all diesen vermeintlich freien Wahlhandlungen sind wir weitgehend durch Inhalte unseres seelisch Unbewußten programmiert, von denen der Durchschnittsmensch keine Ahnung hat.« [9]

Besonders ist noch **Carl Gustav Jung** (1875-1961) zu erwähnen, dessen Typologie im Abschnitt I-2.4 beschrieben wird. C. G. Jung, der Begründer der Analytischen Psychologie, war einer der größten Psychologen, wenn nicht **der** bedeutendste, unserer Zeit. Sein Forschungsbereich war das **kollektive Unbewußte.** Er entdeckte schicksalhafte Verbindungen zwischen Familien, Rassen und ganzen Völkern. Für C. G. Jung ist das Schicksal des Menschen ein Numinosum. Das Wort kommt vom lateinischen »Numen« und heißt so viel wie Gottes Wille. Das Numinose ist nach Jung also das Unerforschliche; es wird dem göttlichen Willen gleichgesetzt.

Eine Reihe von Philosophen hat sich darüber hinaus in der zweiten Hälfte des 19. Jahrhunderts speziell mit der Charakterologie beschäftigt. In Deutschland waren **Ludwig Klages** (1872-1956) und **Philipp Lersch** (geb. 1898) die besonderen Wegbereiter.

Herauszuheben ist auch **Carl Huter** (1861-1912). Schon Jahrzehnte vor Ernst Kretschmer (1888-1964) und **W. H. Sheldon** suchte er durch ein Deutungssystem des Körper-, Kopf-, Gesichts- und Augenausdrucks die wichtigsten Typen des menschlichen Wesens zu bestimmen. In Huters Lehre stehen sich nicht drei Typen – wie bei Kretschmer – gegenüber; vielmehr bot er bereits eine *kreisförmige* Anordnung. Hier ist Platz für Übergänge und für Zwischentypen! Auch ahnte er die spätere wissenschaftliche Erkenntnis voraus, daß eine Zuordnung von Farben zu den einzelnen Menschentypen möglich ist (siehe Kapitel I-3). Huters Lehrsatz »Des Körpers Form ist seines Wesen Spiegel«, ist eine Grunderkenntnis, die später von anderen Psychologen übernommen wurde und die auch hier – gerade im Zusammenhang mit der Lehre Kretschmers – erläutert wird.

»Die frühen Anfänge der Charakterkunde haben sich überwiegend außerhalb der akademischen Psychologie entwikkelt, ihre Vertreter standen der Psychologie zumeist fern, oft war ihre Einstellung sogar psychologiefeindlich.
Der Grund dafür, daß die klassifikatorischen und typologischen Ansätze sowie die Schichtenmodelle heute für die empirische Psychologie nur mehr von historischer Bedeutung sind, liegt in den nützlicheren und wichtigeren Aussagen der moderneren **dynamischen** Theorien, die Persönlichkeitsmerkmale mit neuen Methoden beschreiben, z.B. mit der Faktorenanalyse oder mit den Faktorentheorien« [6]. In vielen Lehrbüchern werden diese jedoch nur kurz und gelegentlich sehr distanziert dargestellt.
Ich komme selbst – aufbauend auf den Lebenswerken von Kretschmer, Eysencks, Sheldon, Schleip, Huter und Endres – zu etwas differenzierten Erkenntnissen. Auf dem Wege zur Menschenkenntnis, auf der Suche nach Charakterstrukturen, greifen **abschließende** Bewertungen jeder Art einfach zu kurz. Der Ausschließlichkeits-Gedanke ist auch hier fehl am Platze!

Wer einmal sich selbst gefunden,
kann nichts auf dieser Welt mehr verlieren.
Und wer einmal den Menschen in sich begriffen,
der begreift alle Menschen.

(Stefan Zweig)

2.2 Definition

Charakterologie oder *Charakterkunde* ist der unmittelbare Vorläufer und Teil der modernen *Persönlichkeitspsychologie*. »Es ist die Beschreibung der Erscheinungsformen des Charakters und die Erforschung seiner Entwicklung (Verhältnis von Anlage/Umwelt). Weiterhin gehören zur Charakterologie die theoretischen und spekulativen Deutungen des Charakters, die sich insbesondere auf seinen Aufbau und das Wesen beziehen« [8].

Die Bezeichnung *Charakter* kommt vom griechischen »charassein« und bedeutet einprägen, eingraben, einritzen. Somit definierten die Griechen den Charakter als Form, die der Mensch im Laufe seines Lebens aus seinen Anlagen heraus in der Begegnung mit der Umwelt entwickelt.

Die Bemühungen, die Begriffe z.B. von Charakter einerseits und Persönlichkeit andererseits klar voneinander abzugrenzen, müssen schon deshalb scheitern, weil die Grenzen fließend sind. Das ist zum Teil auch historisch begründet. So geht die Ausdruckslehre des Charakters auf die Physiognomik (= die Lehre von den statischen Ausdrucksgehalten des Gesichtes) zurück. Diese ist heute in der modernen Psychologie ein Teilgebiet der *Ausdruckspsychologie*.

So ist es offenkundig, daß *Charakter* und *Persönlichkeit* nicht voneinander zu trennen sind. Wenn wir heute z. B. vom *Charisma* eines Menschen sprechen, dann ist das sicherlich ein Teil seiner Persönlichkeit – damit aber auch Teil seines Charakters? Im weiteren Verlauf dieser Arbeit werden diesbezügliche Nuancen nicht weiter herausgearbeitet, um die Praxisnähe nicht aus dem Auge zu verlieren. Dennoch muß auf eine Besonderheit hingewiesen werden:

Anders als in unserem alltäglichen Sprachgebrauch, werden in der Psychologie *Persönlichkeit* als auch *Charakter*, nicht als etwas betrachtet, was als eine Art inneres Organ irgendwo im Menschen vorhanden ist und nur entdeckt zu werden braucht. Formal betrachtet sind solche Begriffe *Konstrukte*, die für die psychologische Arbeit als auch für die Forschung, inhaltlich so etwas wie eine *Struktur* oder eine Organisation darstellen. Konstrukte sind nicht unmittelbar faß- oder meßbare Begriffe, sondern nur indirekt über Indikatoren erschließbar. So gibt es auch eine Vielzahl von Versuchen, *Persönlichkeit* zu definieren; sicher aber kann man *Persönlichkeit* als das (gegenüber dem Charakter) *übergeordnete* Konstrukt bezeichnen. *Persönlichkeit* leitet sich von »persona« aus dem klassischen Latein ab. Ursprünglich war dies die (Theater-) Maske und meinte insofern nicht den *wirklichen* Menschen oder sein *Wesen*, vielmehr seine Rolle, die er im Leben spielt. **C. G. Jung** hat diesen ursprünglichen Begriff als Fachterminus aufgenommen. Für ihn ist Persona eine Maske zum Verstecken der Individualität [10].

Raymond Bernard Cattell definiert in seiner methodischen Orientierung der *Faktorenanalyse: Persönlichkeit ist dasjenige, was eine Voraussage darüber erlaubt, was eine Person in einer bestimmten Situation tun wird.*

Cattell schließt eine vorhandene Beständigkeit (Konsistenz) durch charakterliche Veranlagung und deren Einfluß auf die Persönlichkeit aus. Dagegen nehmen andere Psychologen an, daß ein beträchtliches Maß an Konsistenz existiert. Es ist allerdings nicht geklärt, *wie* konsistent das Verhalten von Menschen zu verschiedenen Zeiten und in verschiedenen Situationen *wirklich* ist.

Reduziert man alle Definitionsversuche auf einen gemeinsamen Kern, kann man wie folgt zusammenfassen:

Persönlichkeit ist eine bei jedem Menschen einzigartige,
relativ überdauernde und stabile Organisation,
Folge oder Bedingung des Verhaltens [6].

Heute wird in der Psychologie »Persönlichkeit als ein *Verhaltenskorrelat* angesehen, was nichts mit den Körperbau-Kriterien der Charakterkunde zu tun hat« [6]. Nach meiner Überzeugung ist dies jedoch nicht dergestalt zu trennen.

Die bekannten Persönlichkeits- (Charakter-)Theorien können in folgende Kategorien geordnet werden:

- **Typen- und Eigenschaftstheorien** (Themen dieser Arbeit)
- psychodynamische Theorien (z. B. Freud, Jung, Adler, Catell)
- humanistische Theorie (z. B. Rogers, Maslow)
- Lerntheorien (z. B. Bandura) und
- kognitive Theorien (z. B. Bandura, Mischel)

»Während die Ansätze der frühen Charakterologie (Temperaments-, Konstitutions-Typologien) zur geisteswissenschaftlichen Tradition der Psychologie gehören, entstammen die Ansätze für die *dynamischen* Theorien dem Bereich der Medizin. Dynamisch bezeichnet man diese Theorien deshalb, weil sie über eine kategoriale Zuordnung und Zustandsbeschreibung hinaus Prozesse und Vorgänge innerhalb der Persönlichkeit ins Blickfeld rücken.« [6]
Im weiteren Verlauf dieser Arbeit stehen die **Typen- und Eigenschaftstheorien** (Konstitutions-Typologien) im Vordergrund.

Es gibt nichts Praktischeres als eine gute Theorie.
(Immanuel Kant)

Begriffe/Definition der Charakterologie/Persönlichkeit [12]

Charaktertypen
werden in einigen Theorien verwendet, um identifizierbare Verhaltensmuster von Erwachsenen zu beschreiben, die sich früh im Leben gebildet haben und um bestimmte Themen organisiert sind.

Charakter
Dieser Begriff ist fast gleichbedeutend mit *Persönlichkeit*, wenn er benutzt wird, um auf das gesamte Muster regelmä-

ßig wiederkehrender Verhaltensweisen einer Person zu verweisen. Wird er hingegen zur Bewertung der *Qualität* der Persönlichkeit benutzt, so impliziert er ein Urteil über die Moral, die Werte und andere Attribute der Person.

Temperament
Biologisch gegebene typische Reaktionsweise. Es zeigt sich schon bei oder kurz nach der Geburt und äußert sich vor allem in der Emotionalität und im Aktivitätsniveau.

Typ
Eine abgegrenzte Kategorie, der Menschen zugeordnet werden können, die ein bestimmtes Muster von Eigenschaften aufweisen.

Eigenschaft (Trait)
Eine konstante, überdauernde und spezifische Art des Verhaltens. Sie kann entlang einem Kontinuum gemessen werden und wird sowohl zur Beschreibung von einzelnen Personen als auch zur Vorhersage von deren zukünftigem Verhalten benutzt.

Disposition
Eine Neigung oder eine Bereitschaft »in« einer Person, auf eine gegebene Situation in einer charakteristischen Weise zu reagieren. In Diskussionen über dispositionale versus situative Verhaltenserklärungen ist Disposition gleichbedeutend mit *trait*.

Zustand
Ein subjektives, bewußt erlebtes Muster von bestimmten Gefühlen. Es wird von einer Erregung des autonomen Nervensystems oder von kognitiven Prozessen begleitet. Im Vergleich zu einer Eigenschaft (trait) ist ein Zustand (state) eher ein vorübergehendes Phänomen.

Einstellung
Eine erlernte Neigung, Klassen von Gegenständen oder Menschen in Abhängigkeit von den eigenen Überzeugungen und Gefühlen günstig oder ungünstig zu bewerten.

Werte
Etwas, das der einzelne als wichtig und lohnend einzuschätzen lernt. Ein Wert kann ein Lebensprinzip sein oder etwas, was man erreichen oder erhalten möchte.

Gewohnheit
Eine erlernte Verhaltensweise, die relativ festgelegt ist und in bestimmten Situationen mit hoher Verläßlichkeit auftritt.

2.3 Die vier Temperamente

Temperament (lat. *temperare, mäßigen, mischen*) bezeichnet man als die »vorherrschende Art und die individuelle Eigenart des Ablaufs der seelischen Vorgänge« [8]. Corsini definiert Temperament als biologisch gegebene typische Reaktionsweise.
Heute noch werden die Bezeichnungen *Choleriker, Melancholiker, Phlegmatiker* oder *Sanguiniker* in der Umgangssprache benutzt. Doch die wenigsten sind sich bewußt, daß es sich hier um uralte Typenbezeichnungen handelt, die schon im 5. Jahrhundert vor Christus von griechischen Ärzten und Philosophen gebraucht wurden. Die Denker und Forscher waren damals mit den *Zufälligkeiten* der unterschiedlichen menschlichen Natur nicht einverstanden und suchten biologische und kosmologische Ursachen (siehe I-2.1 Geschichte).
Heute wissen wir, daß die Kriterien der Blutzusammensetzung mit den jeweiligen Charakteren wenig zu tun haben (zumindest »wissenschaftlich nicht bewiesen« sind). Die Kritik gegen diese Temperamentslehre ist auch nie versiegt. Der Philosoph **Immanuel Kant** (1724-1804) hat sich ebenfalls in-

tensiv mit ihr auseinandergesetzt und darauf hingewiesen, daß damit nur eine sehr grobe und allgemeine Kennzeichnung gegeben sein kann.
Die Einteilung nach verschiedenen Temperamenten hat sich durch die Jahrhunderte erhalten, weil sie offensichtlich **Merkmale** seelischer Ablaufsformen erfaßt, die für das äußere Erscheinungsbild des Menschen doch eine gewisse Allgemeinverbindlichkeit besitzen. Zu den in dieser Arbeit beschriebenen Typenlehren der Charakterologie lassen sich diese vier Temperamente **nicht** einordnen, schon weil für viele Menschen das Temperament nicht der *kennzeichnende* Zug ihrer Wesenheit ist. Der Vollständigkeit halber die **vier Temperamente** [7]:

Choleriker (Feuer)
Willensmensch; Bezug zum willensmäßigen, impulsiven und energischen Verhalten, Hitzkopf, Feuergeist, feurige Energie, hitziger Streit, brennende Neugier, zündende Rede

Sanguiniker (Luft)
Bewußtseinsmensch; Dynamik und Aktivität aus *denk*bestimmter Ursache (nicht willensgesteuert). Grundelement Luft deutet auf *Bewußtsein;* umfaßt alle Dinge und Wesen, liebt es, *über den Dingen zu schweben*

Phlegmatiker (Wasser)
Gefühlsmensch; Verbindung zum Wasser. Er hat *nahe ans Wasser gebaut,* ist leicht in Tränen aufgelöst, zerfließt vor Rührung, hochschlagende Wellen der Freude oder eine Flut von Empfindungen

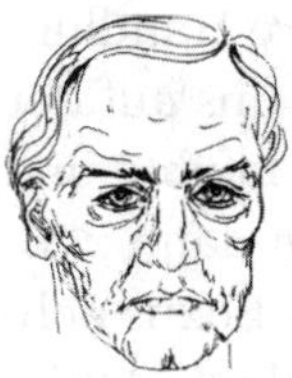

Melancholiker (Erde)
Gestaltungsmensch; Gelassenheit und Gleichmäßigkeit. Daher die Verbindung zur Erde. Im Volksmund: felsenfeste Haltung, harter Brokken. Bei ihm beißt man auf Granit, grundlegend, tiefschürfend, fundamental

2.4 C. G. Jung

Carl Gustav Jung (1875-1961), Psychologe und Psychoanalytiker, war der Begründer der *Analytischen Psychologie.*
Bevor wir uns mit Jungs Typologie beschäftigen, vorab eine kurze Erklärung zum Begriff des *kollektiven Unbewußten,* den C. G. Jung, als einer der größten Psychologen unserer Zeit, für die tiefere Ebene unseres Unterbewußtseins geprägt hat.
Um unsere verschiedenen Bewußtseinsebenen zu veranschaulichen, hat er sie mit einem *Eisberg* verglichen. Der sichtbare Teil des Eisbergs entspricht unserem *Bewußtsein;* die zwei Drittel, die sich unter der Wasseroberfläche befinden, unserem *Unbewußten* und der Meeresboden, auf dem der Eisberg steht, dem *kollektiven Unbewußten.*
Jung sagte, alles, was unsere Vorfahren gelernt hätten, würde im kollektiven Unbewußten abgelegt und an spätere Generationen vererbt werden. Diese Erbschaft erfolgt jedoch nicht direkt, eher versetzt sie den einzelnen in die Lage, in bestimmten Situationen auf bestimmte Art und Weise zu reagieren. Das kollektive Unbewußte ist *universal* und nach Jung die *Grundlage der menschlichen Psyche.*
Aus dem kollektiven Unbewußten zu schöpfen, ist eine zweischneidige Sache, denn wir könnten dann ja sowohl den Genius eines van Gogh anzapfen, als auch seinen Wahnsinn! Ob Frustration oder Schmerzen oder andere Erfahrungen, ob liebevolle und tugendhafte oder mörderische und grausame Triebe seit Bestehen der Menschheit: Alles das ist nach Jungs Lehre Teil von uns und existiert auf der Ebene des kollektiven Unbewußten.

Wann immer wir entdecken, daß wir andere für ihre Handlungen verurteilen und kritisieren, können wir tief in uns auf der Ebene des kollektiven Unbewußten die gleichen Gefühle und Motivationen für ihr Handeln vorfinden. Das kann dann z. B. zu Verständnis und Mitgefühl führen, uns aber den Luxus nehmen, uns überlegen zu fühlen und selbstgerecht aufzutreten!
Sind Jungs Überzeugungen richtig, dann sind wir alle miteinander verbunden. Das Bewußtsein um diese Verbundenheit macht uns dann für die Menschheit als Familie verantwortlich. Alles, was wir tun, hätte Folgen; unsere Gedanken, Worte und Handlungen würden sich auf dieses Ganze auswirken.
Diese Darstellung bringt eine neue Dimension in unsere Diskussion um den Charakter bzw. das Verhalten von Menschen oder/und deren Persönlichkeit. Hierauf einzugehen, sprengt den Rahmen dieser Arbeit. Es ist jedoch unerläßlich, diese wegweisenden Gedanken von C. G. Jung hier anzusprechen.
Übrigens: um zu veranschaulichen, wie das *kollektive Unbewußte* (oder der *kollektive Geist*) funktioniert, sei hier die Studie japanischer Wissenschaftler der Universität Kyoto über eine auf einem kleinen Eiland vor der südjapanischen Provinz Kyushu lebende Horde Affen erwähnt. Das Lieblingsfutter der Affen war eine Art süße Kartoffel. Eines Tages wusch ein Affe seine Kartoffeln im Meer, bevor er sie aß. Bald folgten alle Affen seinem Beispiel. Das Außergewöhnliche daran war nur, daß die Affen auf einer weiter entfernten Insel ebenfalls anfingen, die Kartoffeln vor dem Essen zu waschen – allerdings erst fünf Jahre später. Und zwischen den beiden Inseln gab es keinerlei Verbindung!
Zurück zum Thema Typologie: Jung versuchte Merkmale festzulegen, die für alle Typologien maßgebend sein sollten. Das den Typus stiftende Merkmal war für ihn das Verhältnis zwischen Subjekt und Objekt; anders ausgedrückt, das Verhältnis des Menschen zur Umwelt. Jung unterschied zwei deutlich voneinander zu trennende Typen, den **extravertierten*** und den **introvertierten Menschen.**

* Die Psychologen verwenden auch *extrovertiert*; da Jung jedoch explizit von *extravertiert* spricht, wird diese Schreibweise durchgehend beibehalten.

Damit hat er den nach außen und den nach innen gerichteten Typ unterschieden. Darüber hinaus unterteilte er die Menschen noch einmal nach dem Aspekt, ob Denken, Fühlen, Empfinden oder Intuition für ihre Wesensart bestimmend sind. Er kam dabei schließlich zu den jeweils *introvertierten und extravertierten Denk-, Gefühls-, Empfindungs- und Intuitionstypen.*

Ein **extravertierter** Mensch ist, so C.G. Jung, in seiner ganzen Einstellung nach außen gerichtet. Die Welt draußen sei für ihn der Schauplatz seines Handelns, sei der Inhalt seines Begehrens und Wollens. Er nehme unmittelbar die Reize der Umwelt auf und finde leicht Kontakt zu anderen Menschen; er brauche diesen Kontakt auch, um sich selbst darstellen zu können. Er habe stets die Tendenz, sich auszugeben und sich in der Außenwelt auszuleben.

Je nachdem, wie ein Mensch in seiner Grundstruktur veranlagt ist, ergeben sich zwei unterschiedliche Entfaltungsformen:

Der **aktive** *Extravertierte* setzt sich intensiv mit der Wirklichkeit auseinander und geht unbeirrbar äußeren Zielen nach. Solche Menschen sind Tatmenschen, die immer rührig und stets in Bewegung sind. Sie brauchen die Dinge, die Menschen und die Beziehung zur Umwelt, um ihre Kräfte voll entfalten zu können. Sie laufen im Extremfall Gefahr, sich ganz in der Außenwelt zu verlieren.

Der mehr **passive** *Extravertierte* richtet sich auch nach der Außenwelt, handelt jedoch nicht ganz so impulsiv. Er ist in seinem Energieeinsatz ökonomischer, er schaltet Pausen der Besinnung ein, bevor er sich wieder der Außenwelt zuwendet.

Beim **introvertierten** Menschen liegt die Form der seelischen Entfaltung in einer ausgiebigen Beschäftigung mit dem eigenen Innenleben. Er läßt sich wenig von den objektiven Erscheinungen der Umwelt bestimmen; vielmehr versucht er, das *Subjektiv-Eigene* seiner Persönlichkeit zum Ausdruck zu bringen. Dieser Typus – so Jung – strebt nach Vertiefung und distanziert sich deutlich von der Außenwelt, der er keine Bedeutung zumißt.

In der **aktiven** Form strebt der *Introvertierte* unbeirrbar und zäh danach, seine Ideen und Ziele zu verwirklichen. Er lehnt die Außenwelt nicht ab, aber er nimmt sie nicht so, wie sie ist, sondern er möchte sie nach seinen Wünschen und Absichten gestalten. Er versucht, das in der Vertiefung für richtig Erkannte hier zu verwirklichen.
Der **passive** Typus des *Introvertierten* zieht sich schnell gänzlich auf sich selbst zurück. Er empfindet die Außenwelt als eine Tatsache, zu der er kein rechtes Verhältnis hat. Er bleibt etwas weltfremd, ist schwer zugänglich und meidet gern die menschliche Gesellschaft. Im praktischen Leben erweist er sich oft als unbeholfen, wenig gewandt. Es gelingt ihm nur schwer, spontan aus sich herauszugehen.
Es kommt entscheidend darauf an – so C. G. Jung –, wo der Schwerpunkt des Menschen liegt, in welchem Bereich seiner seelischen Fähigkeiten er seine Verwirklichung sucht [10].
Mit dem **Extravertierten** und dem **Introvertierten** hat Jung zwei wesentliche Formen in der Einstellung des Menschen zu seiner Umwelt erfaßt. Sein besonderes Verdienst besteht nun darin, daß er neben den bewußten Erlebnis- und Entfaltungsformen die *unbewußte* Seite menschlichen Lebens miterfaßt hat.

Es ist offensichtlich, daß es innerhalb der Typologien viele Ähnlichkeiten und Entsprechungen gibt – naturgemäß kann oder darf dies auch nicht anders sein. Erst wenn wirklich im Leben ursprünglich Vorhandenes mit einiger Sicherheit erfaßt wird, muß sich in den verschiedenen Typologien zeigen, daß das Wesentliche in der einen oder in der anderen Form immer wieder auftaucht. So entspricht z. B. der extravertierte Typus Jungs in vielen Zügen dem *zyklothymen* Typus seines Zeitgenossen Kretschmer, während der introvertierte Typus Jungs weitgehend dem *schizothymen* Typus gleichkommt.
Eysenck hat in den 70er Jahren – aufbauend auf den Erkenntnissen C. G. Jungs – die vier Quadranten seines *Persönlichkeitszirkels* entwickelt und war übrigens wie Jung der Meinung, daß die Charakterstrukturen **angeboren** sind.

Auch beim Vergleich mit den von Walter Schleip beschriebenen *Prinzipen* fallen die Parallelen auf. In die von Schleip/ Schulz beschriebenen *Wesensgruppen* lassen sich die *Extravertierten*, wie auch die *Introvertierten* gut einordnen. So ergänzt die eine Arbeit die andere – und wie bei einem großen Mosaik werden beim Aneinanderreihen der unterschiedlichen Forschungsergebnisse und bei deren Übertragung in die Praxis Konturen sichtbar!

Es ist eine merkwürdige Tatsache, daß selbst der unmaßgeblichste Laie über Psychologie völlig Bescheid zu wissen glaubt (...) Jeder wirkliche Kenner der Menschenseele wird mir aber beipflichten, daß sie zum Dunkelsten und Geheimnisvollsten gehört, das unserer Erfahrung begegnet.
(Carl Gustav Jung)

2.5 Ludwig Klages

Ludwig Klages (1872-1956) gilt als der Begründer der deutschen Charakterologie, wurde jedoch vor allem für seine graphologischen Arbeiten bekannt. Sein großes Verdienst war es, erstmalig festzuhalten, in welchen seelischen Dimensionen die Eigenschaften eines Menschen überhaupt in Erscheinung treten und was sie für das Gesamtbild des Charakters bedeuten.

Wollen wir einen Menschen beschreiben, dann verwenden wir eine Vielzahl von Eigenschaftsbegriffen. **Wittlich**, ein Schüler von Klages, hat in seinem Wörterbuch der Charakterkunde etwa tausend Eigenschaftsbegriffe auf ihre Bedeutung hin untersucht und beschrieben. So drücken manche von uns beschriebene Eigenschaften bei Menschen einerseits lediglich *Fähigkeiten* und *Begabungen* aus, andererseits aber ein *Verhalten*. Begabungen und Fähigkeiten sind jedoch nur *ein* Merkmal der Persönlichkeit. Diese sind, für sich genom-

men, nicht einmal von entscheidender Bedeutung, weil erst von den Charaktermerkmalen etwa der *Wille* bestimmt wird, was aus diesen Fähigkeiten und Begabungen gemacht wird. Die Verhaltenseigenschaften aber stammen aus der Auseinandersetzung des Menschen mit seiner Umwelt und können mit deren Bedingungen gewandelt werden.
Der Vollständigkeit halber ist hier die Klassifikation, wie sie Klages erarbeitet hat, aufgeführt:

- Stoff des Charakters (Mengeneigenschaften),
- Artung des Charakters (Richtungseigenschaften),
- Charakteraufbau (Aufbaueigenschaften) und
- Charakterhaltung (Betragseigenschaften).

Es ging Klages alleine um die Erfassung der Einzelpersönlichkeit, ohne daß der Versuch einer Gruppierung oder einer Typisierung gemacht wurde. Die Eigenschaften des Systems geben Antworten auf Fragen, die jeweils auf einer anderen Ebene gestellt sind und den Menschen immer unter einem ganz bestimmten Gesichtspunkt sehen.
»Das System von Klages war bereits ein in sich geschlossenes. Es ist entstanden, als er bei der Begründung der *Ausdruckspsychologie,* insbesondere der *Graphologie,* die Notwendigkeit sah, ein wissenschaftlich fundiertes und eindeutig abgegrenztes System von Eigenschaften zur Bezeichnung des einzelnen Menschen zur Verfügung zu haben. Sein Wert besteht vor allem darin, daß jede Eigenschaft, die zur Kenntnis des Seelischen dienen kann, innerhalb dieses Systems ihren eindeutigen Standort hat. Es gibt damit den Hintergrund eines Persönlichkeitsgefüges, wonach die Einzelpersönlichkeit sich klar abhebt und eindeutig zu beschreiben ist [13].

Das Verhalten anderer zu durchschauen, erfordert Intelligenz.
Sich selbst zu erkennen, setzt jedoch Weisheit voraus.
Das Leben anderer zu führen, erfordert Kraft.
Sein eigenes Leben zu führen, verlangt Energie.
(Tao der Führung)

2.6 William Sheldon

Eine interessante populäre Typologie war die des amerikanischen Arztes **William Sheldon.** Auch er ordnete (1942) Körperbau und Temperament einander zu. Die von ihm bekannte Einteilung gab genaue Angaben zu Beziehungen zwischen dem Körperbau (»Konstitutionstypen«) und bestimmten Persönlichkeitseigenschaften, Aktivitäten und Präferenzen.
Danach sind

- Endomorphe entspannte Menschen, die gerne essen, gesellig sind und auf ihren Bauch hören,
- Mesomorphe körperlich fit, voller Energie, mutig und selbstsicher,
- Ektomorphe eher kopflastig, künstlerisch und introvertiert, Menschen, die mehr über das Leben nachdenken, als daß sie es ausschöpfen oder gestalten.

Typ	**Endomorph** 	**Mesomorph** 	**Ektomorph** 
Körperbau	weich und rund	muskulös und kräftig	dünn und zerbrechlich
Temperament	entspannt, gesellig und Freude am Essen	energiegeladen, mutig und selbstbewußt	kopflastig, künstlerisch und introvertiert

Diese Typologie von Sheldon [12] besticht durch ihre Einfachheit. Für die Vorhersage individuellen Verhaltens auf der Grundlage des Körperbaus ist sie aber von geringerem

Wert (wenn man einmal die Stereotype, die die Wahrnehmungen der meisten Menschen beeinflussen, ausschaltet). Außerdem gibt es bei Menschen so viele Konstitutionen, daß es unmöglich ist, jeden einfach einem der drei reinen von Sheldon aufgezeigten Typen zuzuordnen.

2.7 Hans Jürgen Eysenck

H. J. Eysenck (gest. 1998) versucht in seinem typologischen Ansatz, die Komplexität der Persönlichkeit auf einige Hauptkategorien zu reduzieren. Er schlug (1970/1975) als Hauptdimensionen der Persönlichkeit Gegensatzpaare vor:

- **Introversion – Extraversion**
  Extravertierte sind gesellige, kontaktfreudige, impulsive und *robuste* Menschen. Die Introvertierten sind ihr psychologisches Gegenteil – *zart*, zurückhaltend, passiv, vorsichtig, bedächtig.

- **Stabilität – Labilität**
  Als *stabil* gelten Menschen, die bestimmte Verhaltensweisen unter wechselnden Umständen beibehalten, z. B. auf Emotionen bezogen (Zuverlässigkeit, Konstanz). *Labil* sind Menschen, die unsicher und nervös und bei psychischer Belastung anfällig sind.

Die empirische Grundlage von Eysencks Theorie ist eine riesige Menge von Daten aus seinen Persönlichkeitstests. Die getesteten Personen zeigen allerdings sehr divergierende Eigenschaften, die, so Eysenck, in vier Kategorien eingeteilt werden können. So hat er vier *Quadranten* in seinem *Persönlichkeitsmodell* definiert. Es sind die extremen Positionen, die zwischen den Typen unterscheiden.
Eysenck stellte als Ergebnis seiner Arbeiten fest, daß »Extravertierte eine Hemmung schneller entwickeln, daß diese Hemmung stärker ist und sich weniger schnell auflöst als bei

Introvertierten« [14]. Dies äußert sich nach Eysenck zum Beispiel darin, daß Extravertierte schlechter lernen, d.h. schlechter konditionierbar sind. Das bedeutet jedoch nicht, daß sie hinter Introvertierten in *allen* Lernvorgängen zurückbleiben. Insbesondere scheinen Extravertierte über ein besseres unmittelbares Gedächtnis zu verfügen.

Die schlechtere Konditionierbarkeit soll nach Eysenck auch dafür verantwortlich sein, daß Extravertierte weniger ängstlich sind: Sie lernen weniger schnell und weniger nachhaltig, in Situationen Furcht zu empfinden, die den ursprünglich furchtauslösenden Situationen in irgendeiner Weise ähnlich sind. Schließlich leitet Eysenck aus seiner Theorie ab, daß Introvertierte die gesellschaftlichen Normen intensiver übernehmen und daß Extravertierte geselliger, impulsiver, sorgloser, aber auch anmaßender, aktiver und von größerer Selbstbehauptung sind.

Eysenck hat eine Reihe gebräuchlicher Verhaltensmaße eingesetzt, um herauszufinden, wie sich z. B. *Extravertierte als Gruppe von Introvertierten* unterscheiden. Dabei fand er heraus, daß bei Introvertierten die Schmerzgrenze niedriger liegt. Diese Gruppe lerne auch unter bestimmten Bedingungen schneller. Bei Extravertierten z. B. sei bei einem erhöhten Erregungsniveau die Leistung besser und sie scheinen – gegenüber den Introvertierten – auch mehr äußere Anregung zur Aufrechterhaltung ihrer Leistung zu brauchen. Die Introvertierten sorgen eher selbst für ihre Stimulation [14].

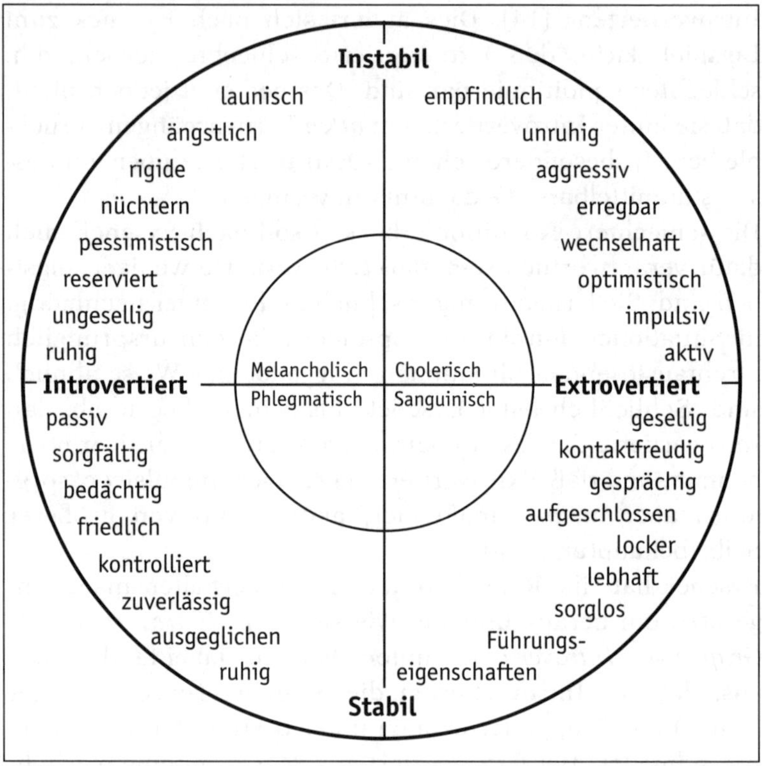

Die vier Quadranten des Eysenckchen Persönlichkeitszirkels [12]

2.8 Ernst Kretschmer

Das Aufsehenerregende an der von dem Tübinger Psychiater Ernst Kretschmer (1888-1964) aufgestellten Theorie beruht auf der *wissenschaftlichen* Begründung eines Tatbestandes, der bereits seit Jahrhunderten vermutet wurde: des Zusammenhangs zwischen Körperbauformen und Charakterstrukturen.

Die Kretschmersche Typenlehre ist deshalb so bekannt geworden, weil ihr der Nachweis gelang, daß die Gesamtheit aller individueller Eigenschaften eines Menschen, seine *Konstitution*, in erster Linie auf Vererbung beruht. Deshalb

spricht man auch von *Konstitutionstypen*. Kretschmer teilt die Körper in drei Typen ein, wobei dies nur *Modellvorstellungen* und keine *Abbilder der Wirklichkeit* sind. »Es sind sozusagen Brennpunkte einer Sammellinse, in denen die individuellen Eigenschaften in verdichteter Form erscheinen.« [5]
Die Konstitutionslehre von Kretschmer hält zwar letztlich den Kriterien der modernen Psychologie nicht stand, doch ist es sein großes Verdienst, einen Zusammenhang zwischen Körperbau und psychischer Konstitution wissenschaftlich untersucht und nachgewiesen zu haben. Als Nervenarzt erhielt er seine Ergebnisse durch die Beobachtung von schizophrenen bzw. manisch-depressiven Patienten. Die hier beobachteten krankhaften Extreme stehen sich gewissermaßen im Dreieck gegenüber. Zwischen den Eckpunkten liegen aber alle Übergangsformen als Mischtypen, die Kretschmer als »untypisch« einstufte und die sich daher nicht in seine Beobachtungskategorien einstufen ließen. So ist seine Lehre für einen Arzt interessant, jedoch für den nach Erkenntnissen im Charakter eines Menschen Suchenden nicht zureichend.
Für diese Zielerreichung ist es entscheidend, daß sich Menschen einfach nicht in ein Schema nach Gefühl, Verstand und Willen einordnen lassen. Dennoch, auch wenn wir nicht jeden, der uns begegnet, ohne weiteres einem der drei Typen Kretschmers zuordnen können, so begegnen uns im Alltag immer wieder ausgeprägte Vertreter der einzelnen Typen. Und *Anhaltspunkte* für einen ersten Eindruck lassen sich mit Hilfe von Kretschmers Einteilung schon gewinnen!
Nachfolgend sind die drei Körperbautypen nach Kretschmer sowohl im jugendlichen Alter, als auch im reifen Alter, wenn die Anlagen deutlicher hervortreten, skizziert [7]. Hier sind die unterschiedlichen Gangarten im Alter herausgearbeitet: Der Leptosome geht angespannt, hart, der Athletiker tritt schwer, aber federnd auf, der Pykniker trippelt und ist eher unsicher.

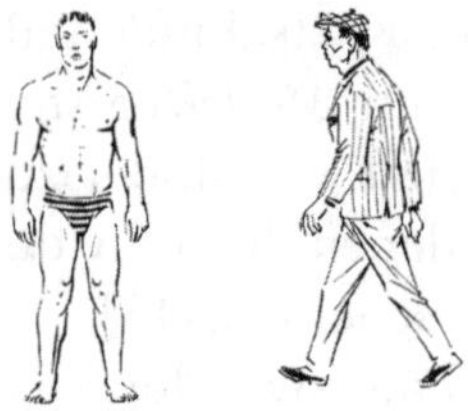

athletischer Typ:
muskulös, groß, mit kräftigem Skelett, breiten Schultern, großen Händen und Füßen

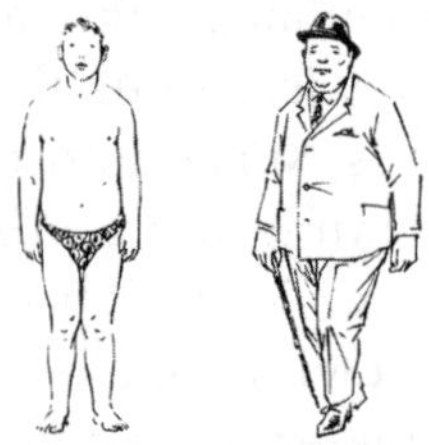

pyknischer Typ:
dicke, zur Fettbildung neigende Menschen mit relativ kurzen Gliedmaßen und kurzem, massivem Hals

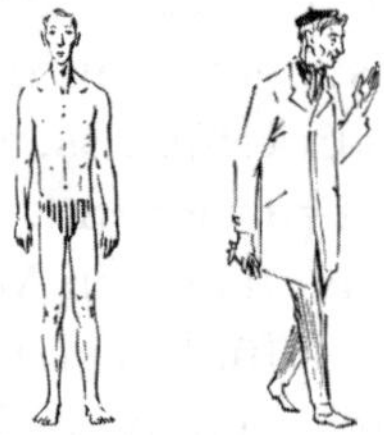

leptosomer Typ:
schmale, große Menschen mit langem und flachem Brustkorb.

2.9 Walter Schleip

Walter Schleip (1904-1971) wollte nicht, so wie Ernst Kretschmer, ausdruckspsychologisch vorgehen und aus den Lebensäußerungen Rückschlüsse auf die Veranlagung ziehen, sondern umgekehrt erst die biologischen Voraussetzungen als Grundlage für seine Lehre erarbeiten, um damit die äußeren Erscheinungsformen nur als Kontrolle zu verwenden.
So ging Schleip (1950) zunächst von der Zelle als kleinster lebensfähiger Einheit aus, die – nach dem damaligen Stand der Wissenschaft – aus drei Teilen, dem *Protoplasma*, dem *Zellkern*

und dem *Zentralkörperchen* bestand. Diese drei Teile, so Schleip, geben der Zelle die Fähigkeit des Lebens überhaupt:

- die Fähigkeit, sich aus eigener Kraft zu bewegen und zu wachsen,
- die Fähigkeit, aus Naturstoffen die eigene Substanz aufzubauen,
- die Fähigkeit, auf Reize durch Differenzierung (Teilung und Fortpflanzung) zu reagieren.

Schleip schließt daraus auf drei formbildende Lebens-*Prinzipe* (von lat. Principes = die Ersten – **nicht:** Prinzipien!):

- Bewegung, Kraft, Wachstum = motorisches Prinzip = M
- Stoffwechsel = elastisches Prinzip = E
- Differenzierung und Teilung = differenziertes Prinzip = D

Diese drei Prinzipe sind nun – so Schleip – bei der Entwicklung des Menschen aus der befruchteten Eizelle über die drei Keimblätter für ganz bestimmte Organe und Nervensysteme verantwortlich:

1. das motorische Prinzip
für Wirbelsäule und Rückenmark als Bewegungszentrum; für Knochen, Muskeln, Sehnen, Herz und Blutgefäßsystem,

2. das elastische Prinzip
für Magen, Leber, Darm und für das sympathische Nervensystem, also vornehmlich für den Verdauungsapparat und schließlich

3. das differenzierte Prinzip
für Gehirn, Gehirnnerven / Sinnesorgane.

Diese *Prinzipe* sind beim Menschen in der Anlage **verschieden stark;** ein Prinzip ist meistens vorherrschend; es ist ***dominant***. Erkennt man nun – so Schleip – durch Tests und Beobachtung bei einem Menschen das *dominierende* Prinzip, weiß man be-

reits einiges über seine Veranlagung und naturgegebene Fähigkeiten. Dann ist es möglich, eine sogenannte **Strukturformel** der betreffenden Person zu bilden, die alle drei Prinzipe in unterschiedlicher (!) Rangfolge beinhaltet. So bedeutet zum Beispiel:
E – M – D, daß das elastische Prinzip das am stärksten und das *differenzierte* das am schwächsten entwickelte ist. Bei gleicher Stärke zweier Prinzipe schreibt man

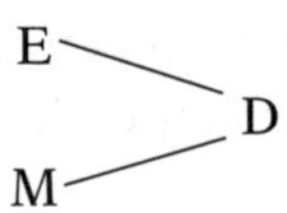

oder

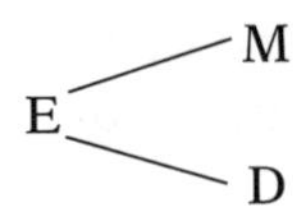

Sind alle *Prinzipe* gleich stark ausgebildet, dann spricht man von einem runden oder einem *Kreis-Typus:*

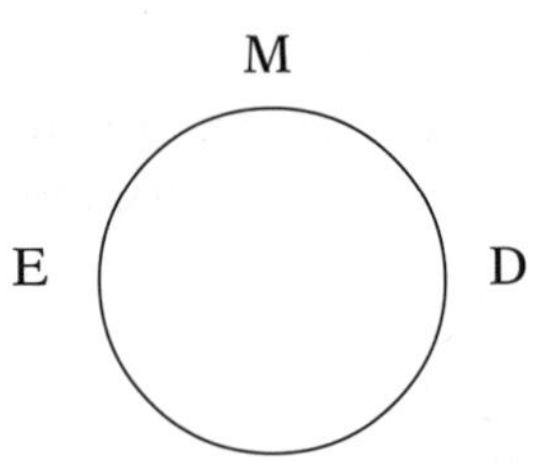

2.9.1 Schleips Formenprinzipe [15]

Schleip hat in seiner biologischen Konstitutionspsychologie die Prinzipen näher beschrieben. Nachfolgend die **psychischen Entsprechungen** bzw. die **Auswirkungen** dieser drei Formprinzipe. In meiner täglichen Arbeit in der Industrie habe ich im Laufe der Jahre viele Aussagen auf ihre Richtigkeit hin überprüfen können.

Das motorische Prinzip »M«
Wie im körperlichen Bereich der Muskeln, des Rückenmarks, der Knochen mit einem stabilen, breiten, eckigen

Körper, sind auch im geistig-seelischen Bereich alle Anlagen und Funktionen in Richtung Kraft, Energie, Ausdauer und Wirklichkeit ausgerichtet.

Entsprechend zeichnet sich der **motorisch dominierte** Mensch durch *Aktivität, Durchsetzungskraft, Vitalität und Initiative* aus. Oft ist er schon erkennbar an der Offenheit und Gestrafftheit seines Gesichtsausdruckes, seiner lauten Stimme, der Bestimmtheit seiner Bewegungen und der Unmittelbarkeit seines Handelns.

Er verläßt sich auf seine Kraft und sein Können, ergreift die Initiative, ohne lange zu überlegen oder auszuprobieren. Er hat Freude an der Überwindung von Schwierigkeiten und Problemen. Er strebt nach Anerkennung, übernimmt gerne Verantwortung, reißt häufig wie selbstverständlich die Führung an sich und gibt gerne Befehle.

Er selbst hört auf andere nur wenig, läßt sich nicht leicht beeinflussen. Er ändert seine Meinung und Einstellung eher selten. Im Wesen ist er frei heraus, ungezwungen, verläßlich und standhaft. Er wirkt oft eroberungssüchtig; es kommt ihm aber eher auf den Erfolg als solchen an, als auf Besitzerwerb.

Er liebt die Bewegung an der frischen Luft, kann körperliche Anstrengungen lange aushalten und ist gegen Schmerz weniger empfindlich. Er braucht weniger Schlaf, schläft dafür meist tief und fest, träumt weniger und ruht gut aus.

Gerät er in Schwierigkeiten, muß er sofort etwas tun, um das Bedrückende loszuwerden. In Gefahrensituationen kann er auch kaltblütig sein.

Das elastische Prinzip »E«

Körperlich ist das vegetative Nervensystem, für Magen, Leber und Verdauungsorgane, sowie für einen runden, weichen Körperbau bestimmend. Auch im psychischen Bereich steht das E-Prinzip für Elastizität, Anpassungsfähigkeit und Gefühlslebhaftigkeit, Balance, Ausgleich und Harmonie. Dieses Formprinzip wirkt sich daher in Haltung und Bewegung entspannt, ruhig, abgerundet und geschmeidig aus.

Die Gefühlsäußerungen dieses Typus sind unmittelbar und

mitempfindend. Er ist kontaktfreudig. Dabei kommt es ihm mehr auf das Angenehme als auf tiefe Bindungen an.
Seinen Mitmenschen bringt er Liebenswürdigkeit und aufrichtiges Interesse entgegen. Er braucht ihre Zuneigung und liebt familiären und freundschaftlichen Zusammenschluß. Er hat das Bedürfnis, mit seiner Umwelt in Harmonie zu leben. Daher ist er auch eher tolerant. Seine Devise ist leben und leben lassen. Er strebt nach Lebensfreude, Genuß und Harmonie.
Er liebt gutes Essen und gemütliche Feste. Er versteht etwas von kulinarischen Genüssen. Er schätzt die Behaglichkeit und umgibt sich mit Dingen, die das Leben angenehm machen.
Körperliche Anstrengungen müssen nicht unbedingt sein. Er verharrt öfter in einer gewissen Trägheit; das erweckt auch den Eindruck, langsam zu sein. Er schläft gern tief und ruhig, ruht sich gut aus.
Gerät er in Schwierigkeiten, so braucht er Menschen, um sich auszusprechen. Dann ist für ihn alles nur noch halb so schlimm. In Gefahrensituationen wartet er ab. Er weicht eher aus. Ein anderer, zum Beispiel der **M-dominierte** Mensch, würde das schnell als Feigheit ansehen.

Das differenzierte Prinzip »D«

Beim D-Dominierten sind das Gehirn, die Sinnesorgane, das Denkzentrum und die Haut im Blickpunkt. Im psychischen Bereich ist alles *fein differenziert,* sensibel für eine hohe Stufe der Empfindung, der Wahrnehmung und der geistigen Verarbeitung.
Der **differenziert dominierte** Mensch ist daher in seiner ganzen Haltung eher gespannt. Er hält sich zurück, er will nicht auffallen. Seine Stimme ist verhalten, nie frei heraus. Er meidet Lärm und lautes Treiben und reagiert möglicherweise schon auf die kleinste Störung sehr empfindlich.
Er muß alles innerlich verarbeiten und hat das Bedürfnis nach Alleinsein und Ruhe. Er verläßt sich auf seinen Verstand. Da er seine Gedanken und Empfindungen im allge-

meinen nicht auf der Zunge trägt, überrascht er seine Umgebung oft dadurch, daß er anders reagiert, als man es erwartet hätte. Deshalb empfindet man ihn oft auch als weniger durchsichtig.
Er strebt nach innerem Kontakt mit den Problemen, die er in den Dingen, den Ergebnissen und in sich selbst sieht. Dabei ist er ebenso kritisch, wie empfindsam. Er schließt wenig Freundschaften. Es widerstrebt ihm, Gefühle zu zeigen. Er wirkt daher oft kontaktscheu, oft sogar ich-haft eingebildet. Das kommt jedoch daher, daß er Enttäuschungen und Irrtümer, die er nur schwer ertragen kann, vermeiden möchte.
Infolge seiner intensiven Empfindung, und weil er alles innerlich verarbeiten muß, ist sein Energieverbrauch sehr hoch. So benötigt er mehr Schlaf, schläft aber eher schlecht, träumt viel und wacht leicht auf.
Gerät er in Schwierigkeiten, dann zieht er sich am liebsten ganz in sich selbst zurück, um nachzudenken, denn »damit muß man doch alleine fertig werden«.

Die Tabelle auf der folgenden Seite gibt eine Übersicht über die den drei Formprinzipien Schleips zugeordneten körperlichen und geistig-seelischen Anlagen, wobei er besonders betont, und das sei hier wiederholt, daß alle Bezeichnungen **absolut wertfrei** zu verstehen sind, also weder als gut, noch als schlecht aufgefaßt werden dürfen!

Zusammenfassende Tabelle über die Auswirkungen der drei Formenprinzipe (Strukturpsychologie – Biologische Konstitutions-Psychologie) [16]

(nach Schleip)	**Motorisches Prinzip**	**Elastisches Prinzip**	**Differenziertes Prinzip**
Nerven system	Rückenmark	Vegetatives Nervensystem	Gehirn und Hirnnerven
Organe	Wirbelsäule, Knochen, Muskeln, Bindegewebe	Magen, Leber, Verdauungsorgane, Drüsen	Sinnesorgane, Haut, Denk- und Sprachzentrum
Körperbau	breitwüchsig, stabil, eckig, muskulös; brustbetont; derbe, großporige Haut	rundwüchsig, weich, kugelig, »gepolstert«; bauchbetont; glatte, rosige Haut	schmalwüchsig
Kopfform	Breitschädel	Rundschädel	Langschädel
Gesicht	betontes Mittelgesicht (Backenknochen)	betontes Untergesicht (Doppelkinn)	betontes Obergesicht (»Denkerstirn«)
Mund	energisch, fest, groß	weich, voll	schmal, gespannt
Augen	mittelgroß, offen	klein, hervortretend	tiefliegend, verhängt
Nase	kräftig, hervortretend	fleischig, stumpf	schmal, scharf
Kinn	eckig	rund	spitz
Haar	dick, störrisch; selten Glatze	weich, wellig; Rundglatze	dünn, strähnig; Eckenglatze

(nach Schleip)	Motorisches Prinzip	Elastisches Prinzip	Differenziertes Prinzip
Hände	kräftig, knochig, sehnig; breite, eckige Finger	kurz, fleischig, weiß; kurze, dicke Finger	schmal, mager, feinnervig; lange, spitze Finger
Psychische Struktur	willensbetont, aktiv, energisch, durchsetzungsfreudig, zupackend, angriffsbereit, unerschrocken	genußfreudig, gefühlsbetont, entspannt, elastisch, tolerant, anpassend, geschmeidig, kompromißbereit, aufgeschlossen	problemfreudig, verstandesbetont, gespannt, vorsichtig, kritisch, zurückhaltend, zweckbewußt, widerspruchsbereit, distanziert
Verhaltens, und-Arbeitsweise	Neigung zum Praktischen - Tendenz zur Durchsetzung, tatkräftiges Verhalten, unerschrockenes Auftreten, starke Reaktion, eckige Bewegungen, nüchtern im Ausdruck; harte, laute Stimme; eckige, druckstarke Schrift	Neigung zur persönlichen Tendenz der Anpassung, ausgleichendes Verhalten, liebenswürdiges Auftreten, ruhige Reaktionen, ruhig-weiche Bewegungen, anschaulich im Ausdruck; melodische, weiche Stimme; runde, flüssige Schrift	Neigung zum Formalen, Tendenz zur Absonderung, kritisches Verhalten, zurückhaltendes Auftreten, gesteuerte Reaktionen, zögernde Bewegungen, vorsichtig im Ausdruck; trockene, leise Stimme; dünne, steile Schrift
Prädestiniert für	Pionierarbeit, Durchführung, energische Führung	Gruppenarbeit, Kontakt, ausgleichende Führung	Einzelarbeit, Entwicklung, organisatorische Führung

In der nachfolgenden Skizze ist der Versuch unternommen worden, eine Ordnung der Kopfformen auf der Basis der drei geometrischen Grundformen zu schaffen, die den drei Grundprinzipien von **M, E** und **D** entsprechen. In den inneren Kreis sind auch noch die jeweiligen Farben und die ihnen zuzuordnenden geometrischen Figuren eingebaut (siehe Kapitel I -3). Auch diese Kopfformen sind lediglich eine *Orientierungshilfe* und dürfen in keinem Fall etwa als Maßskala verwendet werden.

Anordnung von Kopfformen nach W. Schleip [16]

2.9.2 Wesensgruppen nach Schleip/Schulz [15]

Die Typenlehre der Wesensgruppen, die Walter Schleip erarbeitete, berücksichtigt nicht den konstitutionellen (= körperlichen) Typus. Schleip hat, ausgehend von den Erkenntnissen von **Jakob von Uexküll** (1864-1944) und **Werner Sombart** (1863-1941), die in den 30er und 40er Jahren systematisch das Umweltverhalten von etwa 4000 Studenten untersuchten, den Begriff ***Kontaktdisposition*** geschaffen. Darunter verstand er einerseits die Fähigkeit eines Menschen, Umwelteinflüsse aufzunehmen und zu verarbeiten, andererseits seine Art, sich der Umwelt mitzuteilen. Als *Umwelt* werden die Dinge, die Menschen, abstrakte Begriffe, sowie das gesamte, den Menschen umgebende Geschehen, bezeichnet.
Walter Schleip und **Walter Schulz** (1888-1963) haben daraus gemeinsam ein System von **sechs Wesensgruppen** geschaffen, das eine hervorragende **Orientierungshilfe** darstellt, nach der man **beobachtbares Umweltverhalten von Menschen erkennen und in ein überschaubares System einordnen kann.** Diese Typologie deckt sich im wesentlichen mit den Sechsergruppen von **Huter.**
Auf der folgenden Seite ist zunächst die Originalübersicht von Schleip/Schulz dargestellt [16]. Sie zeigt in der linken Spalte die Funktion an, mit der der Vertreter einer *Wesensgruppe* mit seiner Umwelt in Kontakt tritt.
In Vorwegnahme zu der im Abschnitt I-3 diskutierten Farbpsychologie sind bereits die von Huter beschriebenen Farbzuordnungen dokumentiert.
Nochmals der Hinweis: die vorgenommene Numerierung der Wesensgruppen von I-VI ist in **keinem Fall** eine Wertordnung oder eine in irgendeinem Sinne beabsichtigte wertende Reihenfolge, sondern nur eine **Ordnungshilfe!**

	I	II	III
Farbe	**rot**	**violett**	**blau**
Sinnes-funktion	klar, realistisch	wertgerichtet	ganzheitlich bestimmt
Denk-funktion	real-logisch	organisch	anschaulich
Gefühls-funktion	wenig ansprechbar	für Ideale zu begeistern	starkes Einfühlungsvermögen
Willens-funktion	beharrlich	wertstrebig, ausdauernd	beweglich, elastisch
Erlebnis-funktion	verschlossen	wertbedingt erlebnisfähig	erlebnisbereit und erlebnisfreudig
Äußerungsform	beschreibend, aufzählend, knapp, nüchtern	sinngebend, zuversichtlich, vertrauend	bildhaft, anschaulich, erzählend
Verhaltensweise	wirklichkeitsnah, nüchtern, sachlich, reaktionssicher, gleichförmig, langsam, genau	ordnungsliebend, gleichmäßig, energievoll, einsatz- und opferbereit, zuverlässig, exakt	umweltverbunden, einfühlend, vielseitig, elastisch, anpassungsfähig, ruhig, abwechslungsreich

	IV	V	VI
Farbe	**grün**	**gelb**	**orange**
Sinnesfunktion	von Phantasie beeinflußt	kontrolliert, kritisch	analysierend
Denkfunktion	intuitiv	konstruktiv	abstrakt, logisch
Gefühlsfunktion	leicht ansprechbar, vielseitig	verstandesgesteuert	kühl, verhalten
Willensfunktion	impulsiv, vielstrebig	zweckabhängig, nützlichkeitsgerichtet	normgebunden, unelastisch
Erlebnisfunktion	abwechslungsfreudig	kritisch, erlebnisfähig	vernunftbetont
Äußerungsform	originell, phantasievoll, vielseitig	kritisch, gewandt, vorsichtig	systematisch, analysierend, begrifflich klar
Verhaltensweise	umstellfähig, reaktionsschnell, phantasievoll, ausdrucksfähig	zweckgerichtet, konstruktiv, kritikfreudig, verstandesgemäß, gleichmäßig	systematisch, zielgerichtet, normgebunden, begrifflich abstrakt denkend

2.9.3 Wesensgruppen im Strukturkreis

Während sich in der Theorie von **Kretschmer** die drei Typen *(leptosom, pyknisch, athletisch) diametral gegenüberstehen,* **Sheldon** das Manko der in seiner Lehre fehlenden Übergangsmöglichkeiten durch ein »Mischungsverhältnis« auszugleichen suchte und **Schleip** mit der Strukturformel andeuten wollte, daß jeder von jedem *Formprinzip* etwas habe, verfiel **Huter** – um es nochmals zu betonen: Jahrzehnte vor den anderen – auf den Gedanken, Zwischenformen zu schaffen und diese in Kreisform zu ordnen.
Der Kreis gibt die Möglichkeit, alle Übergänge zwischen den verschiedenen Formen *(Naturellen)* fließend sichtbar zu ma-

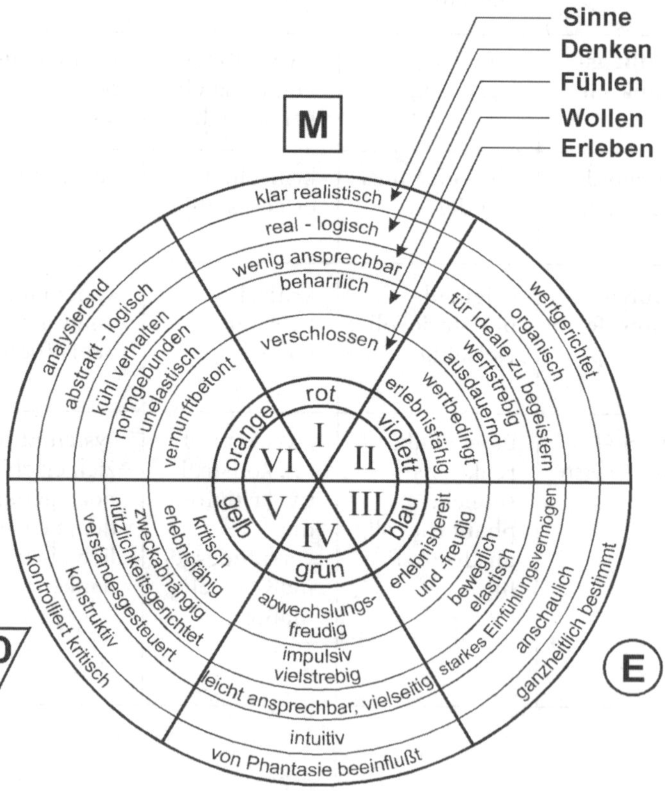

Kreisordnung der Wesensgruppen [16]

chen und anschaulich darzustellen. So wurden Schulz/Schleip angeregt, die sechs definierten **Wesensgruppen** in eine **Kreisordnung** zu bringen, mit dem wertungsfreien Vorteil, daß es in einem Kreis kein Oben und kein Unten gibt [16]. Wie sehr sich jeder einzelne der angeführten Begriffe im Strukturkreis hinsichtlich der Fähigkeiten und Eigenschaften nochmals differenzieren läßt, ist ein semantisches Thema. Für den Bereich des **Denkens** hat **Gerd Ammelburg** in seinem aufschlußreichen Buch *Die Unternehmenszukunft* [16] den Versuch unternommen, die den verschiedenen Wesensgruppen zugehörigen Denkrichtungen sprachlich zu formulieren. Auch hierbei muß, abgesehen von der erforderlichen Wertfreiheit, beachtet werden, daß alleine das Verständnis der verschiedenen Begriffe in semantischer Hinsicht sehr unterschiedlich sein kann. Der Anwender kann danach mit Hilfe dieser Übersicht die Richtung bei einer Analyse bestimmen und z. B. sich selbst erkennen oder einordnen:

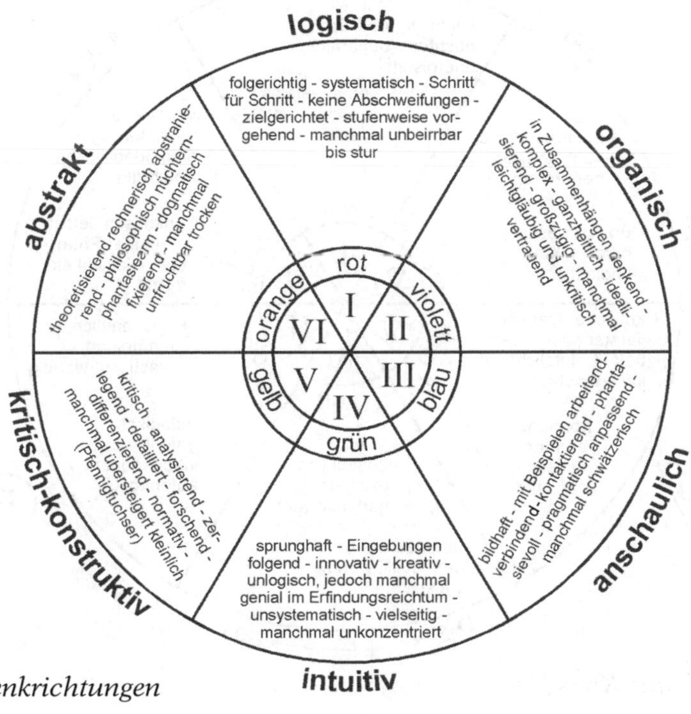

Denkrichtungen

Für das »Sich-Selbst-Erkennen« wie für den Umgang mit anderen Menschen hat Gerd Ammelburg in seinem Buch einen *Toleranzkreis* auf Basis der Formenprinzipen von Schleip erarbeitet.
Jeder Mensch, der sich in einer bestimmten Richtung angesiedelt sieht, muß sich ständig bewußt machen, daß andere, ihm diametral »gegenüberliegende« Menschen, von ihm vielfach unbewußt negativ gesehen werden. Und daß diese wiederum sich selbst positiv, aber ihn negativ betrachten (siehe Selbstbild – Fremdbild, Seite 24).
Jeder ist aufgefordert, in seinem eigenen Bereich gegebenenfalls noch zusätzliche Eigenschaften einzutragen und sich bewußt zu machen, wie diese von dem »Gegenüberliegenden« gesehen werden – und umgekehrt. Jeder Führende sollte die-

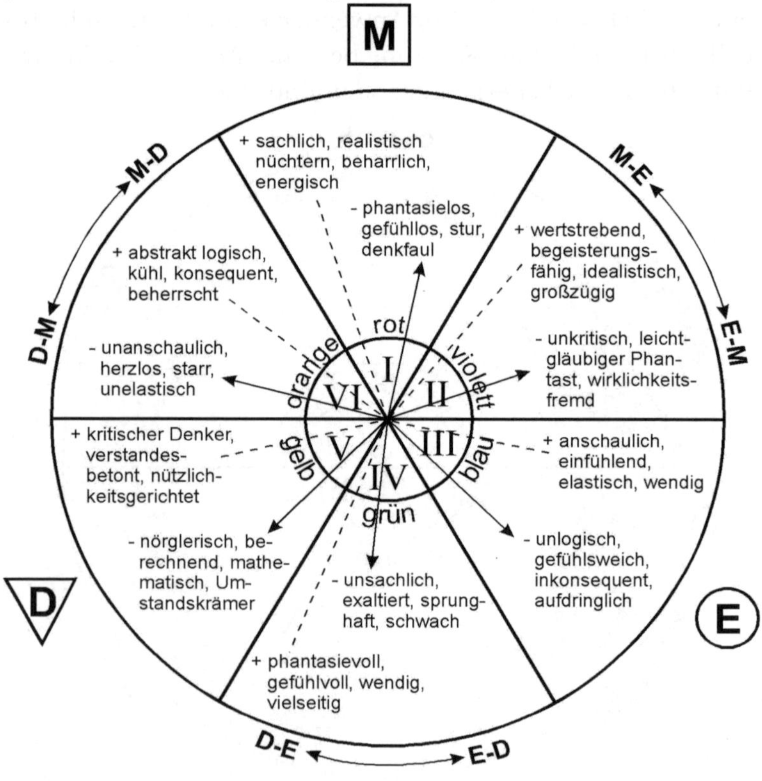

Toleranz-Kreis [16]

sen Toleranzkreis ständig vor Augen haben, um damit umzugehen und ihn ständig anzuwenden, so G. Ammelburg. Da ich ebenfalls die Gültigkeit dieser Aussagen in der Praxis überprüfen und anwenden konnte, folgt hier die zitierte schematische Darstellung. Anschließend werden die Angaben der Wesensgruppen im Strukturkreis nacheinander aufgelistet und Erkenntnisse aus der Praxis hinzugefügt.

2.9.4 Wesensgruppen – Praktische Erkenntnisse [16]

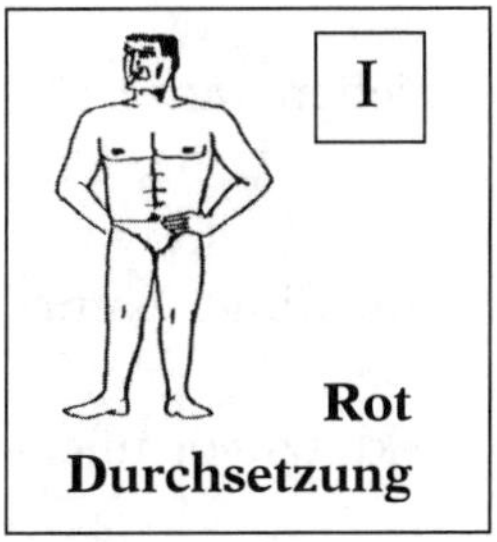

Wesensgruppe I
»M«otorisches Prinzip
»Quadrat«-Schädel; dickes, störriges Haar, in die Stirn wachsend; breitwüchsig, brustbetont, muskulös; breite, knochige Hände, breite Finger, derbe, großporige Haut; dominantes Mittelgesicht, offene Augen, kräftige Nase, Backenknochen, energischer Mund, eckiges Kinn

Sinne:	klar, genau, realistisch
Fühlen:	wenig(er) ansprechbar
Wollen:	beharrlich, fest
Erleben:	verschlossen, zurückhaltend
Verhalten:	energisch, direkt, offen, nüchtern, sachlich, reaktionssicher, wirklichkeitsnah
Denken:	real-logisch, systematisch, zielgerichtet, unbeirrbar, starr
Ausdruck:	knapp, einfach, sachlich, nüchtern, oft trocken aufzählend, unlebendig

Durchsetzung:
Überwindung von Schwierigkeiten und Hemmnissen; Arbeitsvorbereitung, Produktion, Abläufe, Auf- und Ausbau neuer Bereiche, Niederlassungen, Filialen usw.

Wie ist Wesenstyp I zu motivieren? Was braucht er?

- ***in seiner Arbeit /seinen Aufgaben***
  - Aktivität,
  - Handlungsraum (z. B. »Einzelprokura«), neue Bereiche,
  - Herausforderungen,
  - Freiheit und Kompetenzen.

- ***in seiner Umgebung***
  - große, repräsentative Räume,
  - Luft und kühle Temperatur,
  - Uniform, Statussymbol,
  - Geltung, Anhänger (die er als »Motor« ziehen kann).

- ***im Umgang und Ansprache***
  - Anerkennung, Bestätigung (nicht unbedingt »nur« Geld),
  - Ansprache: klar, knapp, deutlich (bis »klotzig«), nüchtern, logisch, direkt.

- ***bei Streß*** handelt er sofort – ***schwierig(er) beeinflußbar!***

(II)
Violett
Motivation

Wesensgruppe II »M-E« oder »E-M«
(Zwischentyp ohne Bild und Text)

Sinne: offen, wertgerichtet
Fühlen: für Ideale zu begeistern
Wollen: wertstrebig, ausdauernd Erleben: wertbedingt, erlebnisfähig
Verhalten: zuversichtlich, energievoll, verläßlich, opfer- und einsatzbereit, ordnungsliebend
Denken: organisch in Zusammenhängen, ganzheitlich, komplex, großzügig, idealisierend, vertrauensvoll

Ausdruck: sinngebend, zuversichtlich, vertrauend, idealistisch, auch »pathetisch«

Motivation:
ganzheitliches Denken im Unternehmen, eigene und Fremdmotivation, Identifizierung mit der Aufgabe, positives Vorleben, Zuverlässigkeit, Streben nach Harmonie

Wie ist Wesenstyp II zu motivieren? Was braucht er?

- ***in seiner Arbeit / seinen Aufgaben***
  - Sinngebung / Ideale, Herausforderung,
  - offene und faire, gerechte Menschenführung,
  - Promoter für Weiterbildung im Unternehmen,
  - ganzheitlich: Zusammenhänge erkennen; das Unternehmen als Organismus begreifen zu können, er muß hinter den Produkten »stehen können«.

- ***in seiner Umgebung***
  - große, auch repräsentative Räume / Behaglichkeit,
  - »normale« Temperatur,
  - Zugehörigkeitssymbol (z. B. Anstecker, Nadel, Krawatte),
  - er braucht Partner und »Anhänger«, die er zu Partnern machen kann,
  - er braucht Gleichgesinnte.

- ***in Umgang und Ansprache***
  - logisch, ganzheitlich, alle Aspekte berücksichtigen,
  - wertgerichtet (dafür läßt er sich begeistern),
  - weniger am Detail interessiert,
  - ist empfänglich für Ideale.

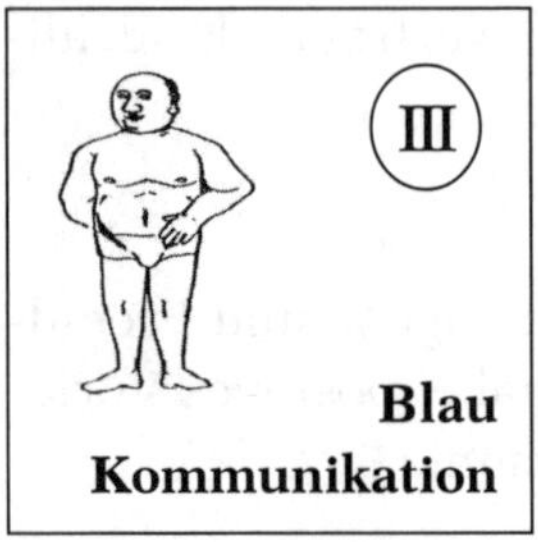

Wesensgruppe III
»E«lastisches Prinzip
»Rund«-Schädel; welliges Haar, Rundglatze; dominantes Untergesicht, Doppelkinn; rund-wüchsig »gepolstert«, »kugelig«, bauchbetont; fleischige Hände, dicke kurze Finger; offene, mittelgroße Augen; »fleischige« Nase; glatte, rosige Haut

Sinne: gegenständlich, aufgeschlossen, ganzheitlich bestimmt
Fühlen: starkes Einfühlungsvermögen
Wollen: beweglich elastisch Erleben: erlebnisbereit und -freudig
Verhalten: einfühlend, elastisch, vielseitig, verbindlich, ausgleichend
Denken: bildhaft, anschaulich, in Gleichnissen und Beispielen, phantasievoll, pragmatisch, anpassend
Ausdruck: bildhaft, anschaulich, lebendig, erzählend, oft weitschweifig

Kommunikation:
Gegensätze durch Kompromisse überwindend, innerbetrieblich ausgleichend, Verkauf, Einkauf, Marketing, Werbung, PR-Pflege, Umgang mit Kunden und Verkäufern, Kontaktpflege, Harmoniestreben

Wie ist Wesenstyp III zu motivieren? Was braucht er?

- ***in seiner Arbeit / seinen Aufgaben***
  – Kontakte, Harmonie, Gespräche, gutes Klima,
  – Kontaktpflege; Arbeitsessen,
  – durch Kompromisse Gegensätze überwinden,
  – praktische Aufgaben.

- ***in seiner Umgebung***
  - luxuriösen »Plüsch«, Gemütlichkeit, Behaglichkeit (bis Kitsch),
  - warme Temperatur, harmonische Atmosphäre,
  - Gegenstände, die das Leben angenehm machen (Teppiche, Gardinen),
  - Sammlerstücke,
  - gute Zuhörer,
  - braucht Zuwendung.

- ***in Umgang und Ansprache, Behandlung***
  - Geselligkeit, zwangloser Gedankenaustausch,
  - bildhafte, anschauliche Sprache,
  - erzählende Darstellung,
  - sucht bei Streit das Gespräch (Vorgesetzter muß dann Zeit für ihn haben),
  - ist empfänglich für Schmeicheleien.

IV

Grün
Innovation

Wesensgruppe IV »D-E« oder »E-D«
(Zwischentyp ohne Bild und Text)

Sinne: von Phantasie beeinflußt
Fühlen: leicht ansprechbar, vielseitig
Wollen: impulsiv, zielstrebig
Erleben: abwechslungsfreudig
Verhalten: phantasievoll, umstellfähig, sprunghaft, wenig konstant, reaktionsschnell
Denken: innovativ, intuitiv-spontan, vielseitig kreativ, sprunghaft, unsystematisch; erfinderisch
Ausdruck: originell, sprunghaft, gefühls- und phantasiebeteiligt, ausschmückend, unsachlich

Innovation
unkonventionelle Problemlösungen, Intuition, Kreativität, Vielseitigkeit, Leitung von Brainstormings, Anregungen zur Überwindung von Störungen, Einspringen bei Notfällen (Feuerwehr)

Wie ist Wesenstyp IV zu motivieren? Was braucht er?

- ***in seiner Arbeit / seinen Aufgaben***
  - wechselnde Aufgaben,
  - unerwartete Situationen, Freiheit und Kompetenz,
  - Neigung zu unkonventionellem Vorgehen (Feuerwehrmann),
  - Aufgaben für kreativ-intuitive Entwicklungen.

- ***in seiner Umgebung***
  - fühlt sich in großen, luxuriösen Räumen wohl,
  - spartanische Räume aber möglich,
  - kann spontan improvisieren,
  - kann sich auf Menschen (flexibel) einstellen,
  - braucht Zuhörer und Zustimmung.

- ***in Umgang und Ansprache, Behandlung***
  - liebt Abwechslung bei Themen und Partnern,
  - ist sprunghaft in Gedanken und in Gesprächen,
  - reagiert spontan auf Reize (Stichworte, Themen),
  - bei Streß schlecht berechenbar; geht in ein anderes Reizumfeld,
  - ist für Schmeicheleien ansprechbar.

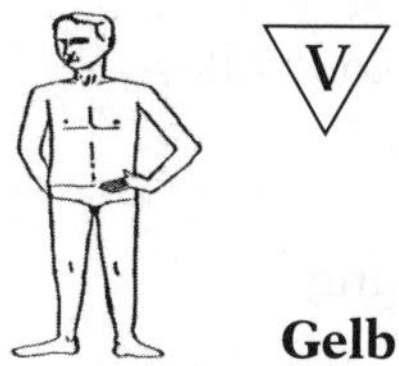

Gelb
Entwicklung/
Kontrolle

Wesensgruppe V
»D«ifferenziertes Prinzip
kopfbetonte Dreiecksform«; dominantes Obergesicht, Denkerstirn, dünnes Haar, Eckenglatze; schmalwüchsig, mager, zart; schmale, magere Hände, spitze lange Finger; tiefliegende Augen, verhangener Blick, scharfe Nase, schmaler Mund, spitzes Kinn

Sinne: kritisch kontrolliert
Fühlen: sensibel, verstandesgesteuert
Wollen: zweckabhängig, nutzengerichtet
Erleben: kritisch, erlebnisfähig
Verhalten: zweckgerichtet, kritikfreudig, problemfreudig, konstruktiv, feingeistig, verstandesgemäß
Denken: kritisch-konstruktiv, zerlegend, detailliert, forschend, normativ, kleinlich, analysierend, differenziert,
Ausdruck: kritisch-gewandt, vorsichtig abwägend, zweckbedacht, oft ichbezogen

Entwicklung und Kontrolle
Sicherheit, Genauigkeit: heikle Aufgaben, die Feingefühl erfordern, Qualitätskontrolle, Analysen, Revision, Forschung und Entwicklung, Anlaufstelle für innerbetriebliche Kritik und Beschwerden

Wie ist Wesenstyp V zu motivieren? Was braucht er?

• ***in seiner Arbeit / seinen Aufgaben***
  – komplizierte Aufgaben und Problemstellungen,
  – komplexere und Analyse-Arbeiten,
  – genaue Aufgabenstellung mit Handlungsrahmen incl. Stellenbeschreibung,
  – heikle Aufgaben, die Feingefühl erfordern,

- den Nutzen der Aufgabe erkennen,
- Zeit für Sicherheit, Entwicklung und Kontrolle.

• ***in seiner Umgebung***
  - ruhige Räume, zweckmäßige Einrichtung,
  - Hinwendung zur modernen Technik,
  - Hang zur Abgrenzung und zum Alleinsein,
  - führt organisatorisch,
  - Lob und Anerkennung müssen begründet sein.

• ***in Umgang und Ansprache, Behandlung***
  - vorsichtig abwägende und zweckbedachte Kommunikation,
  - auf Ich-Bezogenheit in der Ansprache achten,
  - braucht detaillierte Informationen,
  - ästhetische bis feingeistige Sprache,
  - sensibler Umgang mit dem persönlichen Freiheitsraum,
  - bei Streß Rückzugsmöglichkeit geben.

VI

Orange
Konstruktion/
Planung

Wesensgruppe VI
»M-D« oder »D-M«
(Zwischentyp ohne Bild und Text)

Sinne:	trocken, analytisch
Fühlen:	kühl, verhalten
Wollen:	normgebunden, unelastisch
Erleben:	vernunftbetont
Verhalten:	norm- und vorschriftengebunden, systematisch, ziel-gerichtet, genau steuernd, formal, abstrahierend
Denken:	abstrakt-logisch, theoretisierend, abstrahierend, normgebunden, nüchtern, begrifflich klar, phantasielos, dogmatisch

Ausdruck: systematisch, analysierend, begrifflich klar, oft unelastisch und eng

Konstruktion, Planung
Planung und Investition (incl. Finanzplanung), Rechnungswesen, Markt-Beobachtung, Organisations- und Ablaufpläne, Kritik von Schwachstellen

Wie ist Wesenstyp VI zu motivieren? Was braucht er?

- ***in seiner Arbeit / seinen Aufgaben***
  - theoretische, strukturelle Aufgaben in Entwicklung, Planung und Organisation, Analyse von Schwachstellen,
  - Handlungsrahmen, Normen, Vorschriften,
  - Entwurf, Kreativität, Innovation.

- ***in seiner Umgebung***
  - ästhetisch, stilvoll eingerichtete Räume, zweckmäßige Einrichtung,
  - schätzt es, allein zu sein, braucht Gleichgesinnte,
  - Lob und Anerkennung müssen begründet sein.

- ***in Umgang und Ansprache, Behandlung***
  - normgebunden, Etikette beachtend, nüchtern,
  - begrifflich klar, theoretisierend, systematisch,
  - Vorschläge, Lob und Kritik immer sachlich begründen (vernunftbetont!),
  - Detail-Informationen; bei Streß Handlungs- und Rückzugsmöglichkeit offen lassen!

2.10 Selbstfindung – individuelle Zielsetzung

Aus den Typologien der Philosophen und der Psychologen lassen sich für alle, die mit offenen Augen den Tagesablauf gestalten, eine Menge Erkenntnisse gewinnen – auch wenn nicht alles *wissenschaftlich bewiesen* oder für die Psychologie authentisch ist. Ich habe gerade aus den beschriebenen Wesensgruppen und deren Verhalten in der Praxis großen Gewinn ziehen können. Je mehr wir aus den unterschiedlichen Erkenntnissen der vielfältigen Typologien einen Extrakt für uns selbst ziehen, je eher nähern wir uns einer praxisnahen Erkenntnis und Umsetzung. Aber »Anleihen« aus diesen Gebieten, zumindest dem der *Physiognomie,* sind erforderlich, um das Äußere des Menschen als *Ganzes* zu erfassen.

Dennoch ist nach der Allgemeingültigkeit solcher Erkenntnisse über Grenzen und Kontinente hinweg zu fragen. Sind die Typologien auf andere Rassen übertragbar? Und bereits hier wurden sowohl in Afrika als auch in Südamerika, besonders aber in Asien eigene, in Europa als weitgehend richtig eingestufte Beobachtungen, mehr als verwässert! Nicht nur bei den unterschiedlichen Körperbau-Typen, vor allem auch die in langen Jahren beobachteten und interpretierten Gesichtszüge bei der weißen Rasse lassen sich nicht übertragen. Ich sehe das zwar als eine große Einengung, aber darum auch noch nicht als Beweis, daß deshalb die Psychologie *fehlerhaft* ist.

Ohne hier Erkenntnisse aus der Physiognomie vorwegzunehmen: Auch ich mußte feststellen, daß äußere Merkmale des Körperbaus, wie auch der Kopfform und des Gesichtsausdrukkes bei Frauen sehr viel schwieriger bestimmten, vermuteten Charaktereigenschaften zugeordnet werden können. Gründe dafür sind bis heute nicht genau erkannt (Haare, Make-up, subjektive Einstellung?). Das hat nichts damit zu tun, daß die »Wissenschaft Psychologie seit ihren Anfängen gegen die eigenen Regeln verstieß und Frauen nicht als Hälfte der Menschheit sah und erforschte und daß männliche Ergebnisse als

Norm gesetzt und weibliche als defizitäre Abweichung gewertet werden« [17]. Eine solche Ansicht ist nach meiner Ansicht leeres und dummes Geschwätz.
Wichtiger scheint ein Thema, das für viele eher relevant sein wird. In der Einleitung ist der Hinweis, daß die Thematik der Selbsterkenntnis und, etwas weitergehend, der Weg zur *Selbstverwirklichung* für den überwiegenden Teil der Menschen aus sozialen Gründen nicht das Tagesthema sein kann. Wenn Menschen um ihr tägliches Brot kämpfen müssen, sind andere Prioritäten zu setzen!
Selbst in unseren Breiten gilt: Auch wenn Themen wie *Lebensziel, Selbstfindung* und *Selbstverwirklichung* immer weitere Teile der Bevölkerung erfassen, stecken viele doch zu sehr in den Alltagsproblemen, so daß auch gute Vorsätze, das eigene Leben zu ändern, gar zu schnell vergessen werden – oder auch gar nicht realisiert werden können. So leiden in Deutschland schätzungsweise zwanzig Prozent der Menschen an Depressionen oder anderen Seelenstörungen [18]. Um so schwerer wird es dann hier, auf tiefgreifende Fragen der Selbstverwirklichung Antworten zu finden. Auch nach dem Motto »Geld ist nicht so wichtig«, läßt sich mit »alternativen« Gedanken der Lebensunterhalt alleine nicht bestreiten.
Ein nochmaliger Blick in die Arbeitsgebiete der *humanistischen* Psychologie ist hier angebracht, denn es gab und gibt vielfältige Versuche, die individuellen Bedürfnisse und Antriebe des einzelnen Menschen zu katalogisieren. Jedoch ist es fraglich, diese in eine hierarchisch geordnete *Pyramide* zu packen, wie dies **A. Maslow** [3] getan hat, oder, wie **Herzberg** versucht hat, sie nach *Motivatoren* ***und*** *Hygienefaktoren* zu sortieren oder auch, wie **Alderfer**, alles auf *drei Bedürfnisklassen* zu reduzieren.
In der Managementliteratur ist ein motivationstheoretischer Ansatz der Bedürfnistheorie von A. Maslow weit verbreitet, der deshalb etwas eingehender erläutert werden soll. Einmal, weil die Begründungen (nicht Beweise) leicht nachvollziehbar sind und zum anderen, um an diesem Beispiel die Komplexität der psychologischen Forschung aufzuzeigen.

Nach Maslow lassen sich die Bedürfnisse aller Menschen in insgesamt fünf Ebenen hierarchisch gruppieren. Er bezeichnet die ersten vier Stufen als *Defizit-Bedürfnisse,* die nach ihrer jeweiligen Befriedigung ihre aktive Kraft verlieren. Also erst, wenn ein unteres Bedürfnis (und wenn auch nur zeitweilig) befriedigt ist, kann das nächst höhere aktiviert werden, das dann verhaltensrelevant ist.
Wie bei allen anderen Typologien der Charakterologie hat auch der Erklärungsansatz von Maslow vielfach starke Beachtung, aber auch scharfe Kritik erfahren. Ein starres Schema berücksichtigt nun einmal zu wenig die naturgemäßen Überlappungen der Motivebenen. Auch Maslow, der als Psychologe seine Erkenntnisse aus seiner klinischen Arbeit mit neurotisch gestörten Menschen ableitete, akzeptierte die eingeschränkte Anwendung.
Es gibt in der psychologischen Diskussion weitere Vorbehalte gegen die Maslow'sche Pyramide, die im einzelnen hier nicht aufgeführt werden sollen. Fest steht, daß die Problematik der individuellen menschlichen Bedürfnisse hier einfach, verständlich und mit einem weithin akzeptierten normativen Charakter dargestellt wird. Wenn Menschen in einer gleichen Situation unterschiedlich reagieren, dann liegt dies **nicht nur** am Äußeren, vielmehr **auch** an einer unterschiedlichen Voraussetzung. Zur Veranschaulichung nebenstehend die bekannte *Bedürfnis-Pyramide* von A. H. Maslow.
Bei aller sachlichen Kritik besteht weitgehende Einigkeit über die Tendenzaussagen der Maslow'schen Pyramide. Danach »können Bedürfnisse einer höheren Ordnung nicht verhaltensdominant werden, bevor die Grundbedürfnisse (physiologische und z. T. Sicherheitsbedürfnisse) eines Menschen **nicht befriedigt sind. Die Bedürfnisse höherer Ordnung lassen sich jedoch nicht in eine spezifische Rangfolge bringen, sondern sie existieren vielfach nebeneinander, sind simultan wirksam, sowie individuell und situationsspezifisch unterschiedlich** [3].

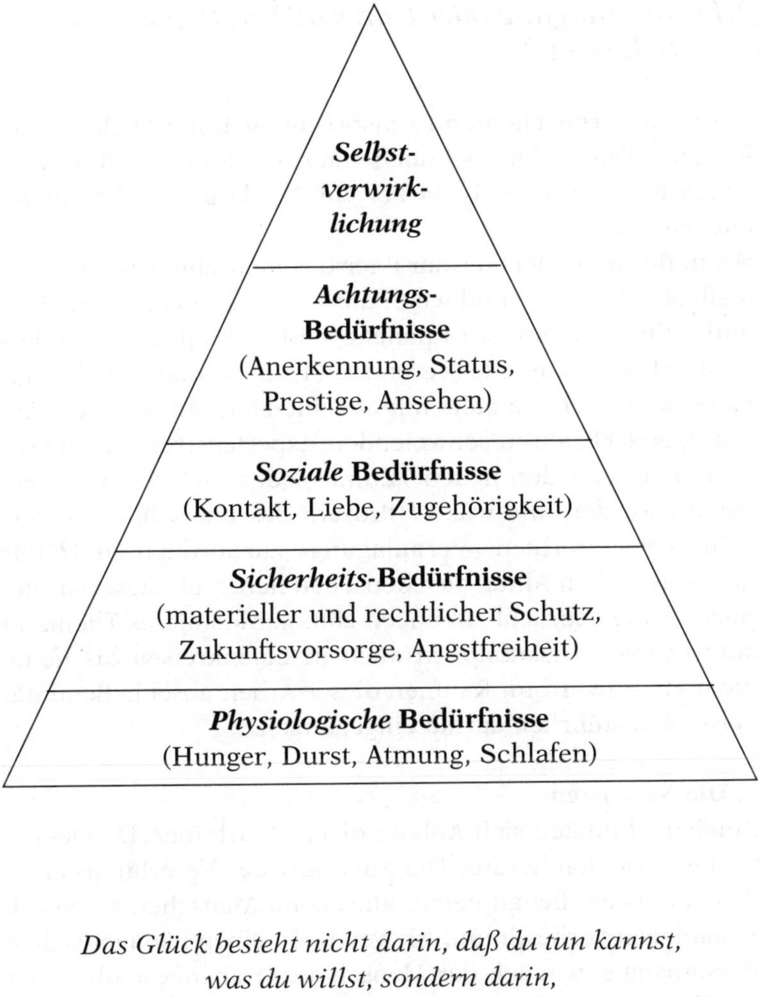

Das Glück besteht nicht darin, daß du tun kannst,
was du willst, sondern darin,
daß du auch immer willst, was du tust.

(Leo Tolstoi)

2.11 Veranlagung oder Umwelt, Zufall oder Schicksal?

Bei allen Vergleichen und Entsprechungen innerhalb der jeweiligen Typologien, bei allen Interpretationen und gewonnenen Erkenntnissen ist bisher **ein** Aspekt unterbelichtet geblieben.

Wenn der individuelle Charakter das menschliche Verhalten maßgeblich steuert und wenn unser Verhalten das Schicksal mitbestimmt, dann ist es naheliegend, daß alles ineinandergreift, alles miteinander verbunden ist und einander bedingt. Ist es dann nicht beinahe müßig, eine klare Antwort auf den seit über 100 Jahren schwelenden Expertenstreit zu suchen, *wieviel* Anteile durch den »Zufall« oder die »Umwelt« bestimmt werden und *wieviel* Prozent des menschlichen Verhaltens der ererbten »Veranlagung« zuzuordnen sind? Für den praktischen Alltag des Menschen haben all diese Streitereien wenig gebracht. Dennoch ebbt gerade dieses Thema in kontroversen Diskussionen auch in Laienkreisen bis heute nicht ab. So wird im Rahmen dieser Arbeit abschließend näher und ausführlich darauf eingegangen.

1. Die Nativisten

Zunächst bildeten sich Anfang dieses Jahrhunderts zwei extreme Ansichten heraus. Die Anhänger der Vererbungslehre, die Nativisten, behaupteten, alles beim Menschen sei durch **Erbanlagen** vorbestimmt. Sie vertraten einen pädagogischen Pessimismus, wonach der Mensch sich nur innerhalb seiner angeborenen Veranlagung überhaupt entwickeln könne. Zu den Vertretern dieser Lehre gehörte z. B. schon im Altertum Platon (427-347 v. Chr.) und Aristoteles (384-322 v. Chr.), später Pestalozzi (1746-1827), Lombroso (1836-1909) und Schopenhauer (1788-1860). Sie meinten übereinstimmend, der Mensch könne sich durch Erziehung und Umwelt nicht entscheidend verändern.

Hatte doch auch Schiller in seinen großen Dramen dem Charakter **den** entscheidenden Faktor bei der Gestaltung des

Schicksals zugemessen. Und Goethe formulierte in *Hermann und Dorothea: wir können die Kinder nach unserem Sinne nicht formen, so wie Gott sie uns gab, so müssen wir sie haben und lieben.*
Einen extremen Auswuchs erfuhr die Theorie der Veranlagung der *Nativisten* im Nationalsozialismus, als die »edle« Rasse, das Volk, alles galt und vermeintlich minderwertige Rassen ausgerottet wurden.

2. Die Empiristen
behaupteten, **Umwelt** sei alles. Sie pflegten einen pädagogischen Optimismus, wonach die erbliche Anlage nicht viel bedeute; entscheidend sei, was die Erziehung aus dem Menschen mache.
So meinte etwa Leibnitz (1646-1716), die Erziehung »überwindet alles«. Immanuel Kant (1724-1804) war der Ansicht, »der Mensch ist nichts, außer, was die Erziehung aus ihm macht«. Und Jean-Jacques Rousseau (1712-1778) schrieb: »Alles ist gut, wenn es aus der Hand des Schöpfers hervorgeht, alles entartet unter den Händen der Menschen.« Und bei Helvetius (1715-1771) können wir nachlesen: »In der Erziehung ist alles möglich, sie bringt selbst den Bären zum Tanzen.« [9]
Eine extreme Ausformung dieser Theorie der Empiristen finden wir im Kommunismus, wo behauptet wird (oder wurde?), der Mensch könne zu allem und jedem gebracht werden, wenn man nur die richtigen Mittel dazu anwendet.

Im Gegensatz zur Psychologie entwickelte die **Psychiatrie** eher eine Ambivalenztheorie, die da heißt, der Mensch kann beides werden, Engel oder Teufel, Heiliger oder Verbrecher, nach dem Grundsatz, wo Licht ist, ist immer auch Schatten. Carl Gustav Jung meinte einmal, das Starke muß irgendwo auch schwach sein können. Und so haben zum Beispiel Lange-Eichbaum (1928) und Lombroso nachgewiesen, daß der Mensch tatsächlich die Veranlagung zu beidem in sich hat: zu hohem Menschentum **und** zu niederem Triebverbrechen.

Johannes Zeisler hat dies einmal so formuliert: »Das Genie und der Geisteskranke befinden sich im gleichen Meer, das Genie schwimmt, der Geisteskranke geht darin unter.« [9]
Während die **Mediziner** mehr das Verhalten an kranken Menschen erforschten und mit Carl Gustav Jung behaupteten, »das Kranke wirkt wie ein Vergrößerungsglas, so daß wir bestimmte psychische Tatsachen am kranken Menschen viel deutlicher sehen«, studierten die Psychologen das Schicksal am gesunden Menschen und leiteten ihre Einsichten von Tierexperimenten ab. So z. B. der Russe Iwan Pawlow (1849-1936), der für seine Experimente mit Hunden bekannt wurde. Im Jahre 1904 erhielt er den Nobelpreis (für Medizin!). Wolfgang Köhler (1887-1967) experimentierte mit Affen auf der Insel Teneriffa, und Konrad Lorenz wurde durch seine Beobachtungen und seine Experimente an Graugänsen bekannt. Diese Verhaltensforscher waren der Auffassung, daß sowohl das Tier als auch der Mensch weitgehend programmierbar sind.
Die Forschungen führten zu der Erkenntnis, daß zum einen der Mensch (zum Teil) formbar, erziehbar und konditionierbar ist, und zum anderen, daß ebenfalls die Anlagen eine wichtige, schicksalsbestimmende Rolle spielen. Man unterschied

- **Milieu-plastische** Anlagen,
  wie z.B. das Arbeitsverhalten, das Gedächtnis, das soziale Verhalten, also Eigenheiten und Verhaltensweisen, die von der Umwelt stark beeinflußbar sind, und
- **Milieu-resistent**e Anlagen,
  das sind Charaktere, Temperamente, Talente und Sonderbegabungen, die von der Umwelt her nicht (stark) beeinflußbar sind.

Der Psychologe William Stern (1871-1938) begründete aus diesen beiden Ansichten die **Konvergenztheorie.** Die von ihm vertretene Auffassung besagt, daß Anlage **und** Umwelt zusammenwirken. Stern stellte fest, daß sowohl Milieu-Einflüsse als auch Erbanlagen für die Entstehung des menschlichen Wesens, für seine Verhaltensweise und für sein Schicksal

eine bedeutende Rolle spielen. Vom Milieu her könne nichts anderes zur Entfaltung gebracht werden, was anlagemäßig nicht vorhanden sei, und keine Anlage könne zur Entfaltung kommen, wenn sie nicht von der Umwelt durch entsprechende Milieureize ausgelöst und gefördert wird.
Und als zusätzlicher Faktor kommt schließlich noch die Selbststeuerung, die Selbsterziehung dazu, sozusagen das Zünglein an der Waage, das entscheidet, was nun mehr überwiegt, Anlage oder Umwelt und auch darüber entscheidet, was der Mensch aus den ersten beiden Faktoren macht.
Aus all diesen Erkenntnissen entwickelten die Psychologen schließlich drei Hypothesen:

1. Die **Konstitutionshypothese**, die behauptet, Charakter und Schicksal sind weitgehend durch die vererbten Anlagen bestimmt,
2. die **Situationshypothese**, die meint, die äußere soziale Situation, in die ein Mensch hineingeboren wird, formt sein Schicksal und
3. die **Positionshypothese**, die besagt, daß die Position, die ein Mensch in Familie, in Beruf und Gesellschaft einnimmt, verantwortlich für sein Schicksal ist.

Die Weisheit oder die Wahrheit liegen sicher in der Kombination aller drei Hypothesen. Anders aufgeteilt in ein äußeres und ein inneres Schicksal bedeutet das [9]:

- Das *äußere* Schicksal wird durch die Umwelt geprägt, in die wir hineingeboren werden, durch Ort und Zeit, durch die Eltern, die Geschwister und die nähere und weitere Umgebung, aber auch durch die frühen schicksalhaften Prägungen, die durch Erziehung und Beziehungen ausgelöst werden. Weiter sind ausschlaggebend die schulischen und beruflichen Ausbildungsmöglichkeiten, der Wohn- und Arbeitsort, Partnerwahl und Partnerschaften, Kinder, die besonderen Lebensumstände, Ereignisse wie Krankheiten und Unfälle, aber auch günstige Gelegenheiten, Chancen und Vorteile, Gewinne und Verluste. Dies alles prägt das äußere Schicksal des Menschen.

- Das ***innere*** Schicksal dagegen ist gegeben und wird auch durch das Geschlecht vorprogrammiert, ebenfalls durch die Konstitution, durch die Begabungen und Talente, durch die Neigungen und Interessen, durch angeborene Stärken und Schwächen, oder durch das, was den Menschen von innen antreibt und bestimmt; die Berufung, das Charisma oder die Begabung, wie wir dies vor allem bei genialen Menschen immer wieder feststellen.

Abschließend noch ein Abstecher in die *Individual-Psychologie*. Ihr Begründer, **Alfred Adler** (1870-1937), hat interessante Ergebnisse zum gleichen Thema veröffentlicht, nämlich inwieweit Persönlichkeitsmerkmale als Veranlagung anzusehen sind oder erst im Laufe des Lebens erworben werden. Danach spielt der Konkurrenzkampf mit den Geschwistern in einer Familie eine große Rolle. Die Erstgeborenen haben, so Adler, eine gute Startposition; sie sind größer und weiter entwickelt als ihre jüngeren Geschwister. Deshalb stehen sie aber auch relativ hohen Erwartungen der Eltern gegenüber. Können sie diesen Erwartungen entsprechen, werden sie eher konservativ und haben ein enges Verhältnis zur Macht und deren Aufrechterhaltung. Sind die Erwartungen jedoch zu hoch, können sie auch daran zerbrechen.
Weiter stehen ältere Kinder in der Gefahr der *Ent-Thronung,* wenn die Aufmerksamkeit und Zuwendung auf ein Neugeborenes übergeht. Nach Adler reagieren frustrierte ältere Kinder häufig mit Depression und Hoffnungslosigkeit. Das *zweitälteste* Kind erlebt den Konkurrenzkampf unter Geschwistern besonders deutlich, denn es steht sein Leben lang in der Auseinandersetzung mit dem stärkeren älteren. Das Thema des älteren ist Adler zufolge daher die Aufrechterhaltung der Macht, das des jüngeren der Neid. Das *jüngste* Kind ist in dieser Hinsicht weniger gefordert; sein Problem ist es, als das kleinste und dümmste zu gelten. Reaktionen darauf sind – wieder nach Adler – entweder starker Ehrgeiz oder Wehleidigkeit und Feigheit [6]. Soweit zur Individual-Psychologie.

An der Komplexität der hier diskutierten Gesichtspunkte wird deutlich, wie sich die Themen vom Charakter der Menschen, bis hin zum Schicksal wie ein roter Faden durch die Theologie, die Philosophie und vor allem auch durch die Psychologie ziehen.
»Die neueste Forschung auf dem Gebiet der Genetik der Molekularbiologie und der Neurowissenschaft zeigt, daß viele der persönlichkeitsbildenden Eigenschaften von Geburt an vererbt sind. Das heißt, daß viele der Unterschiede zwischen individuellen Persönlichkeiten auf Unterschiede in den Genen zurückgehen. Sie sind das Produkt von Generationen der Evolution – das Ergebnis zahlloser Informationen, die über Millionen Jahre hinweg gesammelt, komprimiert und verfeinert wurden.« An anderer Stelle: »Der ermittelte genetische Anteil reicht bis zu 70 %.« [19]

2.12 Zusammenfassung

Wer nicht bereit ist, an die Menschenkenntnis und an die Beurteilung anderer mit hohem Verantwortungsbewußtsein heranzugehen, kann viel Unheil anrichten.
Im Rahmen der sozialen Wahrnehmung unterliegen wir bei unserer Eindrucks- und Urteilsbildung in bezug auf andere Personen einem (subjektiven) Prozeß, woraus sich vier wichtige Folgerungen ergeben:

1. Unsere inhaltliche Interpretation einer Eigenschaft ist davon abhängig, welche weiteren Eigenschaften wir an der betreffenden Person wahrnehmen. Dies steht im Gegensatz zu den Annahmen der Ausdruckspsychologie, die von einer festen Bedeutung bestimmter Merkmale ausgeht.
2. In unserer Urteilsbildung werden meist nur wenige Eigenschaften einer Person als relevant berücksichtigt. Diese zentralen Eigenschaften können dazu führen, daß andere Merkmale nicht angemessen berücksichtigt werden. Ebenfalls können Menschen, die sich nur in einer einzigen Eigenschaft unterscheiden, trotz ihrer Ähnlichkeit völlig un-

terschiedlich bewertet werden. Unsere Urteile werden daher möglicherweise unseren Mitmenschen oft nicht gerecht.

3. Zentrale Eigenschaften, die für uns emotional oder moralisch sehr stark besetzt sind, können unsere Erinnerung und damit die Einschätzung einer Person so sehr verändern, daß sie mit der »Wirklichkeit« kaum noch etwas gemeinsam haben. Alle moralischen Werte und Bewertungen einer Gesellschaft sind auch ein Produkt eben dieser Gesellschaft!
4. Der Eindruck, den wir uns von einem Menschen gebildet haben, ruft bestimmte Erwartungen gegenüber diesem Menschen in uns hervor, die u.U. völlig unbewußt sein können. Diese Erwartungen beeinflussen unser Verhalten und können unser Gegenüber veranlassen, sich entsprechend zu verhalten, um so unsere Meinung zu bestätigen (*self-fullfilling-prophecy*)!

»Der Grund dafür, daß die typologischen Ansätze als auch die Schichtenmodelle heute in der wissenschaftlichen Psychologie nur noch von historischer Bedeutung sind, liegt in der Erkenntnis, daß ihre Nützlichkeit für ihre Beschreibung und Erklärung dessen, was hier als »Persönlichkeit« definiert wird, gering ist. Auch der Begriff des »Charakters« ist heute kein terminus technicus mehr. Allerdings bieten die **dynamischen** Theorien auch heute noch wichtige Anregungen für die moderne Charakterkunde, auch wenn sie in vielen Lehrbüchern nur kurz und gelegentlich recht distanziert dargestellt werden.« [6]

Die Typologien und Eigenschaftstheorien sind mit dem Argument kritisiert worden, sie seien keine *richtigen Theorien,* denn sie könnten nicht *erklären,* ***wie*** Verhalten verursacht werde. Sie bestimmen und beschreiben lediglich Merkmale, von denen angenommen wird, sie korrelierten mit dem Verhalten. Außerdem lieferten diese Theorien keine Vorstellung von der *Entwicklung* der Persönlichkeit. Dagegen würden deren *Struktur* und *Elemente,* so wie sie existieren, zu sehr betont.

So gibt es sehr viele Kritiker, die das Konzept ablehnen, den Menschen allgemeine und feste Persönlichkeitseigenschaften zuzuordnen, weil das Verhalten einfach situationsbedingt unterschiedlich ist. An dieser Stelle sei auf detaillierte Erhebungen und auf die einzelnen Diskussionspunkte nicht eingegangen. Diese Kontroverse unter den Psychologen darf uns nicht davon ablenken, daß Typologien sehr wohl die Bewertungs**basis** der grundlegenden Charakteristika sein können – und sei es auch eine zunächst nur statische Sichtweise. Wie im Kapitel 2.9.4 näher erläutert, ist bei seriösem Studium sehr wohl, wenn auch nicht *wissenschaftlich abgesichert,* das Verhalten von Menschen einzuschätzen, in vielen Fällen zumindest vorauszuahnen.
Ich habe in meiner langjährigen Praxis feststellen können, daß z. B. im Verkäuferkreis überdurchschnittlich viele *Pykniker (E-Dominierte)* anzutreffen sind, in der Forschung, im Rechnungswesen eher die *Astheniker (D-Dominierte)* arbeiten und Menschen mit einer großen Durchsetzungskraft überdurchschnittlich oft zur Gruppe der *Athletiker (M-Dominierte)* zu rechnen sind. Und als Verkäufer weiß man, daß ein E-Dominierter, also ein Pykniker (wahrscheinlich) am ehesten über eine kulinarische Aufmerksamkeit, wie z. B. ein gutes Essen erreicht werden *kann!*
Der ernsthaft Bemühte wird beim Studium der verschiedenen Typenlehren versuchen, sich selbst zu erkennen und einzuordnen. Nicht weniger wichtig ist es, bei der Beurteilung des anderen, den eigenen Standpunkt zu *objektivieren.* Es ist vorrangig, die Begriffe, mit denen Eigenschaften und Verhaltensweisen beschrieben werden, **wertfrei** zu verwenden, auch wenn dies in der Praxis nicht eben einfach ist. Zum Beispiel könnte ein extravertierter Mensch geneigt sein, einen mehr Introvertierten als Eigenbrötler, weltfremden Träumer oder Sonderling einzustufen.
Noch einmal hier der unerläßliche Hinweis, daß es **den** Typen, der **nur *motorisch, elastisch,* oder *differenziert* (M, E oder D)** veranlagt ist, **nicht gibt!** Auch die Anhaltspunkte, wo der einzelne Mensch seine Schwerpunkte, seine *Dominanz*

haben könnte, reichen nicht aus, ihn in ***eine Ecke*** zu stellen. Genau das werfen die Kritiker einigen Theoretikern wie Sheldon und Eysenck ja vor, daß sie nach *Alles-oder-Nichts-Typen* kategorisiert haben.
Die *Wahrheit* (das ist immer der letzte Stand der eigenen Unwissenheit oder Information!) bei der Bewertung der zum Teil auseinander driftenden Typologien liegt sicher irgendwo in der Mitte. Es ist auch hier mein Appell, alle Erkenntnisse und Informationen so weit wie irgend möglich auf die eigene Praktikabilität zu überprüfen und die Informationen als Bausteine, als *Steinchen eines komplexen Mosaiks* zu betrachten und zu behandeln.

Auf den Wegen des Lebens begegnen wir immer wieder uns selbst in tausend Verkleidungen.
(C. G. Jung)

Individuelle Merkmale

2.13 Der Blick auf den ganzen Menschen

Die Seele des Menschen spiegelt sich in seinem Gesicht, das Gesicht ist gewissermaßen die verkörperte Zeichensprache. Auch wenn die Menschen versuchen, nach außen eine Maske aufzusetzen: das erb- und schicksalsmäßige Aussehen verrät mehr als nur ein paar Anhaltspunkte.
Albert Schweitzer hat einmal formuliert: »Mit zwanzig hat jeder das Gesicht, das Gott ihm gegeben, mit vierzig das Gesicht, das ihm das Leben gegeben hat und mit sechzig das Gesicht, das er verdient hat.« Bei einer solchen pauschalen Be-Wertung ist allerdings höchste Vorsicht geboten. Unfälle, Krankheiten und Schicksalsschläge können in ein Gesicht Linien eingraben, die nicht fehlgedeutet werden dürfen!

Auch alle physiognomischen Merkmale eines Gesichtes sind mehr oder weniger im Fluß. Zu den verändernd wirkenden Faktoren gehören z. B. die Umwelteinflüsse, im frühen Jugendalter die Erziehung, später die Selbsterziehung, auch Schicksalfaktoren wie Krankheit, schweres seelisches Erleben, materielle Nöte, wirtschaftliche oder berufliche Sorgen und auch das Zeitgeschehen (wie Kriege).
Nicht nur der Körperbau und das Gesicht, die »ersten Anlaufstellen« im Kontakt mit einem Menschen, geben uns viele Hinweise über den individuellen Charakter und die Verhaltensweise. Wir haben es hier mit den Wissensgebieten der **Physiognomik,** der **Physiognomie** und der **Phrenologie** zu tun. Bei letzterer handelt es sich um die umstrittene Anschauung, daß aus Schädelformen auf eine bestimmte geistig-seelische Veranlagung geschlossen werden kann. Während mit *Physiognomie* das äußere Erscheinungsbild und besonders der Gesichtsausdruck beim Menschen bezeichnet wird, schließt die *Physiognomik* von der Gestaltung des menschlichen Körpers auf den Charakter (Ausdrucks-Psychologie).
Der Laie ist von solchen wissenschaftlichen Ansätzen weit entfernt und macht sich weitestgehend mit seinen Gefühlen und seinem individuellen Erleben einen ersten Gesamteindruck von seinen Mitmenschen. Meist wird in Bruchteilen einer Sekunde das Äußere eines Menschen zu einer subjektiven Be-Urteilung erfaßt. Im Volksmund heißt es dann, daß mir der/die *sympathisch* oder auch *unsympathisch* **ist** oder daß mir seine/ihre Nase *nicht paßt.* Hier spielt nun einmal die Selbstprojektion eine überragende Rolle. Wie schnell sich Vorurteile einnisten, hat jeder schon erlebt, wenn man mit Menschen, die zunächst als *unsympathisch* eingestuft wurden, ins Gespräch kam ...!
Im Geschäftsleben ist es heute ein alltäglicher Vorgang, sich von Mitarbeitern – auch gerade von Führungskräften – zu trennen, nur weil der *Nasenfaktor* nicht stimmt. In der Ursachen-Analyse wird dann schnell deutlich, daß man sich nur zu oft von kritischen, selbständig denkenden Persönlichkei-

ten trennt, die die Position von schwachen Vorgesetzten bedrohen und daher ausgebootet werden. Aber auch in mittelgroßen Betrieben rächt es sich langfristig, wenn nur die Mitläufer übrigbleiben!

Bevor wir zum »Nasenfaktor« und damit zu Gesichts- und Kopfformen kommen, einige Ausführungen zu äußeren Erscheinungsmerkmalen von Menschen. Auch hier vorab wieder der Vorbehalt zum Anspruch der Allgemeingültigkeit. Jede Rasse hat ihr eigenes Entwicklungsgesetz, eigene Gewohnheiten und eigene Spielregeln. Die Details dieser Arbeit beziehen sich im wesentlichen auf die zur geistigen Selbständigkeit orientierten Menschen der *weißen* Rasse, auf den europäischen Menschentyp.

Diese Arbeit soll nicht bis in alle Einzelheiten die individuellen Merkmale für eine Charakterergründung aufzeigen. Vielmehr gilt es, im Kontext mit dem ersten Teil der Charakterologie einen Überblick über den **ganzen** Menschen zu erhalten. Dazu gehören auch

- Haltung und Gang (2.14),
- der Kopf mit den Sinnesorganen (2.15),
- die Hände (2.16),
- die Stimme (2.17) und
- Umgangsformen, Kleidung (2.18)

Es ist der Geist, der sich den Körper baut.

(Schiller)

2.14 Was Sie an Haltung und Gang erkennen

Hat jemand eine aufrechte Haltung, können wir das physisch als Aufgerichtetsein – oder, psychisch, als seelische Aufrichtigkeit interpretieren. So kann die aufrechte Haltung steif und angespannt, stramm und diszipliniert sein. Eine gebeugte Haltung kann durch eine generelle seelische Verfassung oder Niedergeschlagenheit, aber auch durch eine körperliche Last oder Müdigkeit verursacht sein.

An der äußeren Haltung eines Menschen läßt sich viel von seinem inneren Zustand ablesen. Seine Bewegungen sind mit seiner Haltung im weiteren Sinne untrennbar verknüpft; es bildet sich ein Gesamteindruck. Wir erkennen einen Menschen schon an seinem Gang. Seine Art zu gehen ist ebenso charakteristisch, wie seine Art zu sprechen. Schon die Stimmung läßt sich aus dem Gang eines Menschen ablesen.

Oft ist zu beobachten, daß sich ein Mensch offensichtlich ruhig und selbstzufrieden gibt, er aber seine innere Nervosität und Unruhe durch Spielen mit Kugelschreiber, Trommeln auf der Tischplatte oder Hin- und Herrutschen auf dem Stuhl verrät. Der psychologisch geschulte Vorgesetzte erhält bereits von der Haltung und vom Gang eines Mitarbeiters Aufschlüsse, noch ehe ein Wort gesprochen wurde. Wie wird die Tür geöffnet? Tritt der Mitarbeiter zögernd ein oder rasch und entschlossen – oder vordergründig zu wild?

Hier gibt es im Volksmund Begriffe wie *Leisetreter, knieweich, stocksteif* oder *schlotternde Knie*. Das sind alles Begriffe, hinter denen jeweils verhaltenspsychologische Aspekte stehen und die entsprechend gedeutet werden können. Dabei gibt es viele Menschen, die sich in der von ihnen besetzten Rolle situativ unterschiedlich verhalten. Wie viele Führungskräfte – auch vermeintliche – verhalten sich nach außen hin forsch oder treten nach unten und buckeln nach oben, dabei nur an die eigenen Vorteile denkend!? Bei diesem weiten Spektrum ist für eine (schnelle) Beurteilung allerdings große Vorsicht geboten!

In der Körpersprache, dem Gang, der Haltung, der Mimik kommen die Wechselbeziehungen zwischen Geist, Gefühl und dem Körper eines Menschen zum Ausdruck. Das ist ein sehr umfassendes Thema ganzheitlicher Kommunikation! [20]

2.15 Der Kopf mit den Sinnesorganen

Der Kopf mit den Sinnesorganen steht naturgemäß im Blickpunkt, ganz einfach, weil wir einem Menschen zunächst ins Gesicht sehen, sei es beim flüchtigen Vorbeigehen oder und gerade beim Kennenlernen. Die wissenschaftlichen Untersuchungen der Phrenologie (Schädelkunde) sollen dabei hier nicht im Detail erklärt werden, zumal viele Erkenntnisse umstritten sind. Auch daß asiatische, europäische oder afrikanische Schädelformen deutlich voneinander abweichen, ist offenkundig.

Begrenzen wir uns hier auf grundsätzliche Proportionen des Gesichtes: Die moderne Physiognomie spricht von Ausdrucksfeldern. Ein jeder Raum hat dabei seine Bedeutung [21]:

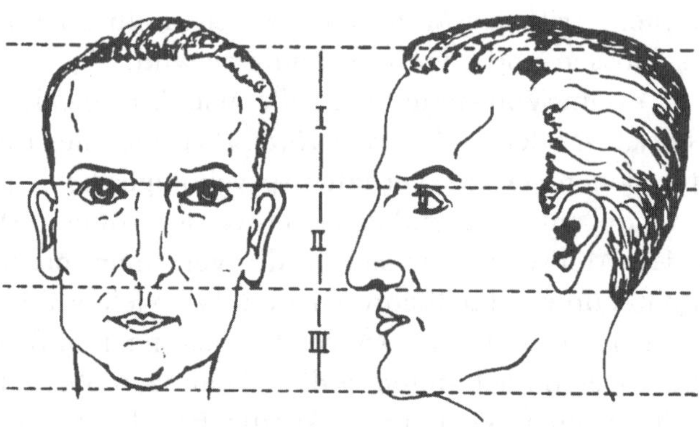

Die **Zone I** (des **Verstandes**) zeigt die Ausprägung des Geistig-Ideellen, der Vernunft bzw. die höheren Intelligenzfunktionen.
Die **Zone II** (Zentren von **Gefühl und Empfindung**) gibt Hinweise auf die Ausbildung der seelischen Funktionen, des Gefühlslebens und der Gemütskräfte
Die **Zone III** (der **Tat** und des **Wollens**) zeigt die Einstellung zum Materiellen und zu den Leibesfunktionen.

Bei dieser grundsätzlichen Betrachtung und Einteilung sei auf eines der wichtigsten Grundgesetze der Menschenkenntnis hingewiesen, wonach **sowohl die menschliche Gestalt als Ganzes, als auch die Einzelteile dreifach gegliedert sind.** Diese äußere Dreiteilung spiegelt einen inneren Zusammenhang:

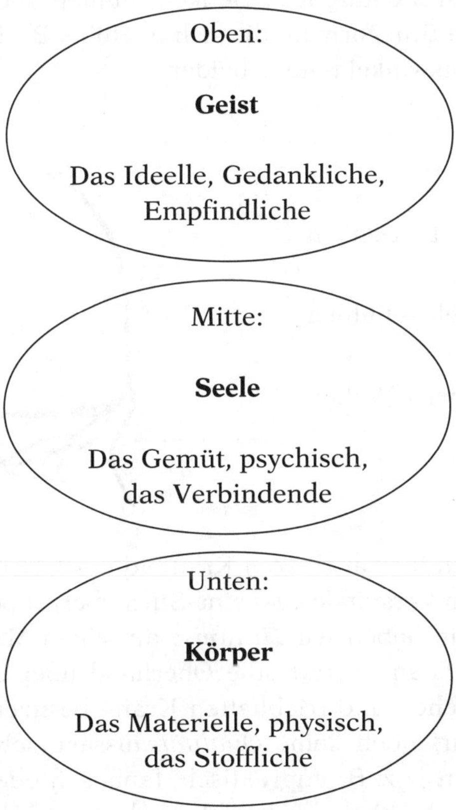

Diese Dreiteilung sehen wir beim Körper des Menschen als Ganzem (Kopf, Rumpf, Gliedmaßen), beim Kopf (Schädel, Mittelgesicht, Kinnpartie), bei der Nase (Wurzel, Rücken, Spitze), beim Arm (Oberarm, Unterarm, Hand), selbst bei einem Finger!

Der Körper ist der Übersetzer der Seele ins Sichtbare.
(Morgenstern)

2.15.1 Was Ihnen die Stirn verrät

Mit dieser grundsätzlichen Einteilung sind wir beim Antlitz des Menschen, beim **Spiegel der Seele.** So wie wir den Kopf in drei Ausdrucksfelder einteilen, so stellen wir auch bei der Stirn eine Dreiteilung fest: Denken, Fühlen und Wollen. Es gibt zahllose Stirnformen, die sich in Höhe, Breite, Wölbung und Neigungswinkel unterscheiden.

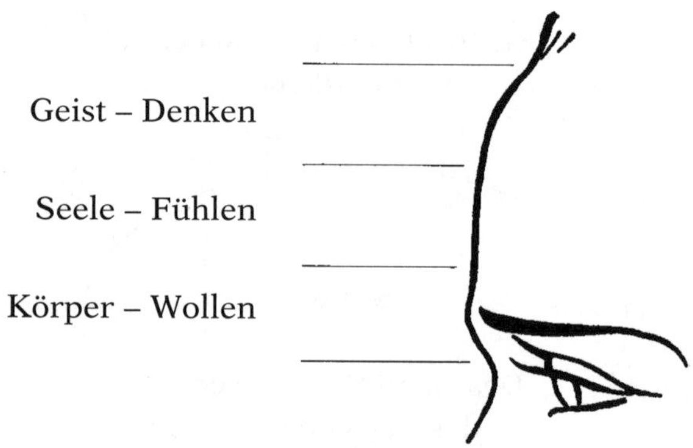

Wir sprechen hier auch vom Kraftfeld des Geistes, des Denkens und des Verstandes. Ist eine Stirn überproportional entwickelt, dann haben wir *Hinweise* auf einen Menschen, bei dem die Verstandeskräfte die Oberhand über die körperlichen, sinnlichen und triebhaften Kräfte besitzen. Das kann nun und darf noch keine *Qualitätsa*ussage sein, denn das Denken kann ja z. B. unpraktisch, fanatisch oder absonderlich sein. Doch haben wir hier dann deutliche *Hinweise,* daß das Ideelle, Intellektuelle oder die verstandesgemäße Orientierung das Fühlen und Wollen überdecken.
Im Gegensatz zur umfassenden Geistigkeit einer vollgewölbten breiten Stirn steht beispielsweise eine deutlich schmale Stirn.

2.15.2 Ihre Augen teilen sich mit

Im Augen-, Nasen- und Mundbereich liegen die Zentren von Gefühl und Empfindung; hier offenbart sich das Kraftfeld der Seele.
Ausdruck, Blickrichtung und auch die Strahlkraft der Augen sind dabei in besonderer Weise ein Spiegel geistiger und seelischer Vorgänge im Menschen. Auch dem Laien fällt sehr schnell auf, daß Form, Größe und eben die Strahlkraft bei jedem Menschen individuell unterschiedlich sind, ja es bestehen gewaltige Unterschiede! Auch die Entfernung der Augen zueinander und zum Nasenrücken, die Anordnung der Lidspalten und die Blickrichtung zeigen große Unterschiede.
Unsere Augen sind auch zugleich die Fenster zum Inneren, denn hier zeichnet sich der Gesundheitszustand unseres Organismus ab. Die **Iris-Diagnostik** gilt als Wegweiser zum erkrankten Organ, sie ist zwar kein Ersatz für die klassischen Methoden der Medizin, jedoch – wie so viele natürlichen Heilmethoden – eine sinnvolle Ergänzung!
Nachstehend sind einige Unterschiede und Entsprechungen der *äußeren* Augenmerkmale dargestellt:

Unterschiede	geben **Hinweise** auf:
große, weit offene Augen	– ausgedehntes Bewußtsein, – regen, aktiven Geist, – lebhafte Vorstellungskraft, – innere Begeisterungsfähigkeit, – hochgesteckte Ziele.
kleines Auge	– geistige, persönliche Zurückhaltung, mitunter scheu, – Einengung der Mitteilsamkeit (Mißtrauen, Vorsicht), – eher verschlossenes Wesen, – Suche nach führender Hand, (braucht Rat und Vorbilder).

Unterschiede	geben **Hinweise** auf:
mittelgroßes Auge	– Zuverlässigkeit des Wesens, – geistige Unterscheidungskraft, – konstruktiv, kritische Einstellung, – Menschenkenntnis, – gute geistige/seelische Erlebnisfähigkeit, – innerer geistiger Freiheitsdrang.
schlitzäugige Augen (bei europäischer Rasse; entsteht meist durch lange, ziemlich geschlossen gehaltene Lidspalte)	– evtl. Verschleiern eigenen Erlebens, – Diplomatie bis Spiegelfechterei, – gerissen sein, auf eigenen Vorteilen bestehend, – starker, eigensüchtiger Wille, – starke Zielorientierung.
tiefliegende Augen (tief in Augenhöhlen)	– gewisser Abstand zur Außenwelt, – nur schwer Einblick in inneres Wesen, – Zähigkeit, Hartnäckigkeit, Zielstrebigkeit, – tiefes seelisches Erleben, verborgene Leidenschaften, – Neigung zum Grübeln, – Gefühlsausbrüche sind seltener, – oder auch Hinweis auf Krankheiten.
herausquellende Augen (nicht Basedow-Kranke)	– sinnesfrohe Menschen, die gern den Augenblick auskosten, – selten Problematiker.

Unterschiede	geben **Hinweise** auf:
weit auseinanderstehende Augen	– Realisten, dem Materiellen offen, – leichter von Umwelt beeinflußbar, – Denken mehr nach außen gerichtet.
nahe beieinanderstehende Augen	– Menschen, die mehr nach innen leben, – breit gefächerte Ideenwelt, – wenig anpassend, duldsam, auch Eigenwilligkeit, – einseitig, zuweilen fanatisch (verengter Blickwinkel).

2.15.3 Die Nase verrät Ihr Handeln

Die Nase ist ein Merkmal der Persönlichkeitsentwicklung bzw. des Persönlichkeitsanspruches. Daraus lassen sich Erkenntnisse gewinnen, wie sich der Mensch als Persönlichkeit darstellt – und auch durchsetzt. Auch die Nase läßt sich in drei Zonen unterteilen (Gesetz der Dreigliederung):

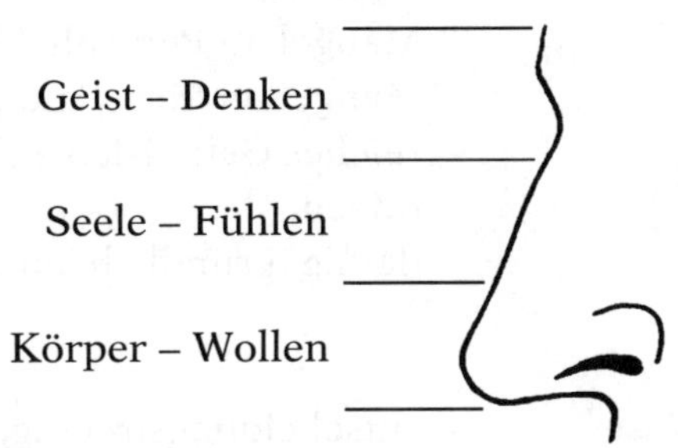

Im oberen Drittel der Nase (Nasenansatz, Nasenwurzel), bis etwa zur Mitte finden wir Hinweise, die sich auf die geistigen Kräfte, auf den Willen zur Persönlichkeit beziehen. Im unteren Drittel bis zur Nasenspitze zeichnet sich mehr das Physische, Sinnliche und Triebhafte ab. Einige Einzelbeispiele:

Nase	gibt **Hinweise** auf
Haken oder Adlernase 	– Mensch mit gefestigtem und entschiedenem Persönlichkeitswillen, – strebt Leitung und Führung an, – Durchsetzung / Selbstbewußtsein, – Selbstbehauptungswillen, – ideeller Mut zur Wahrheit, aber auch Herrscherdrang (je nach ergänzender Stirn und Kopfform), – ist auf der Nase ein »Höcker«, so läßt dies auf Eigenwillen schließen; dann können sich gestaute Energien auch ganz plötzlich entladen.
Sattelnase 	– eher bescheiden, – psychische Labilität / Stimmungswechsel, – Mangel an Persönlichkeitswillen, – Mangel an Selbständigkeit, – reiches Gefühlsleben, rasche Reaktionen, – fleißig, gründlich, ausdauernd.
griechische Nase	– entscheidungsfreudig, – Gedanke mit Tat identisch, – Persönlichkeitskultur,

- künstlerischer Gestaltungswille,
- starke, geistige Antriebe von schöpferischer Kraft (bei schmalem Nasenrücken),
- rasche Auffassungsgabe,
- bei breiterem Nasenrücken: mehr Nüchternheit, egozentrische Durchsetzungskraft, mehr materielle Bezogenheit,
- kühles Abschätzen / Taktik.

Stupsnase

- Stimmungsschwankungen,
- wenig entwickelter Persönlichkeitswille (bis hin zur Naivität),
- Gefühlsmensch: wandelbar, reizbar bis launisch,
- Unbeständigkeit / Empfindlichkeit,
- heiteres Gemüt, weich, nachgiebig,
- Neugierde, Individualität noch weniger entwickelt.

krumme Nase

- gerissen, rücksichtslos, durchtrieben,
- Zähigkeit,
- Gestaltungskräfte weniger harmonisch,
- Talent zum Handeln,
- kühl berechnend (Egoismus).

Knollennase

- Hang zu materiellem Lebensgenuß (Essen / Trinken),
- Geselligkeitstrieb (bis zur plumpen Vertraulichkeit),

- sexuelle Kraft,
- bei gut ausgebildeter Stirn: Gemüt und Zutraulichkeit,
- bei niedriger Stirn: Überbetonung materieller Ebene,
- auch »vorwitzige« Nase; »Nase in anderer Leute Angelegenheit stekken«.

spitze Nase

- Neugier,
- Kritik- und Nörgelsucht,
- Spürsinn, Strenge in der Auffassung,
- übergroße Genauigkeit,
- bei hoher Stirn: Wissensdurst, Sorgfalt (»Gelehrter«).

Zu diesen Nasenformen gibt es viele Mischtypen und Übergänge. Generell erhält man Hinweise bei

Nasenwurzeln:

schmale lassen auf verstandesbetonte Menschen mit gewisser Zurückhaltung der Gefühle und der Gedanken schließen. Körperlich zeigt sich oft weniger Widerstandskraft,

breite verraten eine gute Gestaltungskraft, mehr Wirklichkeitsdenken, mehr Widerstandskraft im physischen Bereich und Ausdauer, Fähigkeit zum Durchsetzen, oft starke sinnliche Kräfte.

Nasenrücken:

gradlinig ist gleichbedeutend mit Hinweisen, daß auch die Persönlichkeit einen planvollen, geraden und stetigen Weg geht. Unstete Menschen haben oft einen schiefen Nasenrücken; ein Hinweis für einen möglichen Zwiespalt zwischen Persönlichkeit und Umwelt.

gebogene sind ein mögliches Anzeichen, daß die Persönlichkeit nicht unbedingt den geraden Weg geht und im Inneren unstet ist. Hier finden wir den Typus des kompromißsuchenden Menschen.

sehr breite sind ein Anzeichen für körperliche Kräfte und geistige wie seelische Widerstandsfähigkeit. Menschen mit schwächeren Nervensystemen haben dagegen eher schmale Nasenrücken. Physische Kraft, starkes Wollen und Lebensbejahung ist (fast) immer mit einem breiten, kraftvollen Nasenrücken verbunden. Motorisches Nervensystem, Knochenbau und Muskulatur sind dann gut entwickelt. Die Überwindung von Schwierigkeiten auf der materiellen Ebene gelingt leichter als bei Menschen mit schmalerem Nasenrücken.

Nasenspitze:

verrät Triebrichtung und auch etwas von der Sexualität eines Menschen. Aufwärts gebogene Nasenspitzen deuten auf einen gewisse Oberflächlichkeit, Mangel an Gründlichkeit und Ernst. Zwar sind solche Menschen liebenswürdig und heiter, aber auch eigenwillig und launisch. Stupsnasen verraten eine gewisse Pfiffigkeit.

hängende (gesenkte) weist auf Eindringlichkeit, Gemütlichkeit und Forscherdrang hin, aber auch auf Pedanterie mit einem Hang zu Pessimismus und zu Lebensernst. Ist diese gesenkte Spitze auch noch zurückgebogen, so zeigt sie Ich-Bezogenheit. Das Handeln kann gefühllos, nur von dem Wunsch nach eigenem Vorteil, gelenkt werden.

spitze (und magere) sind Anzeichen für Neugierde, Kritik und Nörgeln. Es kann hier wenig Sinnlichkeit, eher Gefühlsarmut bestehen. So ein Mensch kann sich mehr um die Angelegenheiten anderer kümmern, als um seine eigenen. Die sexuelle Kraft kann weniger ausgeprägt sein. Bei einer hohen Stirn läßt die spitze Nase Forscherdrang und Grübeln vermuten.

fleischige verraten starke Sinnlichkeit, stärkere Sexualität, Genußmenschen, manchmal Schlemmer – und auch Alkoholiker. Meist sind solche Menschen wirklichkeitsnah, haben Humor, sind gutmütig und geselligkeitsliebend. Meist können Menschen mit einer fleischigen Nasenspitze nur schwer alleine leben.

Der **Übergang von Stirn zu Nase** (im Profil gesehen) zeigt bei manchen Menschen eine Einbuchtung, bei anderen ist er fließend. Der Knick zeigt eine Stauung, eine Hemmung an – das Denken kann nicht leicht und schnell in Worte gekleidet werden. Fließender Übergang läßt auf einen fließenden Ausdruck, auf leichte Wiedergabe der Gedanken und Gefühle schließen.

der »Knick«

»fließend«

2.15.4 Mund und Lippen zeigen Ihr Wunschleben

Die Form des Mundes und der Lippen gibt uns Hinweise, wie der Mensch *fühlt,* wie seine Einstellung zum Lebensgenuß ist.

(a) **(b)** **(c)** **(d)**

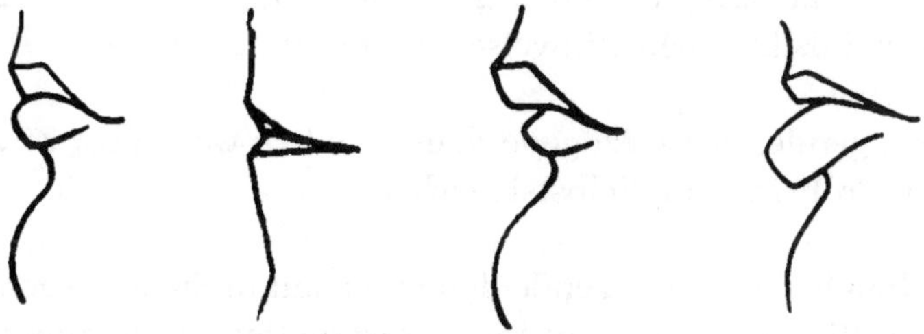

Ein **weichgeformter** Mund (a) mit modellierten Lippen zeigt Sinn für das Schöne und den Hang zum Genuß. Ein wuchtiger, großer oder vorgewölbter Mund mit aufgeworfenen Lippen zeigt einen Hang zum hemmungslosen Genuß.

Schmale Lippen (b) deuten darauf hin, daß sinnlicher Genuß und das gefühlsmäßige Erleben begrenzt werden. Je härter die Lippen aufeinandertreffen, je gradliniger und geschlossener der Mund erscheint, desto mehr deutet das darauf hin, daß das Gefühl und das Begehren vom Verstand beherrscht werden und hier Selbstbeherrschung und Ausdauer unterstellt werden können. Der feste, zusammengepreßte Mund ist ein Zeichen für Ablehnung, Beherrschung, Zügelung oder Sachlichkeit.

Die **Oberlippe** (c) bringt Hinweise auf das Wunschleben. Ist sie länger als die Unterlippe, ist das ein Hinweis auf Wirklichkeitssinn; auf ein zielstrebiges Wunschleben. Kurze, zurücktretende Unterlippen sind Anzeichen beherrschter Sinnesart. Die Art des Erlebens hält sich in Grenzen.

Ist die **Unterlippe** (d) länger und stärker ausgebildet oder überragt sie dabei die Oberlippe, so deutet das auf starken, sinnlichen Genußdrang, der bei »hängender« Unterlippe auf ein lang anhaltendes, seelisches oder sinnliches Erleben hinweist.

Übrigens geben auch die **Mundwinkel** deutliche Hinweise auf eine im Augenblick vorherrschende Stimmung oder auch auf eine allgemeine Lebensgestimmtheit; Fältchen an den Mundwinkeln geben Hinweise auf die Art des Humors.

aufsteigende, hochgezogene deuten auf Optimismus, Zuversicht, Frohsinn und Selbstsicherheit.

abfallende, herabhängende deuten genau in die entgegengesetzte Richtung: Pessimismus, Resignation, Gehemmtheit, evtl. auch Kummer und Sorgen, Entmutigung, Lebensüberdruß – oder auch Menschenverachtung.

2.15.5 Was Ihr Ohr preisgibt

Das Ohr zeigt durch seine Formung die seelische Empfänglichkeit für die Umwelt – alles, was einen Menschen bewegt, was er empfindet und hört (aufnimmt).

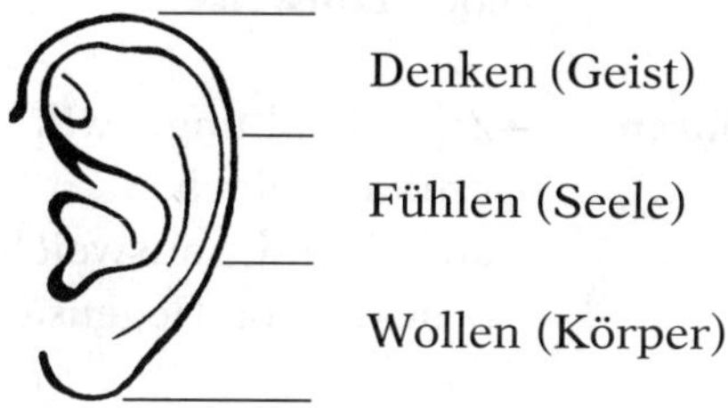

Die »Norm« eines Ohres gilt als eiförmig, nicht zu groß, nicht zu klein, nicht geknickt und nicht eingedrückt oder viereckig. Auch hier gibt es in der Praxis mannigfaltige Ausprägungen und Zwischenformen.

Der Vollständigkeit halber nachstehend einige Gegensätze bzw. Abweichungen – ohne wiederum alle Details aufzuzählen.

Unterschiede	geben **Hinweise** auf:
übermäßig großes Ohr	– Tatkraft, Unternehmungsgeist, – reiches Innenleben, (bei feiner Durchmodellierung), – Formlosigkeit (bei plumper Form).
übermäßig kleines Ohr	– innere Unreife, – Beeinflußbarkeit, – Mangel an Tatkraft / Mut, – Sprunghaftigkeit, Hemmung.
abstehende Ohren	– Widerspruch, streitlustige Charaktere, wenig Anpassung, – Angriffslust, aktiv, tatendurstig, bei sehr weit abstehenden Ohren: Disharmonie bis hin zu kriminellen Tendenzen!

Unterschiede	geben **Hinweise** auf:
enganliegende Ohren	– Zurückhaltung, will im Hintergrund bleiben, – abwartend, ausweichend, Überbrücken von Gegensätzen.
angewachsene Ohrläppchen	– Abstand zum Nebenmenschen, vorsichtig, weniger aufgeschlossen.

In der Abbildung auf der vorherigen Seite wird wiederum das Gesetz der Dreiteilung deutlich. Ist das oberste Ohrteil stark entwickelt, gut gewölbt bis breit, so ist die seelisch-geistige Entwicklung am stärksten ausgeprägt: geistig-künstlerische Impulse erhalten die Oberhand. Ist dagegen das untere Ohr überentwickelt, so herrscht das materielle Erleben vor: Sinnesgenüsse, Geld und irdische Werte stehen dann eher im Vordergrund des Denkens.

Als Beispiel für die Personalpraxis: Hat ein Mensch keinen oder nur wenig ausgeprägten Innen-Ohrrand, dann sind das Indizien für Introvertiertheit! Ein solcher Mensch wird mit großer Wahrscheinlichkeit seine Fähigkeiten eher im Innendienst eines Unternehmens entwickeln können. Ihn (oder sie) als Verkäufer zum Kunden zu schicken, ist wahrscheinlich äußerst problematisch und wird alle Beteiligten unglücklich machen! Aber Vorsicht, dies sind immer nur Indizien.

2.15.6 Ihr Kinn verrät Ihre Antriebskräfte

In der Kinnform lassen sich Hinweise für die Durchsetzungskraft und für die Körperkräfte eines Menschen finden.

Ganz allgemein ist ein **knochiges, markant geformtes** Kinn ein Zeichen für starke körperliche Triebkräfte, bis hin zur

Angriffslust; es gibt uns Hinweise für Tatkraft und Durchsetzungsvermögen.
Das **weiche,** zarte oder gar zurückfliehende Kinn läßt auf eine geringere körperliche Zähigkeit schließen, es deutet auf geringere Angriffslust, wodurch Abwarten, Zaudern oder Zögern entstehen können. Einige oft zu beobachtende Kinnformen sind hier skizziert:

Unterschiede	geben **Hinweise** auf:
kleines, rundes Kinn 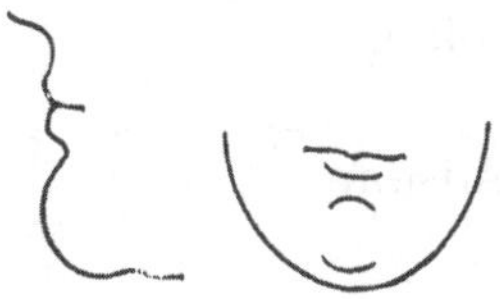	– körperliche Empfindsamkeit, – eher Nachgiebigkeit als »Angriff«, – Gefühle sind stärker als der Wille, – eher abwartend, diplomatisch, – paßt sich eher an.
großes, starkes, muskulöses Kinn 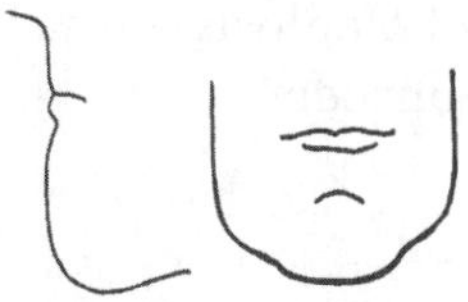	– körperliche Angriffslust, – Zähigkeit, Durchsetzungskraft, – körperliche Kraft des Durchhaltens (wenn Kinn dazu breit ist), – Wille gespannt: sucht Verhältnisse zu beeinflussen.
fliehendes, zurückweichendes Kinn 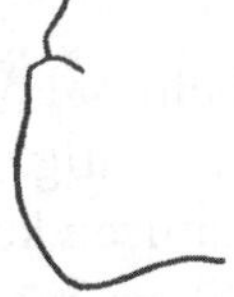	– Angriffsscheu, – Zurückhaltung, – Welt der Ideen, – abwartend, hinnehmend, – Mißverständnis zwischen Wollen und Können.

Unterschiede geben **Hinweise** auf:

spitzes, gerades, nach abwärts verlaufendes Kinn

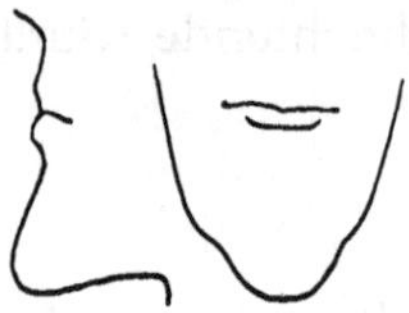

- Zähigkeit, Beharrlichkeit, auch
- Ungeduld,
- rasch wechselnde Entschlüsse
- fehlende angreifende Willensmotive,
- Launen, Impulsivität

vorgewölbtes, überbetont massives Kinn

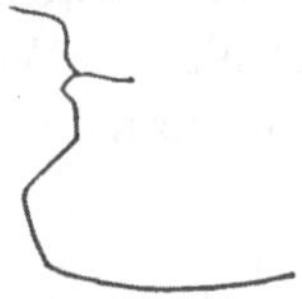

- brutale Durchsetzung,
- starke Körperkräfte,
- Angriffslust,
- Zerstörungswillen,
- Impulsivität,
- Roheit, zähe Ausdauer
- Dominanz.

rundliches, fleischiges Doppelkinn

- Genießer,
- gutmütig, selbstzufrieden,
- leicht unersättlich, bis hin zur Genußsucht und Maßlosigkeit,
- deshalb oft unzufrieden.

Grübchen im Kinn

- Einheitlichkeit der Willensfunktion beeinträchtigt,
- Gefahr der Zwiespältigkeit und Wankelmütigkeit,
- zuviel Vorhaben auf einmal oder Gegensätzliches gleichzeitig,
- bei willensstarken Naturen kann einseitiger/sturer Willenseinsatz gemildert sein.

2.16 Chirologie: Was Ihre Hände verraten

Der Volksmund sagt, das hat *Hand und Fuß*, wenn etwas gut und vollständig ist, *Hände sprechen Bände*, oder ein Mann *hält um die Hand einer Frau an ...*

Schon immer haben die Menschen das Faszinosum *Hand* näher ergründen wollen und in der Hand mehr gesehen, als nur das verkümmerte Lauf- und Greiforgan des in Urzeiten auf allen Vieren laufenden Affens.

Bereits in Ägypten, Indien und Babylonien haben die Menschen das Verstehen der Handausprägung in Verbindung mit der Himmelskunde gebracht. In Europa waren es die griechischen Philosophen Aristoteles und Platon, die sich erstmals mit der Handlesekunst, der **Chirologie** (auch *Chiromantie* oder *Chirognomik*), befaßt haben. Für diese Philosophen waren die Hände eine Art Außenfiliale unseres Gehirns. Dabei ist die Außenhand das »Vehikel« der Persönlichkeit, die Innenhand und die Handlinien zeigen Grundstrukturen, die vom Denken und vom Gefühlsleben geprägt sind. Das Wissen um die Aussagekraft der Hand ist ebenfalls eine Hilfe zur Selbsterkenntnis und Bewußtseinsschulung.
Auch in den unterschiedlichen Religionen spielen die Hände mit ihren Gebärden als Brücke zum göttlichen DU eine wichtige Rolle nicht nur beim Gebet; große Bedeutung hat die »Handauflegung« auch als Geste der Kraft für die Heilung.
Von Formen und Linien der Hand auf die Individualität eines Menschen zu schließen, ist auch heute noch vielfach umstritten. Da die Hände eines Menschen zum gesamten Körper und hier besonders zum Gehirn, aber auch zum vegetativen Nervensystem in enger Beziehung stehen, soll im Rahmen dieser Arbeit ein allgemeiner Überblick über die Formen gegeben werden.
Genau genommen gibt es doppelt so viele Hände wie Menschen – und die Linien der Daumen und Fingerkuppen eines jeden Menschen sind einzigartig, weil unverwechselbar! Die

Vertreter der Chirologie gehen davon aus, daß die linke Hand die *ererbte* Veranlagung spiegelt: sie entspricht mehr der aufnehmenden, empfindenden YIN-Komponente. Hier liegen die Erbanlagen von der Mutter, die sich bis zum 29. Lebensjahr entwickeln (= unbewußtes Tun).
Die rechte (bewußte) Hand wird mehr von *erworbenen* Fähigkeiten geprägt: Sie entspricht der weitergebenden, verarbeitenden, männlichen (YANG-) Komponente. Es sind die Erbanlagen vom Vater, die sich nach dem 30. Lebensjahr weiter entwickeln. Hier sehen Chirologen, wieviel ein Mensch an sich gearbeitet hat – oder ob er alle Chancen vertan hat!
Diese Aussagen beziehen sich auf »Rechtshänder«; bei »Linkshändern« sind die Aussagen umgekehrt zu lesen. Sind beide Hände eines Menschen sehr unterschiedlich, so läßt dies auf starke seelische Spannungen, als auch auf gegensätzliche schicksalhafte Erfahrungen und Prägungen schließen.
Hände können helfen, heilen und pflegen, Menschen können mit ihren Händen aber auch verletzen, töten – oder auch nur abwehren und zurückstoßen. Die Gebärdensprache, die Gestik, ist übrigens auch nichts anderes, als ein *Sprechen* unserer Hände. Für Taubstumme ist diese Fähigkeit lebensrettend.
Schon ein Händedruck gibt uns *Hinweise* auf einen Menschen (Vorsicht: kann auch aufgesetzt sein!). Übersehen wir aber absichtlich die ausgestreckte Hand eines anderen, dann wird das als verletzend empfunden. Die Hände sind für den Menschen – neben Augen und Stimme – universelles Gestaltungsorgan. Sie ermöglichen dem menschlichen Geist die Beherrschung der Materie:

- **Hand**werk, manuelle Arbeit,
- Formung und Gestaltung in der bildenden Kunst (z. B. Dürers »Betende Hände«),
- Instrumentalmusik,
- Schreiben und Experimentieren in der Wissenschaft,
- Ernährung durch Bebauung des Bodens,
- Jagen der Tiere,
- Zubereitung der Speisen,

- Fortschritt der Technik durch immer bessere Hard- und Software.

All das ist das Werk der Menschen Hände!

Bei der Ausprägung der Hände gibt es – analog zu den beschriebenen Gesichtspartien – eine gewaltige individuelle Verschiedenheit. In reiner Form sind Handtypen ebenso selten zu finden wie Körperbautypen. Wie für die gesamte Menschenkenntnis gilt auch hier, daß es auf Erfahrung und gute Beobachtung, wie Übung einerseits und auf Einfühlung und Intuition andererseits ankommt.

Wir sprechen von

- elementaren (oder »primitiven«) Spatelhänden,
- eckigen (oder Nutz-) Händen,
- intellektuellen (oder Denker-) Händen,
- gefühlsbetonten (oder Künstler-) Händen,
- psychischen Händen oder
- gebrechlichen Händen.

Beispielgebend sind hier zwei gegensätzliche Hände dargestellt und erläutert:

Die elementare Hand

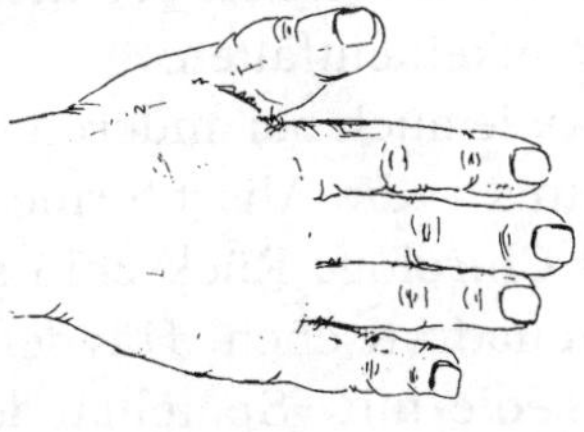

Diese Hand wirkt ungeformt, grob und plump. Sie hat einen großen, dicken, oft harten Handteller, an dem wenig gegliederte, klobige Finger sitzen. Solche Hände kommen bei Völkern vor, die ein Leben lang mit den Elementen der Natur kämpfen oder sich mühsam ihre tägliche Nahrung beschaffen müssen, – oder aber in unseren Breiten auch bei Managern oder *Machern*, die Kraft und Durchsetzungsvermögen haben!

Die psychische Hand

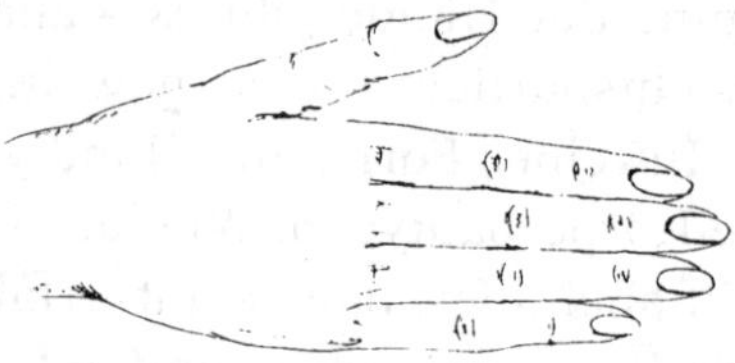

stellt mit ihrer Ausprägung quasi das andere Ende der Bandbreite von Handformen dar.

Sie ist eine Steigerung und Veredelung der Künstlerhand: zart, schlank und feingegliedert mit schmalen, langgestreckten und spitz zulaufenden Fingern. Die Nägel sind lang und stark gewölbt.
Solche Hände sind für das praktische Leben des Alltags schwierig zu gebrauchen und gehören meist zu Menschen, die in »höheren Sphären schweben« – und sich auch manchmal schwer tun, den Lebensunterhalt zu bestreiten. Sie können jedoch, wenn ihnen die Sorge dafür abgenommen wird, durch ihren großen Idealismus und ihre starke intuitive Begabung, eine segensreiche, auch seelisch befruchtende, wie geistig wegweisende Wirksamkeit entfalten.
In der Praxis überwiegen – wie auch bei anderen Charakteristiken der Menschenkenntnis – die Mischformen. Im Vergleich zieht ein erfahrener Chirologe Rückschlüsse. Danach planen die Menschen mit »quadratischen« Händen (und wollen auch Gewinn bringen), die mit »Spatelhänden« führen aus (sind auch künstlerisch begabt), und der »konische Handtyp« betrachtet und genießt alles.
Etwas »einfacher« ist es für den Laien, auf Eindrücke beim Handgeben zu achten. Dabei lassen sich bereits vielfältige Hinweise (keine *Be*weise!) ableiten:

Unterschiede	geben **Hinweise** auf:
kühle Hände:	ruhig, besonnen, verdeckte Gefühle
warme Hände:	Warmherzigkeit, Mitgefühl
trockene Hände:	tatkräftig, beweglich in Körper und Geist
feuchte Hände:	erhöhte Empfindsamkeit, Nervosität, Schüchternheit, Beeindruckbarkeit
harte Hände:	meist männlich, materielle Ziele, Ich-Bezogen, selbstbeherrscht, unnachgiebig, kleinlich, engstirnig, evtl. Habsucht, Mangel an Elastizität
feste Hände:	Sicherheit und Vertrauen, Energie, Tatkraft, Mut, Stärke, Willenskraft, Ausdauer, methodisches Denken, evtl. Mangel an Zärtlichkeit – und Höflichkeit
dicke Hände:	zu viel Fett, Unentschlossenheit, leicht zu beeinflussen
weiche Hände:	überempfindliche Natur, braucht viel Zärtlichkeit, träumerisch, geistvolle Arbeiten, phantasievoll
(zu) weiche Hände:	Energiemangel, haltlos, sinnlich, bequem, genußfreudig, zu sehr zu beeindrucken/beeinflussen (z. B. Sucht)

Die Finger

Nach alter Überlieferung gibt es auch bei den Formen und Längen der Finger direkte Entsprechungen:

Unterschiede	geben **Hinweise** auf:
Zeigefinger	– das EGO, – praktische Intelligenz, – Ehrgeiz, – allgemeine Lebenstüchtigkeit.

Unterschiede geben **Hinweise** auf:

Mittelfinger
- theoretische Intelligenz,
- Glaube,
- Besinnlichkeit,
- Führungseignung, Forscherdrang.
- Vermittler zwischen ICH und DU,
- (wenn zu lang): Depression, Weltschmerz.

Ringfinger
- künstlerische Begabung,
- schöpferische Gestaltungskraft,
- Kreativität,
- Partner, Mitmenschen.

kleiner Finger
- intellektuelle Regsamkeit,
- Ausdrucksfähigkeit (z. B. reden).

Daumen
- Symbol der Eigenständigkeit,
- Ausdruck des Willens,
- Tatkraft, Energie, Durchsetzung.

Für die berufliche Praxis können die Form der Finger*nägel* interessante Hinweise geben. Während *eckige* auf eine gewisse Statik, aber auch auf Zuverlässigkeit hinweisen (sieht auch Details), zeigen *spatelförmige* auf mehr Zukunftsbezogenheit, auf Dynamik und *Mehr-Wollen*. Das ist nach meiner Erfahrung ein Indiz (mehr), welches Mitglied einer Verkäufer-Mannschaft zum Beispiel für die Stelle eines Verkaufsleiters (am ehesten) prädestiniert sein kann.

eckig

spatelförmig

Ein kurzer und dicker **Daumen** deutet auf Sinnlichkeit/Triebbestimmtheit, der breite auf Unbeugsamkeit, der kugelförmige auf Gewalttätigkeit. Auch ein schmaler, langer und konisch zulaufender Daumen deutet auf eine bewußtseinsgesteuerte *Führungs*fähigkeit und ruhige Selbstsicherheit natürlicher Autorität. Ist der Daumen unterentwickelt, dann deutet das auf geringere Willenskraft.
Aus der Länge der jeweiligen **Finger** kann auf das Überwiegen der entsprechenden Eigenschaft geschlossen werden. Außerdem kann die schon zuvor erwähnte Dreierregel auch auf die Finger angewendet werden. Es entspricht demnach jedesmal das *Wurzel*-Glied der mehr materiellen Seite, das *Mittel*-Glied der mehr seelischen und das *Nagel*-Glied mehr der geistigen Seite der jeweiligen Begabung. So wird der **Schwerpunkt** durch die Ausprägung der Fingerglieder erkennbar.
Interessant, und darauf sei abschließend der Vollständigkeit halber noch hingewiesen, sind auch Indizien, die wir aus Größe, Form, Substanz und Färbung von Fingernägeln erhalten. So werden weiße Flecke beispielsweise als Zeichen nervlicher Überbeanspruchung, teils als Folgeerscheinung mangelnder Blutzirkulation und einseitiger Ernährung angesehen. Aus den weißen Flecken errechnen erfahrene Chirologen sogar die Zeitspanne von überstandenen Krankheitsphasen! Längslinien gelten als Hinweise auf Alterserscheinungen, als Zeichen intellektueller Überarbeitung – oder als Hinweis für Stoffwechselerkrankungen.
Bei den Interpretationen zum Thema der Hände sei hier der Hinweis gegeben, daß es sich bei den Erkenntnissen und Hinweisen nicht um eine Wissenschaft nach unserem heutigen Verständnis handelt. Viele Äußerungen mögen wissenschaftlich nicht ausreichend belegt sein, es handelt sich um »überlieferte« Erfahrungen. Nur, deshalb müssen die Ausführungen ja nicht falsch sein. Ziel und Sinn dieser Arbeit ist es, den **ganzen** Menschen zu erfassen, und da können zusätzliche Hinweise wie kleine Steinchen zu dem großen Mosaik nur nützlich und weiterführend sein!

Es gibt mehr Dinge im Himmel und auf Erden
als Eure Schulweisheit sich träumt!
(Shakespeare; Hamlet)

2.16 Ihre Stimme gibt Ihre Stimmung wieder

Gesichtszüge oder Hände, das körperliche Aussehen eines Menschen ändern sich fast unmerklich im Laufe der Jahre. Die Stimme kann sich spontan verändern, wie eine **Stimmung** Ad-hoc-Eindrücken unterworfen ist. In der Stimme kommt der jeweilige Gemütsausdruck deutlich und unmittelbar zum Ausdruck.

Doch ist die Stimme eines Menschen ebenso charakteristisch wie seine Hände. Stimmforscher machen sich diese Kenntnis beispielsweise in der Kriminalistik zunutze, wenn es z. B. um die Identifikation einer Person aufgrund eines auf Band aufgenommenen Gespräches geht. In einem Gespräch kann man an Merkmalen der Sprechweise erkennen, ob eine Person innerlich einen Konflikt erlebt, emotional gestört ist oder ausgeglichen und gelassen reagiert.

Was gibt es nicht für Bezeichnungen für eine Stimme: tief/hoch, fröhlich/traurig, hart/weich, bewegt/ruhig, akzentuiert/gleichförmig, ängstlich/frech, um nur ein paar gängige zu nennen. Abgesehen vom Klang einer Stimme: mit unserem Ohr nehmen wir zudem wahr, **wie** etwas gesagt wird. Daraus schließen wir dann auf mehr oder weniger glaubwürdige Aussagen.

Die Art des Sprechens, der Klang und die Modulation einer Stimme prägen – bewußt oder weniger bewußt – einen Eindruck, bewirken ein Urteil – oft ist es ein **Vor**urteil. Schwingungen in der Stimme geben uns über den Menschen Hinweise. Natürlich ist immer auch die Situation angemessen zu berücksichtigen. Genau wie es ein Selbstbild und ein Fremdbild gibt, so hört man seine Stimme anders als ein Dritter und ist erstaunt, wenn die eigene Stimme auf einem Tonband völlig anders klingt. Viele Führungskräfte nutzen übrigens diese technische Möglichkeit zur Ausbesserung rhetorisch schwacher Stellen, beispielsweise als Vorbereitung für eine zu haltende Rede.

Einige wichtige Symptome der Stimme und ihre Bedeutung:

Symptome:	**mögliche Bedeutung:**
• Geringe Hebung und Senkung der Lautstärke, schlaffe, ungestaltete Sprechweise	Trägheit, Gleichgültigkeit
• überbetonter, abgehackter Rhythmus	ungesteuerte Impulse
• Schwankungen des Sprechtempos	innere Erregung, Unausgeglichenheit, Mangel an Selbstsicherheit
• Unregelmäßiges Schwanken der Stimmstärke bei geringer Stimmfülle	Mangel an Vitalität
• starker Wechsel der Stimmstärke	gefühlsbetonte Grundhaltung
• geringer Wechsel der Stimmstärke	Mangel an gefühlsmäßigem Miterleben, Disziplinierung
• Brustklang der Stimme	Selbstbehauptung
• sorgfältige und ausgeprägte Aussprache	bewußte, disziplinierte Haltung

Symptome:	**mögliche Bedeutung:**
• wenig ausgeprägte Aussprache	Natürlichkeit, Lässigkeit
• zu leises Sprechen	keine rechte Beziehung zum Gesprächspartner
• schlechte Artikulation	mangelhafte Zielvorstellung, fehlender Ehrgeiz, wenig Engagement
• hohes Sprechtempo	Hinweis auf Intelligenz über dem Durchschnitt

Das Stimm**volumen** gibt uns Hinweise auf die körperliche Beschaffenheit des Sprechers (z. B. dick-dünn, alt-jung). Das kann bei einem Telefongespräch wichtig sein, wenn wir den Gesprächspartner nicht kennen und nicht sehen. Große Klangfülle deutet auf Güte und Wohlwollen.
Der **Klang** einer Stimme gibt uns Hinweise über soziale und menschliche Qualitäten, wie Bescheidenheit, Arroganz, Sympathie oder auch Antipathie. Solche Zusammenhänge sind von Sprachforschern durch Tonbanduntersuchungen bestätigt worden. Zum großen Teil erspüren wir sie – subjektiv – über unsere Intuition.
Auch gibt es *mögliche* Hintergründe, wenn wir bei unseren Mitmenschen Sprechstörungen konstatieren. Die häufigsten Auffälligkeiten sind ÄH-Störungen, Stottern, Wiederholungen, Auslassen von Wörtern und Wortteilen, unvollendete Sätze und häufiges Versprechen. Das gibt uns Hinweise auf Spannungen, Unsicherheiten, Konflikte, Unehrlichkeit oder auch »nur« Schüchternheit.
Zur Stimme gehört auch das Lachen, und wer hier geschulte Ohren hat, achte einmal auf die vielseitigen Schattierungen vom Kinderlachen bis hin zur *dreckigen Lache*. Wie der Volksmund sagt: Im Lachen offenbart sich der Charakter. Achten

Sie doch einmal auf die *Lache* in Ihrem Umkreis! Lachen ist übrigens, wie auch das Weinen, angeboren, genauso wie das richtige Zusammenspiel von Atmen und Schlucken beim Trinken an der Mutterbrust!

Einige Beobachtungen:

Lachen auf:	**mögliche Bedeutung:**
• **»a«**	offenes, befreiendes, herzhaftes Lachen, das vorbehaltlos Freude zeigt
• **»haha«**	Teil des aha-Effektes, auch Ausdruck plötzlichen Begreifens
• **»e«** oder **»ä«**	meckernder, spöttischer überheblicher Ausdruck von Freude
• **»i«**	eher naiv-kindliches Kichern, evtl. Schadenfreude
• **»hoho«**	verwundert, »darf nicht wahr sein«
• **»u«**	verstärkte Ängstlichkeit und Furchtsamkeit

2.17 Kleidung und Umgangsformen sind auch eine Visitenkarte

Kleider machen Leute, Benehmen ist Glücksache oder *Sage mir, mit wem Du umgehst und ich sage Dir, wer Du bist.* Sind diese Aussagen im Volksmund so noch richtig?
Wenn wir einem Menschen ein erstes Mal begegnen, machen wir uns (in Bruchteilen einer Sekunde) einen ersten Eindruck. Der kritisch Geschulte ist hier vorsichtig, wissend, **wie sehr** ein solches (Vor-)Urteil auch daneben liegen kann.
Abgesehen von der Körper- und Kopf-Form, vom Gesicht, Gang oder den Händen, springen natürlich die Kleidung und Umgangsformen eines Menschen besonders *ins Auge.* Die körperliche Gepflegtheit, die Frisur oder auch z. B. das Tra-

gen von Schmuck beeinflussen wesentlich den ersten Gesamteindruck.
Hier ist besondere Vorsicht angebracht: Auch zur Schau getragener, materieller Wohlstand ist alles andere als ein charakterliches Indiz!
Zerrissene Jeans sind heute vor allem auch bei Jugendlichen – vielfach als Protest gegen das Elternhaus – »in«. Ein überzeugter Junggeselle, ein Künstler oder ein zerstreuter Professor wird sich anders kleiden als eine Führungskraft in der Industrie. Läuft jedoch ein(e) Halbwüchsige(r) mit Irokesenhaarschnitt, ausgeschnittenem und heruntergelassenem Jeans-Hinterteil mit nacktem Untergrund durch die Straße, so sind das unter Umständen abstoßend wirkende Abweichungen von der gesellschaftlichen Norm.
Unabhängig von solchen Ausnahmen: Es gibt in unserer heutigen Zeit sehr (zu) viele unverschuldet in Not geratene, aus der Bahn geworfene und verzweifelte Menschen, die nichts anderes als abgewetzte, unmoderne oder geflickte Kleidung haben.
In jedem Falle ist es wichtig, kritisch eine Stimmigkeit zwischen dem Träger und dem Äußeren zu suchen. Haben wir beispielsweise einen etwas ärmlich gekleideten, aber besonders gepflegten und sauberen Menschen vor uns, dann können das Indizien sein, einen wertvollen Menschen, einen Menschen mit Tiefgang vor uns zu haben. Einen sozial orientierten, gemeinschaftsfähigen Menschen zeichnet eine wie selbstverständliche Höflichkeit und ein natürliches Taktgefühl aus.
Gutes, soziales Benehmen ist ein wichtiger Bestandteil der menschlichen Gemeinschaft. Und das ist keineswegs *Zufall*, vielmehr sind die Umgangsformen kennzeichnend für die Kinderstube, für die prägenden Jahre des Elternhauses, bzw. die Sorgfalt der in der Jugend erlebten Erziehung. Das ist nicht abhängig von materiellen Voraussetzungen oder der Zugehörigkeit zu einer bestimmten Gesellschaftsschicht. Kinder aus armen (oder vermeintlich armen) Schichten bringen oftmals eine breitere Charakterbildung mit als Kinder aus »standesgemäßen« Schichten, deren Eltern oft »keine Zeit«

für sie haben. Wie viele Kinder werden gerade aus diesem Grunde einfach vor den Fernsehapparat gesetzt?
Die Umgangsformen eines Menschen sind kennzeichnend für den Grad seiner Selbsterziehung und seiner Bereitschaft, die mitmenschlichen Beziehungen zu pflegen.

Zusammenfassend ist hier festzuhalten, daß Kleidung, Gepflegtheit und Umgangsformen eines Menschen ein Stilgefühl offenbaren oder auch ein Selbstgefühl der Einschätzung zur eigenen Person, zu Lebensumständen und zur Einstellung gegenüber der Umwelt. Andererseits sind diese doch noch mehr an der Oberfläche liegenden Faktoren mit so vielen Fehlerquellen und Täuschungsmöglichkeiten behaftet, daß sie zwar im Gesamtzusammenhang sehr wichtig sind, daß man aber niemals von ihnen allein eine zutreffende Menschen-Beurteilung ableiten darf!

3 Ihre Vorliebe für Farben hat einen Hintergrund

Wer hat sich nicht schon einmal *schwarz* oder *grün* geärgert oder alles durch eine *rosarote* Brille gesehen? Farben bestimmen unser Leben mehr, als wir zunächst wahrnehmen, und Farben sagen über uns auch mehr aus, als wir uns zunächst vorstellen können.

Was haben nun Farben aber mit dem Charakter des Menschen zu tun?
Farben spielten in der Menschheitsgeschichte eine bedeutende Rolle. In den alten Kulturen Griechenlands, Ägyptens, in China und auch in Tibet war ein tiefgründiges Wissen von der Bedeutung der Farben für den Menschen vorhanden. Man wußte von den Energien, die den Farben innewohnen; diese hatten archetypische Bedeutung. Bedeutende Forscher haben die Erkenntnisse über die Farben in Theorien festge-

legt, die viel diskutiert wurden und lange umstritten waren.
In diesem Jahrhundert hat der Schweizer Psychologe Max **Lüscher** mit seiner Farbenlehre versucht, Einblick in die Struktur der menschlichen Charaktere zu erhalten. Etwas weiter zurückgehend, hat sich J.W. von **Goethe** in jahrzehntelanger Arbeit einen Farbenkreis erarbeitet, auf dem später andere Farbforscher aufgebaut haben. Ohne auf die Details einzugehen: für Goethe waren die Farben wirkliche Energien, Taten des Lichts, Taten und Leiden. Goethe hielt seine Farbenlehre mit für sein wichtigstes Werk!
Was damals noch nicht *wissenschaftlich bewiesen* war, heute wissen wir aus der Physik, daß Farbe in unterschiedliche Wellenlängen bzw. Schwingungsfrequenzen zerlegtes weißes Licht ist. Heute wissen wir, daß die jeder Farbe eigene Schwingungsfrequenz Kälte- oder Wärmeempfindungen hervorruft. **Rot** hat z. B. die längste Wellenlänge und die langsamste Schwingungsfrequenz, **Violett** hat die kürzeste Wellenlänge mit der höchsten Frequenz. Das Erstaunliche ist nun, daß diese unterschiedlichen Wellenlängen Empfindungen und Gefühle hervorrufen. So unterscheiden wir kalte, warme, frohe, traurige, belebende und drückende Farben. Als Resümee können wir sagen, daß ein bestimmter Lichtreiz (eine Farbe) physikalische und zugleich auch psychologische Wirkungen auslöst. Die **Farbpsychologie** sucht hier die Ursachen zu ergründen.
Eine tiefere Bedeutung für unser Leben haben die Farben auch als Heilkraft. Viele der erstaunlichen Erkenntnisse darüber, welche Einflüsse die Schwingungsenergien der Farben sowohl auf unsere Gesundheit als auch auf unsere seelische Entwicklung haben, sind bisher (noch) nicht *wissenschaftlich abgesichert.* Sprachforscher gehen heute in Ansätzen bereits so weit, daß auch unsere menschliche Sprache eine Verbindung von Ton und Farbe ist und Farben an Klänge gebunden sind. Danach stellen die Klänge der Sprache feinste Farbschattierungen dar, die sich einzeln in Buchstaben zergliedern lassen. Das zu untermauern, ist sicher eine Aufgabe im neuen Jahrtausend!

Treffen jedoch diese sprach- und farbforscherischen Erkenntnisse zu, dann ist bereits hier die Brücke zum Kapitel II dieses Buches, zum Thema Numerologie gebildet. Wenn wir die Sprache auf einzelne Buchstaben zerlegen, so ist jeder Buchstabe mit einer Klangfarbe belegt. Unter Berücksichtigung von Akzentuierung und Intonation hat somit jedes Wort eine spezifische Bedeutung und verkörpert bestimmte Eigenschaften. Eigenschaften, die mit den Spektralfarben in Zusammenhang gebracht werden können.

Psychologen und Farbforscher machen sich heute die Erkenntnisse der Farbpsychologie zunutze. Nicht nur in der persönlichen Beratung oder in der Bekleidungsindustrie profitiert man hiervon; die Konsequenzen gehen bis hin zur Stimmigkeit in der Industrie bei der Erarbeitung z.B. einer Corporate Identity. Es ist kein Zufall, wenn sich heute bei Publikumsgesellschaften ein bestimmtes »Klangbild« festgesetzt hat. So haben sich Aral für ein **blaues,** BP für ein **grünes** und Esso und Shell für ein **rotes Logo** entschieden. Ich habe unmittelbar miterlebt (und mitgestaltet), wie eine große Firma für das Ziel weg vom roten, hin zum grünen Klangbild eine Menge Geld ausgegeben hat; stehen doch auch gerade Esso und Shell mit einem roten Erscheinungsbild seit Jahren im Mittelpunkt öffentlicher Kritik.

Charakterologisch bedeutsam wird die Farbe durch Erforschung der subjektiven Reaktion des einzelnen Menschen. Jeder reagiert auf Farben unterschiedlich, meist ist es das Unterbewußtsein, weshalb die Begründung für eine Vorliebe oder auch für eine Kaufentscheidung nicht immer nachvollziehbar ist. Eine Diagnose bringt oft erstaunliche Erkenntnisse (z. B. Aura Soma).

Um den Gefühlswert der Farben zu ergründen, haben Farbpsychologen ausführliche Tests unternommen, ohne zu eindeutigen und einheitlichen Ergebnissen zu kommen. Max Lüscher, der *Farbenpapst*, hat aus der unterschiedlichen individuellen Ansprechbarkeit einen weltbekannten Farbtest entwickelt, der auf jeweilige Charaktereigenschaften schließen läßt. Lüscher geht dabei von den vier Grundfarben **Rot**,

Blau, **Grün** und **Gelb** aus, wobei jede Farbe für ein anderes Selbstgefühl steht und unterschiedliche Empfindungen und Verhaltensweisen hervorruft. Für Lüscher besteht die Lebenskunst des »Vier-Farben-Menschen« darin, diese Farben für sich so anzuwenden, daß die vier zugrundeliegenden Fähigkeiten und Selbstgefühle zu einer optimalen Kombination führen.

Die Farbe **Rot**

Entsprechungen	Seite	Beschreibung	Lüschers Erkenntnisse
4 Temperamente	36	cholerisch (Willensmensch) 	Inbegriff der seelischen Vitalität, wird von den meisten Menschen als erregende, den Blutdruck steigernde, zur Aktivität reizende Farbe empfunden. Es ist die Farbe des Blutes, des Lebens und der Liebe, der Leidenschaft, des Krieges und des Aufruhrs.
4 Elemente	36	Feuer	
Sigmund Freud		phallisch	Rot hat Signalcharakter; Zeichen für Gefahr und Symbol der Majestät (Kardinalrot). Rot wirkt auf das Auge am intensivsten, wird daher auch weit stärker beachtet als etwa Grün oder Blau. Rotgestrichene Telefonzellen werden sechsmal mehr benützt als grüne. Rotlicht bewirkt eine Ausdehnung der Gefäße, fördert die Durchblutung, während Blaulicht zu einer Gefäßverengung führt.
Eysenck	46	instabil/ extrovertiert	
Huter/Schleip	29/ 49	M-Typ (motorisch)	
Kretschmer	48	athletisch	
Sheldon	43	mesomorph	
Schleip	63	Wesensgruppe I (Durchsetzung)	*Wer Rot bevorzugt, ist zumeist eine temperamentvolle, leidenschaftliche und tatkräftige Natur. Rotliebende Menschen sind von einem starken Leistungswillen, auch von Ehrgeiz erfüllt, wissen sich durchzusetzen und die einmal gewonnene Stellung gegen Widerstände hartnäckig zu verteidigen. Da sie zumeist dem extrovertierten Typus angehören und viel Selbstvertrauen besitzen, fällt es ihnen nicht schwer, Kontakt zu finden und eine führende Rolle zu spielen.* Nach der **kabbalistischen** Farbenlehre ist Rot die Farbe der Kraft, der Energie, der Ausdauer und Beharrlichkeit, der Durchsetzung und Verwirklichung: »Geist des Lebens und des Willens«.
Denken:	63	real-logisch	
Fühlen:		wenig(er) ansprechbar	
Sinne:		klar, realistisch	
Wille:		beharrlich	
Kopfform:	56	»eckig«	
Lüscher Empfindung:		Rot bewirkt Erregung und Aktivität	
Verhalten: Selbstgefühl:		= Selbstvertrauen (Eigenkraftgefühl)	

Die Farbe **Blau**

Entsprechungen	Seite	Beschreibung	Lüschers Erkenntnisse
4 Temperamente	36	phlegmatisch (Gefühlsmensch) 	Blau ist eine kalte Farbe. Sie ist Sinnbild der Treue und der Freundschaft, aber auch der Sehnsucht und der Religiosität (daher wird auch die Mutter Gottes vielfach in blauer Gewandung gezeigt). Blau ist auch das Symbol der Mäßigung.
4 Elemente	36	Wasser	
Sigmund Freud		oral	Räume, die blau gestrichen sind, wirken kühl und beruhigend, stimmen jedoch auch temperamentsmäßig herab. Blaulicht bewirkt in der Medizin den Rückgang von Entzündungen.
Eysenck	46	introvertiert/ stabil	
Huter/Schleip	29/ 49	E-Typ (elastisch)	
Kretschmer	48	pyknisch	*Menschen von mehr ruhiger und empfindsamer Art wählen gerne Blau als Lieblingsfarbe. Laute Geselligkeit behagt ihnen weniger. Sie sehnen sich mehr nach dem Glück im stillen Winkel, haben ein weicheres Gemüt, sind sehr hingabefähig, zärtlich und liebebedürftig. Zumeist handelt es sich bei ihnen um Vertreter des introvertierten Typs. Extreme Blautypen verfallen leicht ins Grübeln.*
Sheldon	43	endomorph	
Schleip	66	Wesensgruppe III (Kommunikation)	
Denken:	66	anschaulich	
Fühlen:		starkes Einfühlungsvermögen	
Sinne:		ganzheitlich	
Wille:		beweglich, elastisch	
Kopfform:	56	»rund«	Blau als Komplementärfarbe zu Orange entspricht Reserviertheit, Introvertiertheit und Innenleben. Blau steht als kühlste, reinste und tiefste Farbe für das Unbewußte, für die seelische Tiefe und innere Stille. Sie ist auch die Farbe für geistige Entwicklung und für Sehnsucht nach einer immateriellen Welt.
Lüscher			
Empfindung:		bewirkt Ruhe	
Verhalten:		und Befriedigung	
Selbstgefühl:		Zufriedenheit	

Die Farbe **Gelb**

Entsprechungen	Seite	Beschreibung	Lüschers Erkenntnisse
4 Temperamente	36	sanguinisch »Bewußtseinsmensch« 	Gelb ist eine warme, leichte und leuchtende Farbe, die eine heitere und gelöste Stimmung auslösen kann. Sie unterscheidet sich von Rot durch die Unbestimmtheit und Ziellosigkeit ihrer Aktivität.
4 Elemente	36	Luft	*Menschen, die Gelb bevorzugen, sind leicht ansprechbar, lebhaft und vielseitig interessiert, aber auch betriebsam und unbeständig. Sie sind dauernd auf der Suche nach Neuem, streben aus sich heraus und neigen zu Ehrgeiz oder Neid, weshalb ja Gelb auch zur Farbe des Neids geworden ist. Einseitige Gelbtypen sind oft oberflächlich. Infolge ihrer Beweglichkeit und Anpassungsfähigkeit finden die Gelbtypen leicht Kontakt, lassen sich allerdings auch wieder leicht ablenken.*
Sigmund Freud			
Eysenck	46	extrovertiert/stabil	
Huter/Schleip	29/49	D-Typ (differenziert)	
Kretschmer	48	leptosom	
Sheldon	43	ektromorph	
Schleip	69	Wesensgruppe V (Entwicklung, Kontrolle)	Nach der **kabbalistischen** Farbenlehre ist Gelb die Farbe des Feingliedrigen und Subtilen. Wirkt anregend und belebend auf das Nervensystem und Gemüt, Reiz, Neugier und Forschungsdrang erzeugend. Die Farbe der Ratio: »Der Geist der Weisheit«.
Denken: Fühlen:	69	kritisch, konstruktiv, verstandesgesteuert	
Sinne: Wille:		kontrolliert, kritisch zweckabhängig	
Kopfform:	56	»oval«	
Lüscher Empfindung: Verhalten: Selbstgefühl:		bewirkt Lösung und Veränderung also Freiheit	

Die Farbe **Grün**

Entsprechungen	Seite	Beschreibung	Lüscher's Erkenntnisse
4 Temperamente	36	melancholisch, Gestaltungsmensch 	(Grün ist eine Mischfarbe von blau und gelb!)
			Grün ist die Farbe der Natur. Sie ist schlechthin das Sinnbild des Lebens im Stofflichen und der Hoffnung. Von Grün geht eine beruhigende, ausgleichende Wirkung aus.
4 Elemente	36	Erde	
Sigmund Freud		anal	*Grün wird gern von stabilen und unkomplizierten Menschen bevorzugt, die das Leben so nehmen, wie es ist, sich aber anzupassen, einzuordnen, aber auch zu behaupten wissen. Grün sei die Idolfarbe des »harten« Mannes, der keine Angst habe – sagte Lüscher.*
Eysenck	46	instabil/introvertiert	
Huter/Schleip	29/ 49	D-E-Typ (differenziert-elastisch)	
Kretschmer	48		Nach der **kabbalistischen** Farbenlehre ist Grün die Farbe des Wachstums und des Lebens, die Verbindung der beiden Welten des Geistes und des Stoffes, die Befruchtung der Materie durch den Geist; die Durchdringung des Geistigen mit Vitalenergie führt zu Intuition und Kreativität, Heil und Heilung: »Der Geist des Wachstums und der Ewigkeit.«
Sheldon	43		
Schleip	67	Wesensgruppe IV (Innovation)	
Denken:	67	intuitiv	
Fühlen:		leicht ansprechbar, vielseitig	
Sinne:		von Phantasie beeinflußt	
Wille:		impulsiv	
Kopfform:	56	»rund – oval«	
Lüscher			
Empfindung: Verhalten:		bewirkt Festigkeit und Beharrung	
Selbstgefühl:		Selbstachtung	

Farbwissenschaftler schließen übrigens von der Farbe eines Autos auf den Besitzer. Danach gelten Fahrer **blauer** Autos als sympathisch, denken im Verkehr mit und werden vor dem Abbiegen stets blinken. Die **roten** dagegen lieben es sportlich, schnell und legen es gelegentlich auf kleine Zweikämpfe an (Farbe der Aggressivität). Die *unauffälligen* Fahrer sind nach Ansicht der Farbpsychologen die in den **weißen** Fahrzeugen: sie waschen ihre Fahrzeuge regelmäßig, wollen nicht anecken und fahren vorschriftsmäßig. Fahrer in **gelben** Autos würden meist keinen Streß kennen – und sogar noch den Stau genießen. **Gold**töne ließen auf Angeber schließen und Fahrer von **schwarzen** Autos fühlten sich überlegen und wollten ihre Macht zeigen, verzichten jedoch dabei manchmal »großzügig« auf die Vorfahrt. Die »Korrekten« bevorzugen danach **graue** Fahrzeuge; sie halten sich an die Vorschriften und können sich nur schwer mit den Fehlern anderer abfinden. Dagegen entscheide sich der Umweltbewußte für **grüne** Autos. Für diese Zeitgenossen sei der Wagen ausschließlich Fortbewegungsmittel [23b].

Nach meiner Meinung sind diese Ansichten diskutabel, immerhin ist es eine Beobachtung wert, denn Vorlieben für Farben kommen aus dem nicht steuerbaren Unterbewußtsein!

4 Was ein Graphologe Ihrer Schrift entnehmen kann

Im April des Jahres 1800 schrieb Johann Wolfgang von Goethe an den befreundeten Physiognomiker Johann Kaspar Lavater: »Daß die Handschrift des Menschen Bezug auf dessen Sinnesweise und Charakter habe und daß man wenigstens eine Ahnung von seiner Art zu sein und zu handeln empfinden könne, ist wohl kein Zweifel, sowie man ja nicht allein Gestalt und Züge, sondern auch Mienen, Ton, ja Bewegung des Körpers als bedeutend, mit der ganzen Individualität übereinstimmend anerkennen muß.«

Für mich war die Graphologie (oder auch *Schriftpsychologie)* in vielen Praxisjahren in der Industrie eine große Entscheidungshilfe. Abgesehen von der Anwendung bei Personalentscheidungen wird sie ja auch erfolgreich im schulpsychologischen Bereich, bei der Ehe-, Berufs- und Lebens-Beratung eingesetzt. Allen Graphologen gemeinsam ist das Bemühen um den Menschen und seine persönliche Problematik. Der Auftraggeber erhält mit einem Gutachten wertvolle Aussagen zur Persönlichkeit eines Bewerbers.

Die Anwendung der modernen Schriftpsychologie setzt ein ziemlich komplexes Wissen voraus. Ein Graphologe muß vor allem praktische Menschenkenntnis, psychologisches und graphologisches Grundwissen, aber auch eine sprachliche Gestaltungskraft haben, um die Struktur und das Verhalten eines Menschen angemessen beschreiben zu können. Graphologie als Wissenschaft ist nicht ohne Kenntnis der Charakterologie möglich, denn die Schriftmerkmale müssen, als Ganzes oder einzeln erfaßt, schließlich charakterologisch ausgedeutet werden.

Die Schriftpsychologie ist eine Disziplin der *Ausdruckspsychologie,* die den Zusammenhang zwischen handschriftlichen– und Persönlichkeitsmerkmalen beschreibt. Dabei geht man davon aus, daß zwischen Körper und Seele eine Wechselwirkung besteht, die sich im psychischen Verhalten des Menschen manifestiert. Die Schrift bzw. die Schreibbewe-

gung ist immer auch Wesensausdruck der Persönlichkeit, der nicht immer auch zugleich mit dem nach außen erkennbaren Verhalten übereinstimmen muß! **Die Schrift eines jeden Menschen ist eine auf Papier fixierte Geste und drückt immer (auch) seelisches Verhalten aus!**
Bei der Komplexität der Graphologie ist nicht verwunderlich, daß sich im Laufe der Zeit mehrere Forschungsrichtungen und Schulen entwickelt haben. Für diesen Überblick soll besonders die Arbeit des *Vaters* der deutschen Graphologie, **Ludwig Klages**, hervorgehoben werden (s. auch Kapitel I-2.5!). Seine allseits anerkannte Schriftpsychologie beruht auf dem Ausdrucks- und Darstellungsprinzip, auf dem sogenannten »Formniveau«.

Bevor einige Merkmale der Handschrift und entsprechende Deutungshinweise erläutert werden, vorab einige Bemerkungen über Möglichkeiten und auch über die Grenzen der Schriftpsychologie.
Im Laufe seines Lebens wird der Mensch durch mannigfaltige Einflüsse und Entwicklungen geprägt. Das Schriftbild verändert sich sukzessive. Dabei – das wurde in den ersten Kapiteln ausführlich diskutiert – ändert sich die **Grund**struktur des Menschen praktisch nicht, und so findet man auch in den Schriftbildern eines Individuums die gleiche oder eine ähnliche Struktur wieder. Eine Schrift läßt sich, zumindest kurzfristig, verstellen, aber keineswegs langfristig. Der Graphologe erkennt einen Schreiber z. B. auch bei bewußten Verstellungen an unauffälligen Merkmalen.
Bereits im ersten Schuljahr sind die Unterschiede in der Schrift bei Kindern deutlich, auch wenn ein Lehrer es ihnen allen gleich vormacht. Manche Kinder halten – meistens bis zur Pubertät – eine gelernte Schulschrift bei. Wer als Erwachsener noch die Schulschrift beibehalten hat, gibt dem Graphologen den Hinweis, daß er bereit ist, sich den konventionellen Normen der Gesellschaft anzupassen. Ganz allgemein läßt sich jedoch sagen, daß die Schriftentwicklung der jungen Menschen deutlich auseinanderläuft: die einen

schreiben größer oder kleiner, rascher oder langsamer, die anderen steiler oder schräger, enger oder weiter, als es die *Norm* in der Schule lehrt.
So hat jede Handschrift, die sich im Laufe des Lebens weiter entwickelt, eine sehr persönliche Note. Dabei halten sich Veränderungen in Grenzen. Schicksalsschläge, schwere psychische Krisen, die einen Persönlichkeitswandel zur Folge haben, verändern das Schriftbild stärker. Selbst Stimmungsschwankungen und vorübergehende Erregungszustände machen sich bemerkbar. Doch in der Grundstruktur bleibt ein Charakter ein Leben lang gleich! Das alles spricht eher für als gegen die Möglichkeiten der graphologischen Deutung und Be-Deutung.

Die Möglichkeiten der wissenschaftlichen Schriftdeutung werden auch heute noch vielfach sowohl über- als auch unterschätzt. Der geübte, erfahrene Graphologe kann ein Persönlichkeitsbild zeichnen, das der wahren Persönlichkeit ziemlich nahe kommt. Bei seriösen Sachverständigen wird die Erfolgsquote bei etwa 80 Prozent gesehen!
Die Schriftpsychologie hat grundsätzlich nichts mit Astrologen, Kartenlesern, Hellsehern und Pendlern gemeinsam (das ist keine Kritik in diese Richtungen!). Kein ernsthafter Graphologe wird Krankheits- oder/und Schicksalsprognosen abzugeben im Stande sein. Um jedoch vorauszusehen, daß es ein willens- und antriebsschwacher Mensch im Leben schwer haben wird, dazu braucht es keine Futurologen.

Was Graphologen **nicht** bestimmen oder erkennen können:

Geschlecht
Auch bei den Charaktertypen gibt es nicht das *typisch* Weibliche oder Männliche, weil alle Menschen jeweils einen Teil des anderen in sich tragen (YIN-YANG, die zwei sich ergänzenden Prinzipien).

Lebensalter
In der Handschrift drückt sich nicht das Lebens-, sondern das Reifealter aus. Dabei gibt es, wie Ludwig Klages feststellte, jugendliche Greise und greisenhafte Jugendliche. Wer kann das in seinem Bekannten- und Freundeskreis nicht nachvollziehen!

Krankheit
Oft wird unterstellt, daß sich ein wirrer Geist in einer wirren Schrift und ein klarer Geist in einer klaren Schrift ausdrückt. Doch ist hier viel Vorsicht geboten, und klare Rückschlüsse sind mehr als fraglich.

Kriminelle Veranlagung
Der Zusammenhang zwischen Kriminalität und Handschrift wird heute immer wieder diskutiert. Es ist in der Psychologie zwar bekannt, durch welche Anlagen verbrecherische Neigungen begünstigt werden, man kann dies aufgrund einer Handschrift aber nicht festschreiben. Auch die Ehrlichkeit eines Schreibers kann nicht mit Sicherheit aus einer Handschrift herausgelesen werden. Klages hat hier festgestellt, daß »Vertrauenswürdigkeit und Ehrlichkeit keine Charaktereigenschaften sind, sondern soziale Folgeerscheinungen von Charakterzügen, die von Fall zu Fall verschieden aussehen können. Es gibt keine graphischen Symptome der Ehrlichkeit« [5].

Was die Schriftpsychologie heute **kann:**

Die Graphologie ist vor allem in Europa, aber auch in den USA eines der bekanntesten und respektiertesten Diagnoseverfahren. Ludwig Klages stellte fest, daß diese Wissenschaft imstande ist, Hauptcharakterzüge des Schreibers/der Schreiberin teils mit Wahrscheinlichkeit, teils mit Gewißheit festzustellen. Ein guter Graphologe kann heute mit hoher Treffsicherheit ein ganzheitliches Bild einer Person abgeben. Er kann weitgehend etwas zur Intelligenz, zum Entwicklungs-

stand und zur Einpassung der Person in die Umgebung sagen. Zusammenfassend kann man auch sagen, daß ein Graphologe aufgrund der Schrift einen Menschen etwa so weit erkennt, wie ihn eine urteilsfähige Person aus einer langjährigen Erfahrung beurteilen kann.
Ein Graphologe kann z. B. Aussagen machen über
- die Antriebsstärke,
- das Temperament,
- die Gefühls- und Willensbeschaffenheit,
- die Intelligenz,
- den Reifegrad,
- die Einheitlichkeit des Charakters und
- das Selbstgefühl.

So läßt sich zum Beispiel anhand einer Schrift herausarbeiten, ob ein Schreiber eher ein Gefühls-, Willens- oder Verstandesmensch ist, ob er mehr extravertiert oder introvertiert ist, ob er eher sensibel oder robust ist, ob er kontaktfähig, harmonisch oder mehr disharmonisch ist. Auch läßt sich erkennen, inwieweit ein Mensch anpassungsbereit, offen, verschlossen oder auch durchsetzungsfähig ist. Bei allen Hinweisen geht es nur noch um die Frage nach einer mehr oder weniger großen Gewißheit und Wahrscheinlichkeit. Die Treffsicherheit, um das noch einmal zu betonen, liegt zwischen 70 – 90 Prozent.
Leider gibt es auf diesem Gebiet der Schriftpsychologie viele Graphologen mit Halbwissen, weshalb dieser Zweig der Wissenschaft immer mal wieder in die Schlagzeilen kommt, auch weil sich Sachverständige z. B. bei Gerichtsverhandlungen widersprechen. Jede Anwendung psychologisch-diagnostischer Verfahren setzt umfangreiche Kenntnisse allgemeinpsychologischer Art voraus! Auch wenn einige Grundkenntnisse noch keinen Graphologen machen, so sollen doch im Rahmen dieser Arbeit einige Hinweise mit Beispielen dazu dienen, in Ansätzen die Möglichkeiten der Graphologie zu erkennen.
Das Gebiet der Schriftpsychologie ist jedoch zu umfangreich, um im Rahmen dieser Arbeit vollständig behandelt zu wer-

den. Das Thema dieses Buches ist der Mensch, und hier ist die Graphologie ein wichtiger Diagnoseansatz.
Ludwig Klages weist besonders darauf hin, daß jedes einzelne Ausdrucksmerkmal überhaupt und vor allem jedes Schriftmerkmal seiner Natur nach mehrdeutig ist und seine Eindeutigkeit erst im Zusammenhang mit dem Ganzen gewinnt.
Ein Schreiber offenbart mit seiner Schrift sein Wesen und seine Persönlichkeit. Die Graphologen sprechen von einem *direkten* und von einem *indirekten* Ausdruck. Direkt ist der Ausdruck immer dann, wenn die Impulse des Schreibers unmittelbar den Tiefenbereichen der Psyche, dem Vitalbereich oder dem ICH-Bereich entspringen. Sind die Gedanken jedoch zuvor vom Bewußtsein »kontrolliert« worden, so bezeichnen die Graphologen (Ludwig Klages) das als »Darstellung«. Zum Beispiel deutet ein besonders groß geschriebener Anfangsbuchstabe immer auf ein in Aufwallung gesteigertes Selbstwertgefühl hin.

Zeilen und Wörter haben Symbolcharakter. Das folgende kleine Beispiel bringt wiederum eine grundsätzliche Dreiteilung, (s. Kapitel I –2.15!):

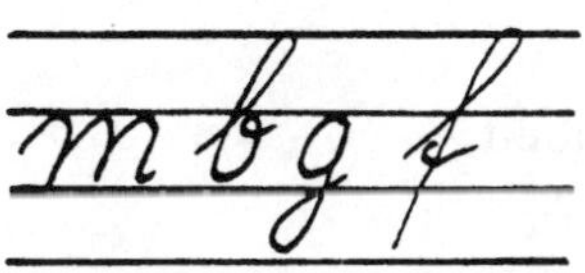

= Obere Zone – Geist / Über-ICH
= Mittlere Zone – Seele / ICH
= Untere Zone – Leib / Trieb / ES

Hier wird die Dreiteilung einer jeden Schrift und die daraus ableitbare Deutung dargestellt [22]:

Die **Oberlänge** (auch *Ober*zone) gibt Hinweise auf das Höhere, Geistige, Ideale und die Phantasie,

die **Mittellage** (auch *Mittel*zone) entspricht dem Zentrum und symbolisiert das ICH, das Personale, das Seelische,

die **Unterlänge** (auch *Unter*zone) symbolisiert das Leibliche, Materielle, Instinkthafte, Niedrige und Triebhafte.

Der **Zwischenraum** zwischen einzelnen Wörtern beträgt normalerweise etwa eine Buchstabenbreite. Ist er größer, so sind das Hinweise auf eine größere Distanz zur Umwelt. Ist der Abstand geringer, dann läßt das auf einen geringeren Abstand des Schreibers zu seinen Mitmenschen schließen.
Je gerader die **Linienführung** eines Schreibers ist, um so mehr wird (wahrscheinlich) der Urheber das Eindeutige, Stabile, Feste und Klare betonen; eine bogige Linie deutet das Schmiegsame, Gelöste, Emotionale, aber auch Labilität an.

Das **ABC** eines jeden Graphologen ist die Merkmal-Analyse, die Aufschlüsselung nach **Bewegungs-, Raum– und Form-**Symbolen:

Bewegungsbild = Anlagen/Eigenschaften des seelischen Ablaufs,
Raumbild = Umweltbezogenheit und -orientierung,
Formbild = Eigenschaften der Persönlichkeit im engeren Sinne.

Wie die Merkmale im einzelnen zugeordnet werden, soll nachstehende Zusammenfassung verdeutlichen.

Das **Bewegungsbild** umfaßt u.a.
- Verbundenheitsgrad / Unverbundenheit,
- Druckstärke / Druckschwäche,
- Schärfe / Teigigkeit,
- Rechtsläufigkeit / Linksläufigkeit,
- Langsamkeit / Eile,
- Versteifung / Lockerheit,
- Ablaufrhythmus.

Aus diesen Begriffen soll das Thema Rechtsläufigkeit/Linksläufigkeit als Beispiel zusammenfassend erläutert werden:
In unserem europäischen Kulturkreis schreiben wir von links nach rechts, und daher ist die **Rechtsläufigkeit** auch die Norm. Für den Schriftpsychologen ist eine rechtsläufige Schrift zunächst ein Anhaltspunkt für Zukunftsorientierung,

eher extrovertierte Ausrichtung auf den Mitmenschen und Tatkraft. Rechtsläufig und damit vorwärtsgerichtet gilt alles, was von innen nach außen, vom ICH zum DU strebt.
Linksläufigkeit einer Schrift entspricht der Umkehrung. Sie weist auf das ICH und die Vergangenheit und ist ein Zeichen für Introvertiertheit und eher für abgrenzende Bestrebungen. Übrigens gelten abgebrochene Endungen ebenfalls als linksläufig. Diese deuten dann eher auf Gehemmtsein als auf Selbstbezogenheit hin.

Das **Raumbild** umfaßt u.a.
- Größe / Kleinheit,
- Weite / Enge,
- Rechtslage / Linkslage,
- Steillage,
- große und kleine Längenunterschiede,
- Ober-, Unterlängenbetonung,
- Wort-, Zeilenabstand,
- Links- und Rechtsrand,
- Gliederung / Raumverteilung.

Die Schrift**lage** zum Beispiel gibt Hinweise auf die Einstellung des Schreibers zur Umwelt, auch wenn die psychologische Aussagekraft diesbezüglich geringer ist. Zu viele Faktoren spielen hier eine Rolle und zudem ist die Schriftlage leicht willkürlich veränderbar. Übereinstimmung besteht in der Auffassung, daß eine **Rechtslage** Hinweise auf das Vorherrschen des Emotional-Gemüthaften gegenüber der Verstandesseite gibt.
Bei einer **Linkslage** zeigt der Schreiber eine innere ablehnende Haltung und Abwehr gegenüber der Umwelt. Sie bewirkt eine distanzierende Haltung, dabei können die Gefühle aus Furcht, aus Unsicherheit oder auch aus Überheblichkeit entstehen. Die Linkslage ist häufig auch Ausdruck eines großen Energieaufwandes, der Schreiber muß sich selbst überwinden oder über seinen eigenen Schatten springen.
Die **Steillage** drückt in erster Linie das Bemühen um Form

und um bewußte Gestaltung aus, ein deutlicher Hinweis auf Selbstdisziplin! Raumsymbolisch: Wer sich aufrichtet, will Überblick gewinnen, Haltung annehmen und sein Vorhandensein deutlich erkennbar machen. Sehen und gesehen werden ist hier die Devise. Geradheit und Aufrechtheit der Schrift stehen auch symbolisch für das Rückgrat, für allgemeine Standfestigkeit – und auch für mangelnde Nachgiebigkeit. Steil schreibende Menschen wenden sich weder von der Umwelt ab noch direkt zu. Sie warten meist reserviert ab und haben einen Hang zur Selbständigkeit.

Das **Formbild** umfaßt u.a.
- Regelmaß / Unregelmaß,
- Vereinfachung / Vernachlässigung,
- Völle / Magerkeit,
- Anfangs– und Endzüge,
- Form-Ebenmaß,
- Lesbarkeit,
- Unter-, Überstreichungen,
- Unterschrift.

Ein Schreiber zeigt in seiner Unterschrift primär, wie er **nach außen erscheinen möchte.** Wenn eine Schrift eine Persönlichkeit spiegelt, so ist das bei einer Unterschrift keineswegs der Fall. Die Unterschrift hat eine Sonderstellung und ist – alleine stehend – nicht zu deuten.
Nur im Vergleich von Text– und Unterschrift ergeben sich Hinweise, inwieweit der Schreiber in seinem privaten und öffentlichen Auftreten übereinstimmt. Je unleserlicher die Unterschrift ist, desto mehr Zweifel kommen an der sozialen Einstellung eines Schreibers auf, da eine gänzlich unleserliche Unterschrift beispielsweise ein Hinweis darauf ist, daß er keinen großen Wert auf das Verständnis seiner Umwelt legt. Der Graphologe holt gerade aus einer Unterschrift – in Zusammenwirkung mit dem Text – Hinweise auf das Geltungsbedürfnis, die Ehrlichkeit, Unehrlichkeit und den Grad der inneren Reifung eines Schreibers.

Was wir glauben – so denken wir,
wie wir denken – so handeln wir,
wie wir handeln – so werden wir,
so, wie wir geworden sind – ergeht es uns.

5 Wie Sie die Struktur Ihrer Persönlichkeit besser erkennen

Jeder Mensch hat ihm eigene, typische Denk- und Verhaltensweisen, die zugleich Ausdruck seiner Einmaligkeit sind. Diese dominierenden Verhaltensmuster und Denkstile beruhen, wie in den vorangehenden Kapiteln dargestellt, auf angeborenen Eigenheiten, auf der Erziehung durch das Elternhaus und durch die Schule, ebenso auf der beruflichen Ausbildung und auf dem Einfluß der sozialen Umgebung.

Die individuelle Denkweise eines Menschen beeinflußt sein unmittelbares Handeln. Der eine analysiert sorgfältig eine Situation, bevor er eine logische und rationale Entscheidung trifft, ein anderer hat die gleiche Situation und trifft seine Entscheidung spontan oder auch intuitiv. Jeder hat seine ihm eigene Erfahrung und entscheidet so *richtig*. Lernen ist, ebenso wie kreatives Problemlösen, ein individueller Prozeß, für den es kein einheitliches Patentrezept gibt. Es gibt Menschen, die im Spiel lernen, andere durch Studien oder Lesen eines Buches: der eine ist mehr auditiv (Gehörsinn-begabt), der andere mehr visuell (das Sehen bevorzugend) orientiert.

Das sind zwar längst bekannte und allgemein akzeptierte, aber deswegen nicht auch durchgängig beachtete Tatsachen. Sowohl in den Unternehmen als auch in Behörden ist es seit vielen Jahren gängige Praxis, den Rat von Psychologen und Graphologen einzuholen, wenn es um die Auswahl geeigneter Bewerber geht. Oft sind das von den Personalabteilungen aber leider Alibiveranstaltungen. Die Anwendung der heute gängigen, vielfältigen Testmethoden birgt Risiken und Gefahren, die nicht außer acht gelassen werden dürfen.

Alle Tests zum Auffinden eines Persönlichkeitsprofils sind deshalb kritisch auf ihre Tauglichkeit hin zu überprüfen. Fragebogen gehen teilweise bis in den sehr intimen Bereich von Testpersonen. Die Arglosigkeit der zu testenden Personen ausnutzend, werden diese mit teilweise raffinierten Methoden ausgefragt und seelisch *durchleuchtet.* So werden Stellensuchende entwürdigend zu Untersuchungsobjekten degradiert, die man beliebig registrieren und katalogisieren kann. Leider floriert dieses Testgewerbe, und psychologische Tests sind »in«, wie dies ja auch von einigen illustrierten Gazetten erfolgreich vorgeführt wird.

Bei solchen Tests bleibt Raum für Manipulation, und gewitzte und informierte Bewerber füllen einen Fragebogen nicht so aus, wie es ihrer tatsächlichen Verhaltensweise entspricht, sondern so, wie dies sozial erwünscht und von ihnen erwartet wird. Die treuherzigen und offenen Bewerber geraten dabei ins Hintertreffen.

Und wie viele Bewerber haben schmerzlich erfahren müssen, daß unerwünschte Antworten dazu führen können, daß sich ein Unternehmen vom Kandidaten abwendet. Die Frage nach dem *Warum* wird dann nicht oder nur verklausuliert beantwortet, und bei den Betroffenen bleiben eine große Frustration und das Gefühl zurück, ein Mensch zweiter Klasse zu sein. Aus der Hilfe zur Persönlichkeitsfindung, wie Personalchefs oder Tester dies erst versprechen, wird so ein Persönlichkeitsabbau!

Bei allen kritischen Betrachtungen ist jedoch unbestritten, daß seriöse und wohl durchdachte Persönlichkeitstests auch weiterhin eine wichtige Hilfe zur Auswahl geeigneter Bewerber für eine ausgeschriebene Stelle sein werden, als sinnvolle, effektive Ergänzung zu persönlichen Gesprächen. Bei sich angleichenden Qualifikationen und nur bedingt aussagefähigen Zeugnissen suchen die Personalverantwortlichen mit Hilfe der Tests nach mehr Sicherheit, um die richtige Person auf die richtige Position setzen zu können. Untersucht werden dabei Einstellungen, Wünsche, Neigungen und Eignungen. Charaktereigenschaften, typische Verhaltensweisen, unbewußte Ängste oder psychische Probleme werden dabei aufgedeckt – oder auch nicht! Grundsätzlich haben Persönlichkeitstests zum Ziel

- den Bewerber mit anderen zu vergleichen,
- zukünftigen Berufserfolg abzuschätzen und
- Aufschlüsse über eine berufliche Qualifikation zu erhalten.

Gerade zum letzten Punkt gibt es in der Berufsberatung einen Berufs-Interessen-Test (B.I.T.), der vor allem für junge Menschen bei der Berufswahl hilfreich sein kann: mit einem solchen Test können für Bewerber auch Alternativen entwikkelt werden.

Eine der wichtigsten strategischen Erfolgs-Positionen (SEP) in den Unternehmen ist heute – mehr denn je – der optimale Einsatz des Mitarbeiterpotentials. Die Zielpunkte der Unternehmensführung in der Entwicklungsstufe zum *Bewußtseinszeitalter* sind **Information, Wissen** und **Kreativität.** Für die Unternehmen ist die Qualität der Mitarbeiter und die Entwicklung der *human ressources* mindestens ebenso wichtig, wie die der anderen Ressourcen!

Auch Großunternehmen gehen Ende der 90er Jahre teilweise noch schändlich mit dieser sich mehr und mehr durchsetzenden Erkenntnis um. Qualitätszirkel, die wie Pilze aus dem Boden schießen und die Erreichung einer DIN-Qualitäts-Norm zum Ziel haben, sind dabei oft Alibiveranstaltungen. Ändert die Führung nicht das Verhalten und berücksichtigt nicht die veränderte Wertestruktur der Mitarbeiter, so bleiben alle oberflächlichen Maßnahmen Strohfeuer!

Dabei werden alleine in Deutschland jährlich riesige Summen durch falsche Personalentscheidungen vergeudet. Es dürfte sich dabei um Milliardenbeträge handeln, denn eine einzige Fehlentscheidung kostet, direkt oder indirekt, etwa das zwei- bis dreifache eines Jahresgehaltes.

Es bleibt deshalb eminent wichtig, mit realistischen, geeigneten und vor allem transparenten Methoden das Potential der Mitarbeiter richtig einzuschätzen, um den richtigen Mann/Frau auf die richtige Stelle zu setzen.

Nachstehend eine Aufstellung mit Beispielen von zur Zeit gebräuchlichen Testverfahren:

- Aufmerksamkeits-Belastungstest,
- Biographischer Test (Fragebogen),
- Berliner Intelligenzstruktur-Modell (BIS),
- Freiburger Persönlichkeitsinventar (F.P.I.),
- Graphologische Gutachten (siehe Kap. I-4),
- Mechanisch-Technischer Verständnistest (M.T.V.T.),
- Minnesota Multiphasic Personality Inventory (MMPI),
- California Psychological Inventory (CPI),
- Pauli-Test,
- Chattell 16 Personality-Factor Questionaire,
- Rohrschach-Test,
- Intelligenz-Struktur-Test (IST 70),
- Wilde-Intelligenz-Test (W.I.T.),
- Wechsler Adult Intelligent Scale (WAIS) ,
- Assessment-Center (Einzel- und Gruppen-),
- Persönlichkeitsprofil DISG,
- Myers-Briggs-Typen-Indikator (MBTI) (u.a.).

Motivierend für einen Bewerber wird bei allen Testverfahren ein vorgeschaltetes Gespräch sein, in dem er über Einzelheiten, Vorgehensweise, Zeitdauer etc. informiert wird. Ebenso wichtig ist eine Rückmeldung mit Erläuterung der erzielten Ergebnisse!

Mannigfach ist doch bereits heute festzustellen, daß die Menschen bewußter werden. Bewußter hinsichtlich ihrer Möglichkeiten und bewußter im Umgang mit ihrer Umgebung und mit der Umwelt. Auf der Suche nach Selbstfindung verlangen die Menschen mehr Einbindung und mehr Rücksicht. Diese veränderte Werteeinstellung (z. B. mehr Sinn- und Freizeitorientierung) wird auf das Miteinander auch in den Unternehmen einen erheblich zunehmenden Einfluß haben. Dazu kommen eine rapide wachsende Internationalisierung und Globalisierung sowie ein immer rascherer technischer Wandel. Viele Fragebögen von Persönlichkeitstests müssen umgeschrieben werden!

An dieser Stelle gehe ich abschließend auf zwei Instrumente der Persönlichkeitsanalyse ein, die einen völlig anderen Ansatz haben. Es sind dies:

- Das **Herrmann Dominanz Instrument (H.D.I.)**
- Das **DISG-Persönlichkeitsprofil**

Das H.D.I. schließt an die Erkenntnisse der modernen Gehirnforschung an, auch wenn aus der Wissenschaftsecke heute Vorbehalte laut werden. Dabei waren (und sind) die genauen Funktionen und auch der Aufbau des Gehirns den Menschen schon immer ein großes Rätsel.
Zunächst einige grundsätzliche Hinweise zum Stand der heutigen Hirnforschung.

5.1 Die Gehirnstruktur

Die Vorgeschichte: Hippokrates hat als Arzt bereits 435 v. Chr. in seiner Schrift »Die heilige Krankheit« festgehalten:

Das Gehirn verstehen, heißt,
die Natur des Menschen verstehen.

Dabei führte Hippokrates den Gedanken der Dualität des Gehirns erstmals ein. Nach intensiven gezielten Forschungen, besonders im zwanzigsten Jahrhundert, besteht das Gehirn nach dem heutigen Stand der Wissenschaft aus etwa 100 Milliarden einzelnen Zellen. Die Neuropsychologie betrachtet dabei jede Zelle als winziges Informationsverarbeitungs-Zentrum.
Wissenschaftler schätzen, daß die Zahl der möglichen Verbindungen zwischen Neuronen in einem einzigen menschlichen Gehirn die der Atome im (bekannten) Universum übersteigt. Mit einem Gewicht von etwa 1,5 Kilo und der Größe einer Grapefruit ist die Organisation des Gehirns komplexer als jede andere bekannte Struktur. Aufgrund dieser unvor-

stellbaren Komplexität entwickelt der Mensch seine Fähigkeiten für sein Denken und sein Schaffen!
In der Wissenschaft gibt es unterschiedliche Erklärungsansätze für die Funktion des menschlichen Gehirns. In den 60er Jahren hat die Biologie noch funktionelle Komponenten unterschieden, wonach es ein Rautenhirn, ein Vorderhirn und ein Mittelhirn gibt. Diese Unterteilung hat sich als Ansatz für die Beschreibung der Gehirnfunktionen jedoch nicht durchgesetzt. Die Ansätze der modernen Gehirnforschung führen weiter: heute sprechen wir von

- einem dreieinigen Gehirn und
- einer linken / rechten Gehirnhälfte.

Als Kurzfassung nachstehend die heutige »linke = Logik – rechte = Intuition«-Theorie der Hirnforschung [23]:

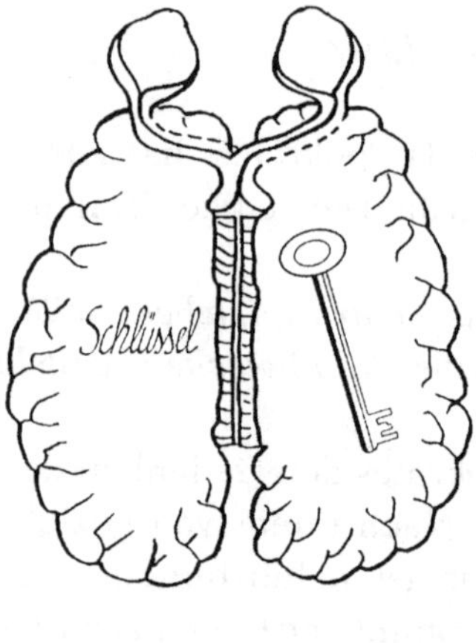

- **linke** Hälfte

Sitz der Sprachzentren, der Logik und der kritischen Vernunft. Hier arbeiten wir eher Schritt für Schritt, analysieren Fakten und gehen mit Zahlen, Daten und Begriffen um.

- **rechte** Hälfte

ist »sprachlos«! Hier arbeiten wir mit Bildern, Visionen nonverbal. Ursprung der Emotionen der Empathie und der Musik. Das Unterbewußtsein scheint sich auch eher dieser rechten Hälfte zu bedienen. Hier ordnen wir Informationen zu einem Gesamtbild.

Paul MacLean, – der Leiter des Labors für Gehirnevolution und Verhalten am National Institute of Mental Health in Bethesda/USA – hat sich mit der Theorie des *dreieinigen* Gehirns beschäftigt. Er teilt das Gehirn in drei Teile ein, wobei jedes das in der Evolution jeweils später entwickelte überlagert. Diese drei Teile des Gehirns wirken trotz Unterschieden im Aufbau und Funktion zusammen und müssen sich gegenseitig verständigen. Dabei geraten sie oft in Widerstreit miteinander. Hieraus erklären sich dann manche Komplikationen und Widersprüche im menschlichen Verhalten.
Die linke und rechte Gehirnhälfte sind mit einem Balken verbunden *(corpus callosum)*. In diesem Zusammenhang stellt **Ned Herrmann** fest: »Die Forschungen der letzten 20 Jahre brachten immer mehr Kenntnisse über die Verbindung und die Unterschiede zwischen Männern und Frauen, die auf diesen Teil des Gehirnsystems zurückzuführen sind. Das Gehirn besteht aus ca. einhundert Milliarden Zellen. Zehn Milliarden dieser Zellen sind die Neuronen in den beiden Hemisphären des Großhirns. Diese stellen die arbeitenden Zellen des Gehirns dar und befinden sich in erster Linie im zerebralen Kortex. Etwa zweihundert Millionen dieser Zellen in beiden Hemisphären werden vom Balken miteinander verbunden. Durch synaptische Verbindungen zu den anderen Neuronen in beiden Hemisphären entsteht eine Wechselwirkung dieser vierhundert Millionen Zellen.
Die Tatsache, daß physiologische Unterschiede bestehen, hat Auswirkungen auf das Maß, in dem Informationen zwischen diesen beiden spezialisierten Teilen des Gehirns ausgetauscht werden. Autopsien haben eindeutig gezeigt, daß der Balken im Durchschnitt bei Frauen größer ist als bei Männern. Da das Gehirn jedes einzelnen aber einzigartig ist, und der Balken zwischen den einzelnen Menschen sowie zwischen den Geschlechtern unterschiedlich stark ist, können wir nur von Durchschnittsergebnissen und Verallgemeinerungen ausgehen. Auf dieser Basis ist jedoch klar, daß Frauen durchschnittlich mehr Verbindungen zwischen beiden Hemisphären besitzen, als durchschnittlich Männer.

Der zweite Unterschied ist folgender: Messungen haben gezeigt, daß eine mentale Transaktion zwischen den beiden Hemisphären einer Frau schneller abläuft, als eine vergleichbare Transaktion zwischen den beiden Hemisphären eines Mannes. Ich wiederhole: Jedes einzelne menschliche Gehirn ist einzigartig, deshalb kommt es zu Unterschieden in der genau benötigten Zeit. Studien haben jedoch gezeigt, daß im Durchschnitt diese Übertragungszeit – in bezug auf Frauen und Männer – bei Frauen etwas kürzer ist.
Der dritte und bedeutendste Unterschied zwischen der Balken-Verbindung ist, daß dieser Teil des Gehirns bei weiblichen Personen früher reift, als bei männlichen. Der Reifeprozeß beinhaltet die Bildung eines Mantels um die axonischen Fasern des Balkens. Dies findet im Alter von 9 – 12 Jahren statt. Studien haben gezeigt, daß dieser Reifeprozeß bei Mädchen bis zu drei Jahren früher stattfindet, als bei Jungen. Deshalb ist in bezug auf das Vorhandensein der interhemisphärischen Kommunikation ein 13jähriges Mädchen potentiell reifer, als ein gleichaltriger Junge. Das heißt allerdings nicht, daß alle Mädchen von diesem Potential Gebrauch machen, noch, daß es allen Jungen vorenthalten wird.
Es bedeutet aber, daß im Durchschnitt **mehr** Mädchen der Altersgruppe von 9 – 12 Jahren durch diese Balkenverbindung Zugang zu den beiden Gehirnhälften finden, als Jungen gleichen Alters. Dieser Vorsprung kann in der interhemisphärischen Kommunikation zu einem bedeutenden Unterschied zwischen Denkpräferenzen reifer Frauen und Männer führen. Wenn dieser physiologische Unterschied zu den anderen Unterschieden zwischen Jungen und Mädchen, sowie zwischen Männern und Frauen hinzugefügt wird, dann ergibt sich ein klarer Unterschied zwischen den bevorzugten Denkweisen der beiden Geschlechter. Meiner Meinung nach liegt die Antwort auf die Fragen nach dem Einfluß von Natur und Erziehung auf die Gehirnfunktionen darin, daß die dominierenden Merkmale zu 30 % der Natur und zu 70 % der Erziehung zuzuschreiben sind. Mit Erziehung meine ich die elterliche und die schulische Erziehung, sowie die Auswir-

kungen von Kultur und Umwelt. Aus diesem Grunde unterscheiden sich die Vergleiche zwischen männlichen und weiblichen Personen erheblich – je nach der Kultur, in der das Gehirn heranreifte.« [23]
Ned Herrmann schließt folgerichtig, daß diese wissenschaftlichen Erkenntnisse zwangsläufig direkte Auswirkungen auf das menschliche Miteinander haben und die unterschiedlichen Denkpräferenzen zwischen Mann und Frau schnell zu Komplikationen in den Beziehungen führen, vor allem, wenn jeder versucht, im Rahmen des männlichen bzw. weiblichen Verhaltens *authentisch* zu bleiben. Anders ausgedrückt kann das Bewußtsein um diese Unterschiede die Basis für ein verständnisvolleres Miteinander, für Synergie und für Kooperation mit andersgeschlechtlichen Partnern sein!!

5.2 Das Herrmann Dominanz Instrument (H.D.I.)

Die Hirnforschung und die Neurobiologie haben in den letzten Jahrzehnten erstaunliche Fortschritte gemacht, auch wenn uns noch heute viele der Gehirnabläufe unbekannt sind. Die Wissenschaft ist sich jedoch insofern einig, daß die zwei unterschiedlichen Gehirnhälften des Menschen individuelle, spezifizierte Aufgaben wahrnehmen. Es war **Roger Sperry,** der dies in den 60er Jahren mit ausführlichen Experimenten an Patienten mit durchtrennten Gehirnhälften belegte. 1981 erhielt er dafür den Nobelpreis.
Ausgehend von den Versuchen von Sperry hat der Psychologe **Robert Ornstein** durch EEG-Experimente mit »normalen« Versuchspersonen die Allgemeingültigkeit festgestellt (EEG= **E**lektro**e**nzephalo**g**raph).
Zum gleichen Zeitpunkt, Mitte der 70er Jahre, ist der Managementprofessor an der McGill University, **Henry Mintzberg,** der Frage nachgegangen, warum manche Menschen gleichzeitig »so klug und so dumm« sind.
Diese Arbeiten inspirierten in den 70er Jahren **Ned Herrmann,** Physiker und 35 Jahre bei General Electric in Füh-

rungsverantwortung, das **Herrmann-Dominanz-Instrument** zu entwickeln. Ausgehend vom »dreieinigen Gehirn«, der Theorie von **Paul MacLean**, hat Herrmann den seitlichen Querschnitt um 90 Grad gedreht und beschreibt nun aus der Sicht von hinten ein **vierteiliges,** spezialisiertes Gehirn. Er unterteilt den mehr verhaltensorientierten, limbischen Teil unseres Gehirns in zwei (zusätzliche) Teile und entwirft so ein Modell von der Spezialisierung der unterschiedlichen Hirnteile.
Bei dem H.D.I. handelt es sich nicht um einen der *üblichen* Tests und schon gar nicht ist H.D.I. etwa als Einstellungstest geeignet (Manipulations-Freiräume). Es ist mehr eine Messung, eine Möglichkeit der Selbsteinschätzung. Der eigentliche Wert dieses Instrumentes besteht darin, daß jemand zum Beispiel bei der Suche nach einer beruflichen Orientierung seine Präferenzen oder/und seine Dominanz einordnen kann. Die eigene Zielsetzung oder auch die Einordnung in eine Gemeinschaft, wie z. B. in ein Arbeitsteam (oder auch im privaten Bereich), kann so optimiert werden. Firmenintern kann die Arbeitsproduktivität deutlich gesteigert werden.

Ned Herrmann hat aus dem aufgezeigten Modell der rechten und der linken Hirnhälfte vier Quadranten erstellt. Zusätzlich zu der linken und rechten Hemisphäre hat er den *cerebralen* (für das Denken zuständigen) und den *limbischen* Teil des Gehirns beschrieben, der für unser Verhalten verantwortlich ist.
Wie bei allen anderen Ansätzen dieses Buches gibt es auch bei H.D.I. nicht einen reinen Typus, es überwiegen die Mischtypen. Die Profilstrukturen sind spezifisch und sehr unterschiedlich. Interessant ist an den Arbeiten von Ned Herrmann und **Roland Spinola,** daß durch Zusammenlegung von mehreren tausend Einzelprofilen eine Homogenität der unterschiedlichen Denkstile erreicht wird. Im umgekehrten Falle kann man auf eine schlecht geführte Firma schließen, wenn eine zu große Einseitigkeit der Fähigkeit von Mitarbeitern überwiegt. Frustration bis hin zur inneren Kündigung

sind dann eher an der Tagesordnung. Wer will oder kann ausschließen, daß nicht die gleiche Schlußfolgerung der Homogenität auf Völker und schließlich auf die ganze Welt zutreffen, daß diese **ein ganzes Gehirn** darstellt, wie dies u. a. auch Peter Russel beschreibt? [88]

Beispielhaft zwei *typische* Einzelprofile aus H.D.I.-Analysen [23]:

Ingenieur **Werbemann**

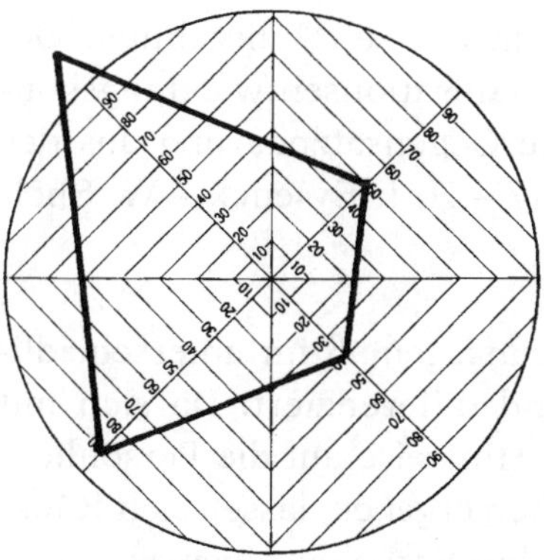

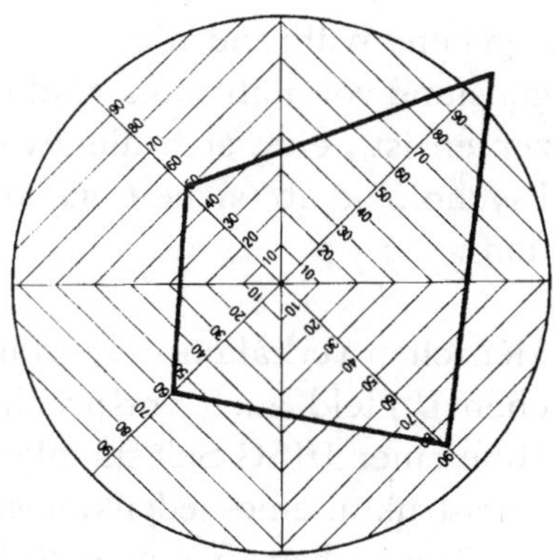

5.3 *DISG-Persönlichkeitsprofil*

DISG folgt einem differenzierten Ansatz. Während bekannte Persönlichkeitsmodelle von C. G. Jung, H. J. Eysenck, E. Kretschmer, A. H. Maslow, L. Klages oder W. Schleip ihre Erkenntnisse vorwiegend aus ihrer Arbeit mit kranken Menschen ableiteten, entwickelte der amerikanische Psychologe **William M. Marston** bereits 1928 ein Modell, um bei *gesunden* und *normalen* Menschen Verhalten zu definieren. Darauf aufbauend, entwickelte der Verhaltenspsychologe **John Geier** in den 60er und 70er Jahren Instrumente der Persönlichkeitsanalyse, die immer weiter entwickelt wurden und wissenschaftlich abgesichert sind.

Das DISG-Persönlichkeitsprofil wird heute bereits in über achtzig Ländern eingesetzt. Es gilt mit weltweit über 30 Millionen Teilnehmern als eines der weitverbreitetsten und effektivsten Instrumente zur Persönlichkeits-Selbstanalyse [23a].

Die Persönlichkeitsausprägungen von Individuen werden anhand von Verhaltensstilen ermittelt, die sich aus den Doppelparitäten

- Aufgaben- / Menschen-Orientierung und
- Extroversion / Introversion

ergeben. Während die erste Polarität seit Jahrzehnten Gegenstand von Führungs- und Organisationsentwicklungskonzepten ist, leitet sich die zweite Gegensatzpaarung aus der Psychologie ab (siehe C. G. Jung – H. J. Eysenck – W. Sheldon).

Menschen verhalten sich erfahrungsgemäß im unterschiedlichen Umfeld auch entsprechend differenziert. Da sich mit Hilfe einer DISG-Selbstanalyse Hinweise auf die Persönlichkeitsstruktur eines jeden Menschen ergeben, lassen sich Rückschlüsse ziehen über ein natürliches Verhalten einerseits sowie über ein angepaßtes in einem Rollenverhalten andererseits. Damit ist eine Analyse nicht nur für den Arbeitsplatz, sondern vielmehr für das gesamte Umfeld aussagekräftig.
Das DISG-Persönlichkeitsmodell beschreibt menschliches Verhalten mit dem Ziel, eigene Bedürfnisse und die anderer besser zu verstehen.
Dabei wird davon ausgegangen, daß jegliches Verhalten eines Menschen eine Folge von zwei wesentlichen Einflüssen ist:

1. Ist die Einschätzung des Umfeldes **eher**
   - günstig (menschenorientiert) oder
   - ungünstig (aufgabenorientiert)?

2. Wie reagiert ein Mensch, **eher**
   - aktiv (offensiv) oder
   - tendenziell passiv (denfensiv)?

Das ist die Ausgangslage für DISG. Es lassen sich vier Verhaltenstendenzen beschreiben:

D = der **D**ominante Typus,
I = der **I**nitiative Typus,
S = der **S**tetige Typus,
G = der **G**ewissenhafte Typus.

Auch hier noch einmal der Hinweis, daß es sich bei den Analysen sowohl bei H.D.I. als auch bei DISG nicht um ein *In-die-Ecke-Stellen* von Menschen, von *Vorurteilen* oder ähnliches handelt, sondern vielmehr um wirkungsvolle Orientierungshilfen! In der Praxis gibt es eben kaum – und auch das sei hier nochmals ausdrücklich hervorgehoben – den »reinen« Typus. Die Mischtypen überwiegen – aber Schwerpunkte, unterschiedliche Neigungen, Intensität und Häufigkeit sind herauszuarbeiten!

Die vier Verhaltenstendenzen:

D Der **dominante** Typ ist motiviert, Probleme zu lösen und schnelle Ergebnisse zu erreichen. Er stellt den status quo in Frage, bevorzugt direkte Antworten, vielfältige Tätigkeiten und Unabhängigkeit.

I Der **initiative** Typ ist motiviert, andere zu überzeugen und zu beeinflussen, ist offen und drückt seine Gedanken und Gefühle meist optimistisch aus. Er arbeitet am liebsten mit anderen zusammen.

S Der **stetige** Typ ist motiviert, ein berechenbares Umfeld zu schaffen, ist geduldig und ein guter Zuhörer. Er ist lieber Teammitglied, als Teamleiter und legt Wert auf Stabilität.

G Der **gewissenhafte** Typ ist motiviert, hohe Standards zu erreichen. Weil diese Menschen Ärger vermeiden wollen, achten Sie auf Präzision und Genauigkeit mit klar definierten Erwartungen.

Der kritische, aufmerksame Leser wird bemerken, daß diese Typisierung auffallend viele Parallelen mit anderen psychologischen Ansätzen zeigt: mit den Strukturformeln von Schulz/Schleip, mit der Typenlehre von Kretschmer, mit den Naturellen von Huter und mit den detailliert beschriebenen Wesensgruppen, in die auch meine eigenen Erfahrungen mit eingeflossen sind.

Ein Schönheitsfehler von DISG und von H.D.I. ist für mich die vorgenommene Farbenzuordnung, die vom als allgemein *richtig* und *zutreffend* übernommenen Farbenbild (von Goethe bis Lüscher) abweicht.

Die Selbstanalyse mit dem Persönlichkeitsprofil DISG, einem seit vielen Jahren weltweit erfolgreich eingesetzten Instrument, bietet hervorragende Voraussetzungen zur Steigerung sowohl des persönlichen, als auch des beruflichen Erfolges. Die Selbst– und die Menschenkenntnis in den unterschiedlichen Lebensbereichen kann dabei erheblich verbessert werden! Die persönliche und soziale Kompetenz wird nicht nur entwickelt, sondern folgende Schwerpunkte sind systematisch analysierbar. Das Persönlichkeits-Profil ermöglicht:

- individuelle Tendenzen und Stärken zu erkennen,
- Schwächen zu erkennen, um daran zu arbeiten – oder sie zu akzeptieren: Da individuelle Schwächen oft *hausgemacht* sind, können sie auch verändert werden,
- den persönlichen Arbeitsstil zu analysieren,
- das Verständnis für unterschiedliche Arbeitsstile zu verbessern und andere »anders« sein zu lassen,
- potentielle Konfliktbereiche mit anderen Menschen zu erkennen und auf ein Mindestmaß zu reduzieren.

Die **Zielsetzung** ist dabei:

- **Intensivierung** der Selbst-Entwicklung zum Ziele der Selbstverwirklichung,
- **Verbesserung** der Kommunikation, z. B. innerhalb einer privaten und/oder beruflichen Partnerschaft,
- **Steigerung** des beruflichen Erfolges durch höhere Effektivität.

Damit geht die Nutzungsbreite dieses DISG-Persönlichkeitsprofiles vom privaten bis hin zum betrieblichen, unternehmerischen Bereich!

DISG arbeitet auf wissenschaftlicher Grundlage. Nach dem 1983 veröffentlichten Kaplan-Report wurde die Validität des DISG-Persönlichkeitstestes nachgewiesen. Danach besteht eine eindeutige Beziehung zu anderen verwendeten Persönlichkeitsinstrumenten, wie zu 16 PF, MBTI, WAIS und MMPI. Dabei unterscheidet sich das DISG-Profil deutlich in der Nutzungs-Zielrichtung; es wurde speziell für den Einsatz im beruflichen Umfeld entwickelt. Bei der Überprüfung der Reliabilität lag der Meßwert über .80. Das heißt, daß für die meisten Menschen das Ergebnis, das mit dem DISGPersönlichkeitsprofil erstellt wird, als stabil zu bezeichnen ist (Cronbacks Alpha Koeffizient).

II Der Mensch und die Esoterik

1 Was bedeutet Ihnen Esoterik – Religionsersatz oder verschüttete Weisheit?

Einleitung

Ein Kollege im Vorstand eines großen Unternehmens erzählte mir einmal ganz persönlich und vertraulich, daß sein Sohn *Esoteriker* sei und er das für ziemlich lebensfremd halte.
Es ist am Ende dieses Jahrhunderts Mode geworden, alles was geheimnisvoll, unerklärlich und unverständlich ist, mit **Esoterik** gleichzusetzen. Wenn dazu etwas nicht wissenschaftlich bewiesen ist, bedeutet dieser Sammelbegriff für viele Zeitgenossen auch fehlgeleitetes Denken, falsch oder sektenmäßig. Doch wieviel wissen wir schon in diesem Zeitalter der Wissenschaft mit unseren fünf Sinnen? Schon eine Hundepfeife können wir ja nicht einmal hören und eine Hummel zum Beispiel kann nach den uns heute bekannten Gesetzen der Aerodynamik überhaupt nicht fliegen(!); sie hat nur 0,7 qcm Flügelfläche bei einem Gewicht von 1,2 Gramm. Die Hummel weiß das aber nicht und fliegt einfach!
Müssen wir also nicht Sokrates folgen, wenn er feststellte: »Je mehr ich weiß, um so mehr weiß ich, daß ich nichts weiß?«* Was ist also *falsch* oder *wahr*?
Wurde das, was *wahr* ist, in der Geschichte nicht meist von denen festgelegt, die Einfluß und die Macht hatten? Zur Zeit des Pythagoras (580 v. Chr.) war beispielsweise bekannt(!),

*Platons Dialog Nr. 8 Charmides

daß die Erde eine Kugelform hat und sowohl die Erde als auch die Planeten um die Sonne kreisen. Dennoch wurde die Scheibentheorie als *wahr* festgelegt. Gegenteiliges zu behaupten, war dann nicht nur zu Pythagoras' Zeit lebensgefährlich (und ketzerisch), sondern auch viele Jahrhunderte später bis ins Mittelalter.
So *wußte* später, im Jahre 1600, jeder gebildete Mann (und damals waren die gebildeten Menschen ja meistens Männer), daß die Erde das Zentrum des Kosmos war, der Ort des Wandels, des Verfalls und – im Sinne des Christentums – der Erlösung.
100 Jahre später *wußte* der Enkel oder der Urenkel (sofern er nicht in einem von der katholischen Kirche kontrollierten Land lebte), daß die Erde nur einer von vielen Planeten war – und wiederum waren die Menschen von der jetzt vertretenen *Wahrheit* überzeugt.

Nach dem Duden ist ein **Esoteriker** jemand, der in die »Geheimlehre einer Religion, Schule oder Lehre eingeweiht ist«, **esoterisch** ist demnach nur für Eingeweihte und Fachleute bestimmt und verständlich. Der Brockhaus spricht vom »geschlossenen Kultverband, in dem Gebote des Schweigens zu beachten sind«.
Solche zu eng gefaßten Erklärungen müssen zwangsläufig zu Mißverständnissen und Fehlinterpretationen führen. Es ist deshalb nicht verwunderlich, wenn heute Esoterik auch als *Ersatzreligion* diffamiert wird und Esoteriker als Spinner, arme Irre oder Geistesverwirrte angesehen werden. Sicher macht es eine fließende Grenze nicht gerade leicht, die Abgrenzung hin zu Irrationalem zu ziehen, zu Sekten, die den Menschen dämonisch in eine Ecke stellen, verführen und ausbeuten.
Jeder kann sich auf seinem Platz in diesem Leben die Erkenntnisse der Esoterik zunutze machen! Ein Weg über ein Klosterleben wird – und muß – heute eher die Ausnahme sein. Während esoterisch als nach *innen* gerichtet bedeutet, ist das Gegenteil **exoterisch**, was nach *außen* gerichtet bedeu-

tet. **Das erklärte Ziel der Esoterik ist die Übernahme der Eigenverantwortung durch jeden einzelnen; jeder übernimmt die Verantwortung für sich selbst, für sein ICH und damit auch für sein Schicksal. Ziel ist damit die Rückführung des Menschen zu sich selbst! Esoterik ist die älteste Weisheitslehre der Menschheit; mit echter Wissensvermittlung hält sie die Menschen zu Kritik und Selbstkritik an.**

Astrologisch sind wir im Übergang in das Tierkreiszeichen *Wassermann*. Bereits im Altertum wurde dieses Wassermannzeitalter als das Zeitalter der körperlichen und seelisch-geistigen Erneuerung des Menschen und der Erde beschrieben. Zeitgemäße Beschreibungen berufen sich auch auf den Begriff des »New Age«, obwohl sich inzwischen unter diesem Deckmantel manche obskure Aktivität entfaltet.

Im Verlauf von 25.920 Jahren* durchläuft die gedankliche Verlängerung der Erdachse einmal den gesamten Tierkreis. Diese Zeit wird auch als Weltenjahr oder Platonisches Jahr bezeichnet. Ein Weltenmonat ist demnach der zwölfte Teil (12 Tierkreiszeichen) und beläuft sich auf 2160 Jahre und einen Weltentag. »So sind wir heute in der Wassermannzeit im sechsten Abschnitt der Arbeit, mit dem mentalen Alter von fünfunddreißig bis zweiundvierzig Jahren (Vergleich: fünftes Haus des Menschen), mit dem Schwerpunkt auf der Wirtschaft, der Technologie des Körper-Denkens und des globalen Bewußtseins« [24].

Arnold Kaiserling hat das Rad eines Weltenjahres übersichtlich dargestellt:

*Sri Jukteswar: »Die Heilige Wissenschaft«

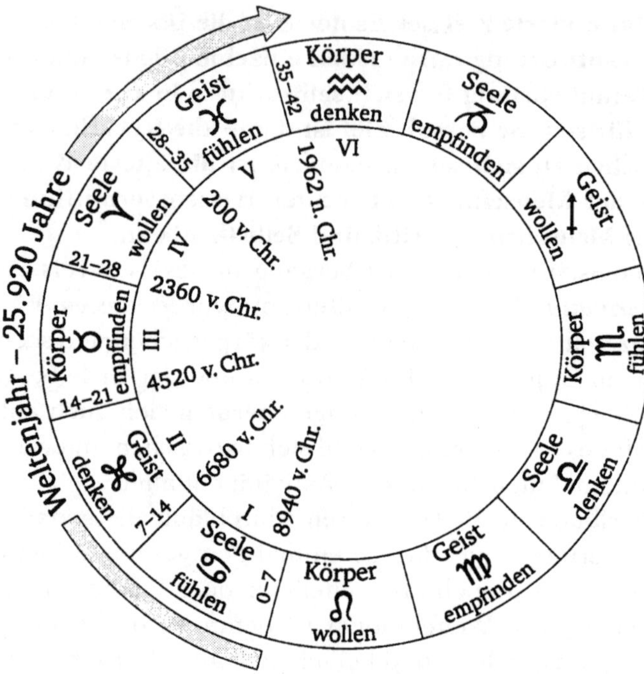

Nach esoterischer Überlieferung wird die Welt durch diese rd. 2100jährigen Epochen geprägt – ähnlich wie die individuelle Prägung des Menschen. Im Übergang vom Fische- zum Wassermannzeitalter wird davon ausgegangen, daß – innerhalb der Evolution – das Individuum in der Gesellschaft eine Transformation erfährt (siehe Abschnitt IV-4).
Auch wenn die globalen Zeichen an der Schwelle zum dritten Jahrtausend nur schleppend in diese Richtung weisen: der Weltenmonat ist noch jung! Nicht zuletzt durch ein rapide zunehmendes Interesse an esoterischen Themen durch eine verstärkte *Sinn*-Suche vieler Menschen, durch Selbstverwirklichungs-Tendenzen und Spiritualität, blühen viele Ansätze zu einer vernetzten *besseren* Welt noch stark im Verborgenen.

Keine Armee der Welt kann eine Idee aufhalten,
deren Zeit gekommen ist.

(Voltaire)

Mensch – Bewußtsein – Esoterik
(die unterlegten Felder sind Themen dieses Buches)

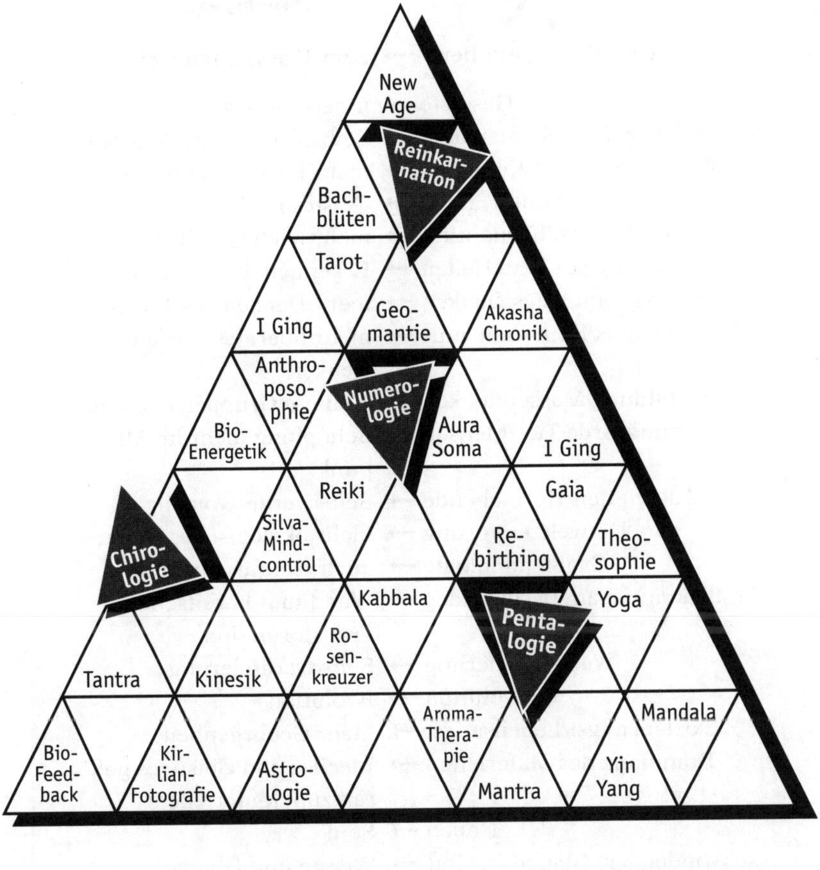

Bewußtseinswandel (Paradigmenwechsel)

♓		♒
vom Fischezeitalter	→	**zum Wassermannzeitalter**
äußere Gesetzte	→	innere Gesetze
Staatsgefüge-Staatsmacht	→	Selbstverwaltung/Autonomie
Wirtschaftsmacht/Konzerne	→	mehr kleinere Einheiten
Militärmacht	→	Geistesmacht
Streben nach Quantität	→	mehr nach Qualität
Erforschung des Materiellen	→	Erkennen d. geistigen Gesetze
zweckgebundenes Denken	→	mehr Denken aus Logos
Kapitalismus/Kommunismus	→	mehr liberales, soziales Denken
Blockbildung/Massendenken	→	kleinere Gruppen / Teams
Ausbeutung Erde/Tier/Mensch	→	Schöpfung mehr im Mittelpunkt
Autoritäten/Herrschende	→	Selbstverantwortung
Umweltzerstörung	→	mehr ökologisches Denken
Großtechnologie	→	auch »sanfte« Technik
Festklammern am Bestehenden	→	Wandlungsbereitschaft / Transformation
Weltveränderung	→	Selbstveränderung
Revolution	→	Evolution
Existenzangst/Lebensangst	→	Mehr Geborgenheit
Dominanz des Materiellen	→	Ideelles und Geistiges gehören zum Materiellen
Haben	→	Sein
(schwindender) Glaube an Gott	→	Wissen **und** Glaube
Religion **oder** Wissenschaft	→	Religion **und** Wissenschaft
Fanatismus	→	Toleranz
(christl.) Kirche und Dogmatik	→	Entfaltung des »Christus im Menschen«
karmische Gebundenheit	→	Auflösung des Karmas
Gott als Patriarch	→	Gott = unvorstellbare Urkraft
»Sünder«-Bewußtsein	→	Bewußtsein »ICH BIN«
Gott im (fernen) Himmel	→	Gott in allem erkennen

2 Pythagoras – einer unserer großen Weisheitslehrer

Die alten Hochkulturen der Menschheit in Ägypten, Indien, Mosopotamien, China und Mittelamerika entwickelten sich vor 5000 – 7000 Jahren. Vieles aus dieser Zeit ist bis heute im Dunkeln geblieben.

Eine große Wende – Karl Jaspers (1883-1969) nannte sie die »Achsenzeit« – vollzog sich auf unserem Planeten in der Zeit von etwa 800 bis 200 vor Chr. Hier erscheinen die großen Welterleuchter: **Zarathustra** (griech.: Zoroaster) in Persien, **Konfuzius** und **Lao-tse** in China, **Buddha** in Indien, im Abendland **Homer, Plato** und **Pythagoras, Jesus Christi** und **Mohammed** als die Religionsstifter von Christentum und Islam. Allen Lehren gemeinsam war das Leben aus der Einheit im Geiste. Alle waren Wegweiser, mit deren Hilfe der Mensch wieder zu einer verlorengegangenen Harmonie mit dem Schöpfer und der Schöpfung aufsteigen kann.

In diesem Kontext soll etwas über **Pythagoras** gesagt werden, der auch »Weisheitslehrer des Abendlandes« genannt wird. Pythagoras wurde um das Jahr 580 v. Chr. auf der Insel Samos geboren. Eine der Hauptquellen für die Überlieferung seiner Lebensgeschichte ist das Werk des Philosophen **Jamblichos** (gest. 330 n.Chr.). Danach war Pythagoras in jungen Jahren für über zwei Jahrzehnte in Ägypten und wurde dort in den Tempelschulen in die Mysterienkulte eingeweiht, bevor er in Babylon in mathematischen Wissenschaften und in esoterischen Überlieferungen unterrichtet wurde. 532 v. Chr. gründete Pythagoras mit dem »Pythagoräischen Bund« die erste esoterische Schule für innere Zusammenhänge. Erst viel später, nach der Verteufelung von Pythagoras und seinem pythagoräischen Bund wird die Esoterik eine Geheimlehre, wie sie auch heute noch manchmal irrtümlicherweise genannt wird. Ihrem Wesen nach aber war und ist diese Lehre bis heute nicht geheim.

Pythagoras nannte seine Lehre **Esoterik.** Das griechische Wort **eso** bedeutet **innen** und stammt vom Begriff **Is = Sein** der Atlanter. Sie bezeichneten Is als den Frühjahrsaufgang der Sonne und damit die Rückkehr des Lebens und der Geburt des *Seins*.

Esoterik ist nach Pythagoras demnach die Lehre der inneren Zusammenhänge und hat nichts mit einer Geheimlehre zu tun! Auch heute will Esoterik nicht aus dem Leben hinausleiten – sondern vielmehr mitten ins Leben hinein!

Pythagoras nannte die Welt Kosmos, ableitend vom griechischen kosmein = ordnen und schmücken. Er verstand diese Welt als das Geordnete, weil die »**Zahl** das Wesen der Dinge ist und in allem das Ordnungsprinzip erkannt werden kann«. Pythagoras lehrte vier wissenschaftliche Fächer (die inhaltlich nicht mit unseren heutigen Vorstellungen gleichgesetzt werden können): *Arithmetik, Musik, Geometrie, Sphärik.*

Bei den Pythagoräern hingen **Harmonie und Zahl** aufs engste zusammen. Einige Kernaussagen:
- Der Himmel ist Harmonie und Zahl,
- Die Dinge *sind* durch Nachahmung der Zahlen,
- Die Zahlen *sind* Schöpfungsprinzipien,
- Der Mensch stammt aus göttlichem Geschlecht, die Seele ist der *Daimon*, d. h. das göttliche Wesen, der *Gott in uns*, im modernen Verständnis als der *innere Meister* bezeichnet.
- Zitat des 63. Verses der *Goldenen Verse* des Pythagoras: »Vor allem sei getrost, da ja die Sterblichen göttlicher Herkunft sind.« Pythagoras lehrte die Unsterblichkeit der Seele; er beschrieb die Wiedergeburt in bestimmten Kreisläufen.

Grundsätzlich und zusammengefaßt besagt die überlieferte Lehre des Pythagoras, daß das Weltall göttlich und geordnet ist und daß wir unser Leben in Harmonie mit diesem Weltall und mit Gott leben sollen. Nur so könne das Heilsame für den einzelnen und die Gemeinschaft wirken. In diesem geistigen Aufstieg wird der einzelne – so Pythagoras – »innerlich unabhängig von den Untergängen in dieser irdischen Welt«. Das war übrigens der Hauptgrund dafür, daß die katholische Kirche unter dem Einfluß der dominierenden Ostkirche gegen den Willen des römischen Papstes (er wurde überstimmt) im Konzil zu Konstantinopel 553 n. Chr. die Reinkarnation verwarf. Bis dahin war sie Teil der (Glaubens-)*Wahrheit.*

Heute, an der Schwelle zum dritten Jahrtausend und zu Beginn des Wassermannzeitalters, kommen die Lehren des Pythagoras wieder ins Bewußtsein. Viele Weisheiten gingen zwischenzeitlich verloren oder wurden von (Macht- und) Geheimbünden wissentlich nur an Eingeweihte weitergegeben. Heute kommen große Wissenschaftler in unserer Epoche, wo viele einen Gott oder ein höheres, alles steuerndes, Wesen nicht (mehr) erkennen konnten oder wollten, hierauf zurück. Für **Albert Einstein, Max Planck** und viele andere ist Gott wieder der gültige und höchste Maßstab. Albert Einstein: »Naturwissenschaft ohne Religion ist lahm, Religion ohne Naturwissenschaft blind.«

Peter Plichta, Physiker, Chemiker und Mathematiker, schreibt 1995 in seinem bemerkenswerten Buch *Gottes geheime Formel*: »Die einzigen Wahrheiten dieser Welt stammen von Weisheitslehrern wie Buddha, Lao-tse, Jesus u.a. Die Entdeckung eines Bauplans für diese Welt zwingt Wissenschaft und Theologie, ihre dogmatische Selbstherrlichkeit zu überdenken und gibt zukünftig jedem Menschen die Chance, sich so weit auf diese Thematik einzulassen, wie er mag. Jeder Mensch wird damit in die Lage versetzt, sich von vermeintlichen Autoritäten unabhängig zu machen. Das hat logischerweise Freiheit und Selbstverantwortung zur Folge. Solange die Wahrheit über eine Sache nicht bekannt ist, ist dem allgemeinen Geschwätz Tür und Tor geöffnet. Offenbart sich die Wahrheit, herrscht Klarheit und Frieden.« [25]

Peter Plichta schreibt weiter, daß Albert Einstein, Max Planck und Werner Heisenberg *wußten*, daß, wenn es einen göttlichen Bauplan gibt, nichts anderes als die **Zahlen** dahin-

terstecken können. Und, bei der Beschreibung der vierten Dimension: »So, wie das Insekt kein Verständnis für die dritte Dimension hat, so können auch wir die vierte Dimension nicht unmittelbar erfassen. Wir können aber aus den erkannten mathematischen Gesetzmäßigkeiten logische Schlüsse ziehen: Wenn es eine vierte Dimension geben muß, muß diese höhere und endgültige Dimension über ein Bewußtsein verfügen, das den Rahmen unserer Bewußtheit sprengt. Das haben die Menschen aller Zeiten mit GOTT bezeichnet.« [25]
Ein Kommentar zu Gott/Spiritualität von dem in den USA lebenden japanischen Professor für Theoretische Physik, Michio Kaku, der sich als Mitbegründer der *Superstring-Theorie* mit dem Unfaßbaren befaßt und eine Weltformel sucht, die das Universum als ein einziges eindimensionales Objekt erklären könnte (siehe [31]):
»Es gibt zwei Sorten von Göttern. Den eingreifenden Gott, der Gebete erhört, der die Wasser teilt, der Gott von Isaak, Jakob und Moses. An den glauben die meisten Wissenschaftler nicht. Aber manch einer glaubt an einen Gott der Harmonie. Die Gesetze der Physik zum Beispiel sind so einfach, daß sie auf ein Blatt Papier passen. Das ganze Universum ist so simpel – und trotzdem konnte es so etwas Kompliziertes und Wunderbares hervorbringen wie den Menschen. Fünf Pfund Gehirn sind das komplexeste Gebilde im Umkreis von sagen wir – vier Lichtjahren. Das ist ein Wunder.« [31]
Die Lehre des Pythagoras zeigt viele Übereinstimmungen mit anderen Religionen der Zeitenwende. Die göttliche Herkunft und der Sturz der Seele, die strengen Reinigungs- und Askesevorschriften sind identisch mit den Lehren des Zarathustra. Die Lehre der Wiederverkörperung (Reinkarnation) zeigt nach Indien. Die Zahlenlehre als Basis der Harmonie und des Weltalls weist auf Babylonien und die Aufforderung eines Lebens in Harmonie auf Lao-tse. In China ist Harmonie *ein Leben im Einklang mit dem Himmel.*
Pythagoras und die Pythagoräer beschrieben das Göttliche und das Menschliche als Ganzes, der ewige, göttliche Geist erhielt seine Entsprechung in der unsterblichen menschli-

chen Seele. Das Lebensziel der Griechen war es, dieser Harmonie, der Quelle des ewigen Seins, nachzustreben!

Leben und Dasein ist Schwingung,
Gesundheit ist vollendete Harmonie,
Entwicklung kann sich nur auf der Grundlage
der Harmonie erfüllen,
was einmal geworden ist, kann nie mehr vergehen.
(Pythargoras)

2.1 Hermetik – Der große Hermes Trismegistos

Eine andere, ältere Bezeichnung für Esoterik ist **Hermetik.** Diese Bezeichnung deutet auf **Hermes Trismegistos,** den *dreimal größten Hermes,* der nach einer alten Überlieferung ein ägyptischer Priester war. Andere Quellen identifizieren ihn mit dem ägyptischen Gott **Thot,** der eine menschliche Inkarnation angenommen und als Pharao in Ägypten geherrscht habe. Thot galt nicht nur als Urheber der Hieroglyphen und der Schrift, er schenkte nach dieser Überlieferung der Welt den Kalender, die Mathematik, die Astronomie, die Medizin und die Magie. Die Alchimisten nannten später ihr Handwerk auch die *hermetische Kunst.*

Hermes Trismegistos wird auch eine geheimnisvolle, smaragdene Tafel mit den Grundgesetzen des Kosmos zugeschrieben. Einer der Kernsätze der oft zitierten Aussagen lautet:

Dasjenige, welches unten ist, ist gleich demjenigen,
welches oben ist. Und dasjenige, welches oben ist,
gleicht demjenigen, welches unten ist.

Dieser Satz beschreibt, daß jeder Aspekt der materiellen Welt auf irgendeine Weise eine höhere Wirklichkeit in der

Welt des Geistes widerspiegelt. Hier hatten die großen Philosophen grundsätzliche Übereinstimmung (!). Einer Legende zufolge hat Alexander der Große die smaragdene Tafel in der Grabkammer des Hermes-Trismegistos gefunden. Die Gesetze, die uns hier überliefert sind, lassen sich in vier Grundprinzipien zusammenfassen:

1. **Wie oben, so unten,**
2. **Alles in der Welt ist polar,**
3. **Kraftfluß zwischen zwei Polen: es bildet sich ein neuer, dritter Pol** (z. B. → Mutter → Vater → Kind)
4. **Alles im Kosmos läuft zyklisch, rhythmisch ab und unterliegt dem Gesetz der Balance und der Ausgewogenheit** (z. B. Atmen, Herzschlag, Tag und Nacht, Ebbe und Flut, Jahreszeiten etc.)

Diese vier Kernpunkte finden wir natürlich auch in den Lehren des Pythagoras wieder. Schließlich war er fast zwei Jahrzehnte Adept der ägyptischen Weisheitsschulen.

3 Reinkarnation: Glauben Sie an eine Wiedergeburt?

Rupert Lay, ehemaliger Leiter des Frankfurter Jesuitenkollegs der Philosophisch-Theologischen Hochschule St. Georgen und Autor von über 40 Büchern, hat mir auf die Frage nach der Reinkarnationslehre geantwortet, daß diese »nicht zu seinem Gedankengut« gehöre. Der Glaube an die Wiedergeburt gilt in den christlichen Kirchen weithin als kurios, nicht existent oder auch als Aberglaube, da nicht *bewiesen*.
Doch das war auch in der katholischen Kirche nicht immer so. Wie zuvor schon erwähnt, hatte das fünfte ökumenische Konzil 553 n. Chr. in Konstantinopel diese Lehre der Seelenwanderung der frühen christlichen Kirche einfach gestrichen – auch wenn aus den Evangelien unverkennbar hervorgeht, daß Jesus die Lehre der Reinkarnation vertreten hat! So steht

in den Psalmen des Alten Testamentes geschrieben: »Der Du die Menschen lässest sterben und sprichst: kommt wieder, Menschenkinder.« (Psalm 90,3)
Freie, selbstbewußte, sich selbst und Gott gegenüber verantwortliche Zeitgenossen paßten (schon) damals nicht so gut in die Machtkonstellationen der Institution Kirche. Die Andersdenkenden waren die *Ketzer* bis in unser 20. Jahrhundert. Rupert Lay definierte in einem seiner Bücher übrigens Ketzer *als Menschen, die weitab vom ideologischen Zentrum wirkend, neue Antworten auf alte Fragen geben.* Er, der als kritischer und eigenwilliger Denker bekannt ist, schrieb einmal: *wer Selbstverständlichkeiten in Frage stellt, weckt Ängste.* Mitte 1996 hat der Ordensgeneral der Jesuiten in Rom verfügt, daß der Jesuitenpater Rupert Lay die Hochschule zu verlassen habe ...
So war die Reinkarnation fester Bestandteil der altägyptischen Religionslehren, des Brahamismus und des Buddhismus, aber auch des Zohar und der Kabbala. Im Hinduismus und im Buddhismus ist die Lehre der Wiederverkörperung bis heute Teil der Wahrheit und des Glaubens. Die Grundlehren des Buddhismus sprechen von *Samsara,* dem Rad von Leben, Tod und Wiedergeburt. Erlösung ist nur durch Erleuchtung möglich – das von Mitgefühl, erfülltem Bewußtsein um die Einheit aller Dinge getragen wird. Buddha lehrte, daß der Mensch sein Schicksal selbst bestimmt und sich durch sein Tun und Denken **Karma**, schafft, das den Weg zur Erleuchtung, zum *Nirwana* bestimmt. Dieser Weg könne unberechenbar sein und viele Leben als Mensch erforderlich machen.
Wenn in unserer heutigen Zeit wieder mehr und mehr esoterisches Wissen zum Gedankengut wird, sind zwangsläufig ***Reinkarnation*** und ***Karma*** wichtige Themen, die von der Esoterik nicht nur nicht zu trennen sind, sie sind vielmehr die absolute Konsequenz.
Die Reinkarnationslehre gilt für einen großen Teil der Menschheit seit Jahrtausenden als ein immer wiederkehrender Zyklus des Entstehens und Vergehens (4. Grundprinzip des Hermes-Trismegistos), ohne daß ein Anfang und ein

Ende gesehen werden kann. Für mich – streng katholisch erzogen – beantwortet die Reinkarnationslehre Fragen nach dem *allmächtigen, gütigen* und *gerechten* Gott der katholischen Kirche. Dürfte, anders gesehen, bei einem Gottesbild (ohne Wiedergeburt) die Welt denn so aussehen, wie sie heute ist, wenn Geburt und Tod zugleich Anfang und (definitives) Ende bedeuten würden? Alle einem gerechten Gott zugeordneten Attribute würden sich doch ad absurdum führen! Oder kann es nicht doch so sein, daß wir mit jedem inkarnierten Leben eine – mit unseren Augen gesehene – Schulklasse mit ganz speziellen Lernaufgaben zu absolvieren haben?
Zum Thema »Erinnerungen an frühere Leben« sind inzwischen viele Bücher auf dem Markt. Die Resonanz reicht von überzeugter Akzeptanz bis hin zur strikten Ablehnung eines solchen *Unfuges*. Gewiß, mit dem Normalbewußtsein sind diese Schichten – wenn sie denn existieren – nicht erreichbar. Aber wer erinnert sich schon an seine eigenen Babyjahre, die deswegen ja nicht angezweifelt werden!?

Versenkung fehlt bei dem, der keine Weisheit hat,
und fehlt Versenkung, findet Weisheit keine statt.
Sind aber beide, Weisheit und Versenkung, da,
so sind, die sie besitzen, dem Nibbana nah.

(Buddha)

3.1 Karma – das Gesetz von Ursache und Wirkung

Reinkarnation und *Karma* bedingen einander wie Ebbe und Flut. Das Wort **Karma** stammt aus dem indischen Sanskrit und bedeutet soviel wie *Tun, Wirken, Handeln,* hat also nichts mit Schuld und Strafe zu tun, wohl aber mit Vergeltung.
Karma ist das Prinzip der unvermeidbaren Konsequenzen und besagt, daß sich der Mensch durch seine Handlungen zu

dem macht (oder gemacht hat), was er heute ist. Karma ist die sich selbst bewegende Kraft des Universalgeistes, Ordnung zu bewirken und das Gleichgewicht (wieder) herzustellen. Im Bereich des menschlichen Verhaltens heißt das, daß jede Handlung (auch geistige) **irgendwie, irgendwann** und **irgendwo** letztlich auf das Individuum zurückfällt: früher oder später entstehen die selbstverschuldeten Konsequenzen, für die jeder Mensch einzustehen hat.
So kann es durchaus sein, daß sich die Vergangenheit eines Menschen auf das jetzige Leben auswirkt. Die heutige Verarbeitung eines früher aufgebauten Karmas bedeutet dann *Schicksal.* Karma wird also geschaffen und durch Handlungen (wieder) abgetragen – meist wohl noch im gleichen Leben.
So, wie wir mit jeder Inkarnation in ein neues Leben praktisch in eine *neue Schulklasse* kommen, so wirft doch unsere Vergangenheit Schatten auf unser jetziges Dasein. Das früher geschaffene Karma können wir nicht einfach ausradieren, um ganz von vorne anzufangen. Wir müssen uns mit den Konsequenzen unserer Gedanken und Taten abfinden, bis wir aus ihnen lernen. Nur dann werden wir durch Veränderung heutiger Ursachen dazu beitragen, die Effekte der Vergangenheit zu verändern.
Unser Leben wird also durch das Vor-Leben mitbestimmt – aber deshalb ist noch lange nicht alles ***vor***bestimmt! Eine fatalistische Lebenseinstellung hieraus abzuleiten, wäre nicht nur töricht, sondern auch gefährlich, Hoffnung wäre uns dann verwehrt, wenn sie vielleicht am meisten notwendig ist. Die uralte, heute immer wieder gestellte Frage, *Schicksal* kontra *Willensfreiheit,* ist deshalb nicht relevant, weil sie sich so nicht stellt. Es handelt sich hier nicht um einen Widerspruch, sondern vielmehr um Ergänzungen. Eine Antwort werden wir letztlich finden, wenn wir die Faktoren *Reinkarnation, Karma* und *Evolution* überhaupt eines Tages aus dem Gesichtsfeld der »vierten Dimension« (Plichta) besser einschätzen können.
Es ist faszinierend, das Karma-Thema in der täglichen Praxis zu beobachten. Wenn es **keinen** Zufall gibt (manchmal ist es auch schwer, daran festzuhalten) und in einer Beziehung

Menschen zusammenkommen, die karmisch miteinander verbunden sind, dann sind auch Prüfungen vorprogrammiert. Oft kommen Bruder und Schwester oder Mann und Frau zusammen, deren karmische Beziehung bis hin zur Haß-Beziehung gehen kann. Und wer hat nicht in seinem Freundeskreis schon einmal beobachtet, daß nach Trennungen oder Ehescheidungen die Betroffenen immer wieder vor ähnlichen Prüfungen oder Situationen stehen?

Die schlimmste Art von *körperlichem* Karma wird durch Mord geschaffen. Die Strafe darauf ist unvermeidlich, wenn sie sich auch verzögern mag. Der Mörder wird wahrscheinlich selbst einmal ermordet werden – in dieser oder in einer anderen Inkarnation. Das schlimmste *geistige* Karma schaffen sich die Menschen durch Haß. Ist er intensiv und anhaltend, dann entstehen (wahrscheinlich) destruktive Krankheiten (z. B. Krebs). Man hüte sich deshalb davor, Menschen zu *hassen*; die Konsequenzen fallen auf den Urheber zurück!

Das Thema Karma ließe sich noch sehr viel weiterführen – bis hin zum Karma von Völkern. Dort wo Jahrhunderte lang Krieg, Haß und Zerstörung an der Tagesordnung waren/sind, wird und kann es auf absehbare Zeit keinen Frieden geben (z. B. Balkan, Nahost). Der Mord an Millionen Menschen (nicht nur 1933-1945) bedeutet ein riesiges, nicht vorstellbares Karma, das die Beteiligten geschaffen – und wieder abzutragen haben!

Nach dem Gesetz des Karmas und der Re-Inkarnation, nach dem Gesetz von Ursache und Wirkung lassen sich viele Ereignisse in unserer Umgebung oder/und auf dieser Welt zumindest erklären, auch dann noch, wenn (rationales) Verstehen schwerfällt.

Karma kann nicht ohne den Hinweis auf das **Dharma** beschrieben werden. Das Wort stammt ebenfalls aus dem *Sanskrit* und bedeutet soviel wie einem Lebensweg-Konzept folgen, d. h. festgelegte Aufgaben sind in diesem Leben zu lösen – um schließlich auch Karma aufzulösen.

Aus vielen Kulturen unserer Welt kennen wir die Gedanken, ja den Mythos, daß es für unsere Existenz einen Grund gibt.

Die Schicksal-Psychologie (**Leopold Sondi)** greift das heute auf und führt diesbezügliche prinzipielle Gedanken von C.G. Jung weiter. Danach bringen wir in unserem Charakter eine individuelle Mischung von Talenten, Begabungen und Eigenschaften (aus der geistigen Welt) mit, die es bei einer vorgegebenen Lebensaufgabe zu entfalten gilt. Wer das Leben als eine solche *Schulklasse,* als »Schicksal« respektiert, wer sich nach seiner Bestimmung – sobald er sie erkannt hat – nicht verbiegen läßt, bleibt körperlich und seelisch gesund.
Viele gehen heute jedoch den einfacheren, bequemeren Weg, machen faule Kompromisse und schöpfen das eigene Potential nicht aus, vergessen, erkennen nicht oder ignorieren ihre Berufung in diesem Leben. Dann sind sie nicht die, die sie *eigentlich sein wollten.* Auch wenn es für manchen Leser schwierig sein wird, diese Gedankengänge nachzuvollziehen, nachstehend ein Auszug aus einem Vortrag von Dr. Beat Imhof, Leopold Sondi-Schüler, Psychologe und Philosoph aus Zug/Schweiz [9]:

Das Leben, das ich selbst gewählt ...

Ehe ich in dieses Erdenleben kam,
ward mir gezeigt, wie ich es leben würde:
Da war die Kümmernis, da war der Gram,
da war das Elend und die Leidensbürde.
Da war das Laster, das mich packen sollte,
da war der Irrtum, der gefangennahm,
da war der schnelle Zorn, in dem ich grollte,
da waren Haß und Hochmut, Stolz und Scham.

Mir ward gezeigt die Fülle meiner Mängel.
Mir ward gezeigt die Wunde, draus ich blute.
Mir ward gezeigt das Schlechte und das Gute,
mir ward gezeigt die Helfertat der Engel.
Und als ich so mein künftig Leben schaute,
da hört' ein Wesen ich die Frage tun,

ob ich dies zu leben mich getraute,
denn der Entscheidung Stunde schlüge nun.

Doch da waren auch die Freuden jener Tage,
die voller Licht und schöner Träume sind,
wo Klage nicht mehr ist und nicht mehr Plage
und überall der Quell der Gaben rinnt.
Wo Liebe dem, der noch im Erdenkleid gebunden,
die Seligkeit des Losgelösten schenkt,
wo sich der Mensch der Menschenpein entwunden,
als Auserwählter hoher Geister denkt.

Und ich ermaß noch einmal alles Schlimme,
»Dies ist das Leben, das ich leben will!«
gab ich zur Antwort mit entschlossner Stimme
und nahm auf mich mein neues Schicksal still.
So ward ich geboren in diese Welt,
so war's, als ich ins neue Leben trat.
Ich klage nicht, wenn's oft mir nicht gefällt,
denn ungeboren hab' ich es bejaht.

4 Numerologie / Pentalogie

4.1 Einführung

Der Mensch hat als denkendes Wesen ein großes Verlangen, die Natur, das Universum und vor allem seine Rolle in einem größeren Plan zu erforschen und zu verstehen.
So hat sich der Mensch auch mit der Zahlensymbolik seit Urzeiten auseinandergesetzt. Symbolik ist seit alten Zeiten ein universeller Schlüssel, um den Geheimnissen des Lebens und den Gesetzmäßigkeiten des Geistes nachzuspüren. In den alten Sprachen ist Buchstabe gleich Zahl, aber zugleich auch Form und Inhalt. Buchstabe und Zahl bildeten eine Einheit

voller Symbolik! Niemand weiß genau, wann und wo die Numerologie entstanden ist, jedoch deutet einiges darauf hin, daß sie schon seit Jahrtausenden existiert. Die alten Maya glaubten ebenso an eine mystische Bedeutung von Zahlen wie die Astrologen Mesopotamiens, die erstmals die Theorie aufgestellt haben sollen, daß sich der Aufbau des Universums mittels Zahlen erklären läßt. Und wer das 1995 verlegte Buch von Plichta liest, findet die moderne (wissenschaftliche) Entsprechung [25].

Nach der *Kabbala*, der jüdischen Weisheitslehre, hat Gott bei der Erschaffung der Welt Buchstaben und Zahlen (als Bausteine) benutzt. Auch die jüdischen Mystiker der Frühzeit drückten mit Hilfe der Numerologie nach dem hebräischen Alphabet Buchstaben durch Zahlenwerte aus und forschten in den Texten der Heiligen Schrift nach verborgenen (Be-) Deutungen. Die hebräische *Gematria* geht davon aus, daß Worte, Begriffe und Sätze mit der gleichen Quersumme den gleichen Sinn und die gleiche Bedeutung besitzen.

Die Heilige Schrift ist ja bekanntlich voller verschlüsselter Botschaften; ein Ansatzpunkt für Numerologen, nach den (Be-)Deutungen zu forschen. Zum Beispiel ist im Buch der Offenbarung das »Untier aus dem Meer«, der Anti-Christ, mit der Zahl sechshundertsechsundsechzig beziffert. Seither gilt diese 666 als unheilvolle, ja teuflische Zahl.

Manche Numerologen gehen in ihrer Überzeugung so weit, daß die Maße der ägyptischen und mexikanischen Pyramiden nicht von Architekten und Baumeistern, sondern von Numerologen ersonnen wurden, die mit diesen Bauwerken ein bestimmtes Geheimwissen zum Ausdruck bringen wollten. Und es ist in der Tat frappierend, wenn man dem (für den Laien) komplizierten Aufbau bzw. der Zahlenkabbala der Cheopspyramide (beschrieben von **Strauss, Fränzel** und **Noetling**) nachgeht [26, 27]. Auch die altägyptische Musik stand übrigens in engster Beziehung zur Astronomie und zur Mathematik.

Eine weitere Interpretation nennt die Zahlen als eine gemeinsame Wurzel **aller** Symbole. Danach ist die Numerolo-

gie die älteste Wissenschaft überhaupt, weil letztlich alle Substanzen und alles Geschehen auf der Erde aus *Rhythmus* und *Schwingungen* besteht – **und dieses sich in Zahlen ausdrücken läßt!** [28]
Nach dem alten überlieferten System der Numerologie gibt es für jeden Menschen charakteristische Zahlen, die teils aus dem Namen, teils aus den Geburtsdaten gebildet werden. Diese Zahlen lassen Hinweise/Rückschlüsse auf die charakterliche Veranlagung, das Schicksal und auf den Lebenszyklus zu. Über den Menschen hinaus lassen sich mit der Numerologie auch andere Themen angehen, sofern diese namentlich zu bezeichnen und/oder mit einem Datum versehen sind (z. B. eine Berufsbezeichnung oder eine Firma mit Namen und Datum der Handelsregister-Eintragung).
Ein *Psychologe* erkennt Persönlichkeitszüge eines Menschen am Verhalten und an der äußeren Erscheinung, ein *Graphologe* zieht aus Einzelteilen und dem Gesamtbild einer Schrift Rückschlüsse auf den Charakter eines Menschen. Der *Numerologe* wandelt Buchstaben eines Namens (oder einer Sache) in Zahlen um und entnimmt den Geburtsdaten eines Menschen grundsätzliche Hinweise. Jeder Buchstabe entspricht einer Zahl – und jede Zahl hat ihre Bedeutung! Die Numerologie wird heute vielfach belächelt oder wird im Geheimen, bestenfalls im Privatleben, als Entscheidungs**hilfe** herangezogen. Grundsätzliche Fragestellungen sind beispielsweise:

- was bin ich für ein Typus (Grundveranlagung)?
- wie verlaufen meine Jahresrhythmen?
- welcher Partner paßt zu mir?
- wie paßt der Arbeitgeber, wie der Chef?
- welcher Beruf paßt am besten zu mir?
- soll ich mich selbständig machen? – etc.

Dabei ist die Numerologie – und das ist nachdrücklich zu betonen – keine Art der Wahrsagerei; es gibt keine Beweise, daß die Ergebnisse objektiv auch *richtig* sind. Es handelt sich schließlich um eine Zahlen**symbolik.** Erschließen können wir uns diese Bereiche durch Analogien, die durch anschauliche,

praxisnahe Vorstellungen dem unmittelbaren Erleben zugänglich gemacht werden.
Wenn Sie mit der (seriösen) Astrologie vertraut sind, oder auch mit anderen Systemen, wie den Weisheiten der Chinesen (*I Ging*) oder dem japanischen KI *(Henoch)*, entdecken Sie, daß die Numerologie mit diesen Lehren übereinstimmt. Jede metaphysische Weisheitslehre wirft ihr eigenes Licht auf einen Teilbereich des Lebens und – das wichtigste – sie stützen sich gegenseitig. Der größte Nutzen entsteht, wenn Sie das Studium dieser alten Weisheiten dazu bringt, über sich selbst nachzudenken! Die kabbalistische Numerologie ist als Ganzheitslehre ein Glaubenssystem und hat als solches nur die Legitimation »in sich«. Jede Interpretation ist individuell und wird auch subjektiv bleiben.
Die alten Numerologen, wie die Pythagoräer, haben, das sollte hier ergänzend erwähnt sein, die Zahlen nicht wie heute üblich zum Rechnen, Messen und Wiegen gebraucht, für sie waren Zahlen Wegweiser zum Wesen der Dinge. Die Anwendung ihrer Kunst nach heutigen Maßstäben hätten sie womöglich als mißbräuchlich bezeichnet. Ist es aber nicht die Zeit, daß wir uns alle im Wassermannzeitalter den alten Weisheiten und Wahrheiten wieder bewußt werden, um sie uns sukzessive zunutze zu machen?!
Mein eigenes numerologisches Schlüsselerlebnis liegt viele Jahre zurück. Nach der Zahlen-Konfiguration konnte die Zusammenarbeit mit einem Kollegen auf Führungsebene nicht gutgehen. Die rational (und emotional) dagegen getroffene Personalentscheidung entpuppte sich auch bereits nach kurzer Zeit als krasse Fehlentscheidung. Fortan wurden für mich (mit erstaunlichen Erfolgen) die numerologischen Erkenntnisse unverzichtbarer Anteil bei allen wichtigen Entscheidungen. *Zufall* und Überraschungen waren weitgehend aus meinem Leben verbannt!
Ich habe mich in den letzten 15 Jahren meiner industriellen Tätigkeit auf empirisch nachvollziehbare Berechnungen konzentriert. Besetzungen von Positionen, besonders von Führungspositionen, wurden – begleitend – numerologisch er-

rechnet und nachgerechnet. So hatte ich in vielen Praxisfällen die Möglichkeit, Erkenntnisse aus der Numerologie mit Ergebnissen aus der Psychologie und aus der Graphologie abzugleichen. Es war immer wieder faszinierend, wenn die Ergebnisse dieses Mosaiks der Charakterkunde (Körperbau, Gesicht, Verhalten, Schrift) auch in der Numerologie ihre Entsprechung fanden.
So ist es auch das Ziel dieses Buches, nur **die** numerologischen Recherchen zu beschreiben, die in meiner persönlichen Berufspraxis weitergeführt haben oder eine Bereicherung meines persönlichen Lebens waren. Das ist keinesfalls eine Wertung gegenüber allen anderen vielfältigen, faszinierenden und teilweise auch recht komplizierten Facetten der Numerologie, die hier nicht weiter erklärt werden. Die Übersichtlichkeit würde in diesem Kontext schnell schwierig werden. Hier weise ich auf die umfangreiche Fachliteratur hin.

Die Erschaffung der Welt ist nichts anderes,
als die harmonische Auswirkung
einer reinen Kombination von Zahlen.
(Schule des Pythagoras)

4.2 Grundkenntnisse

Auch wenn die Anfänge der Numerologie im dunkeln liegen, so lassen sich die heutigen Veröffentlichungen auf zwei parallel laufende Ansätze zurückführen:

Ausgang:	Babylonien Ägypten Mesopotamien Griechenland	
	Jüdische Mystiker **Kabbala**	Pythagoras
Interpreten:	Herbert Reichstein	Hans Müller Hans Endres
Bezeichnung:	**Numerologie**	**Pentalogie**

Dieses Kapitel ist zunächst auf den Zahlen-Überlieferungen aus der ***Kabbala*** aufgebaut. ***Herbert Reichstein*** hat darauf basierend seinen Klassiker »Praktisches Lehrbuch der Kabbala« mit vielen für unser heutiges Leben empirisch verwertbaren Ergänzungen geschrieben.

Der Autor hält sich im wesentlichen an ***den*** *Reichstein* [29], da er für unseren europäischen Sprach- und Kulturraum relevant ist. Entsprechend den 22 Buchstaben des hebräischen Alphabetes ordnete Reichstein jedem Buchstaben unserer Sprache eine entsprechende Zahl zu. Warum das hebräische? Die Ursprache der Menschen war bis zur babylonischen Sprachenverwirrung – so die Überlieferung – identisch mit den Zahlen. Lediglich das Hebräische hat sich, etwas abgeschwächt, den ursprachlichen Charakter bewahrt, obwohl oder gerade weil diese Sprache schon zu Zeiten Christi eine

tote Sprache war, aber (nur) in den heiligen Schriften weiterlebte! Dem Hebräischen am nächsten ist heute noch die griechische Sprache.
In den Umgangssprachen der heutigen Zeit gibt es nur rudimentäre Anklänge. Im Mittelhochdeutschen ist zum Beispiel *zal* zugleich Zahl und Rede, im Holländischen ist *taal* die Zahl und auch die Sprache. Das französische *raconter* (erzählen) und *compter* (zählen) läßt sich aus dem lateinischen *computare* ableiten [30].

Zurück zu *Reichstein:* Die analoge Buchstaben-Entsprechung reicht, wie erwähnt, bis zur Zahl 22. **Darüber hinaus** – und das ist ein Grundgesetz der Numerologie, **werden alle Ergebniszahlen durch Queraddition auf Zahlen bis max. 22 zurückgeführt.**
Bei allen numerologischen Berechnungen werden Namen, Worte und Begriffe ***kabbalisiert.*** *Kabbalisieren* nennen wir das mathematische Durchdringen der Wörter, indem den einzelnen Buchstaben die entsprechenden Zahlen gegenüber gestellt und dann addiert werden. **Alfred Strauss** [27] verbindet mit diesem Begriff selbst ein Einwirken auf das Universum.

Das lebhafteste Vergnügen,
das ein vernünftiger Mensch
in der Welt haben kann, ist,
neue Wahrheiten zu entdecken.
Das nächste nach diesem ist,
alle Vorurteile loszuwerden.
(Friedrich der Große [29])

Praktisches Vorgehen

1) die Buchstaben-Zahlenwerte werden nach folgender Tabelle ermittelt und addiert [29]: (es handelt sich hier um die Kurzdefinition von H. Reichstein; diese Liste – siehe S. 181 – ist im Laufe der Jahre erweitert worden)

Alphabet – Zahlenentsprechung

Buchstabe:		Zahlenentsprechung:		grundsätzliche Deutung:
A, Ä	=	1	=	Wille
B	=	2	=	Wissen
C, K	=	11	=	spirituelle Macht
D	=	4	=	Tat
E	=	5	=	Religio(n)
F	=	17	=	Wahrheit, Glaube, Hoffnung
G	=	3	=	Ehe, Gemeinschaft, Leben
H, CH	=	8	=	Gerechtigkeit, Harmonie, Ausgleich
I, J	=	10	=	Wechsel (des Glücks)
K	=	11	=	spirituelle Macht
L	=	12	=	Opferung, Verzicht
M	=	13	=	Transformation
N	=	14	=	Selbstzucht, Maß
O, Ö	=	16	=	Katastrophen
P, PH	=	17	=	Wahrheit, Glaube
Q	=	19	=	Glück, Freude, Freundschaft
R	=	20	=	Erwachen, Wiedergeburt
S	=	21	=	Erfolg
SCH, SH, TS, TZ	=	18	=	Falschheit, falsches Wissen, falscher Glaube
T	=	9	=	Weisheit
TH	=	22	=	Mißerfolg, Illusion
U, Ü, V, W	=	6	=	Sexus, Versuch(ung)
X	=	15	=	Wirkung(skraft)
Y	=	10	=	Wechsel (des Glücks)
Z	=	7	=	Sieg

2) von der Summe wird die Quersumme errechnet und diese subtrahiert,
3) das Ergebnis wird durch 9 dividiert (es ist ein Grundgesetz der Mathematik, daß jede beliebige Zahl, deren Quersumme subtrahiert wird, durch 9 teilbar ist!)
4) und wird dieses Ergebnis über 22 liegen, so ist durch Queraddition eine Zahl **bis** 22 zu errechnen (z.B. 23=5, 56=11, 199=19, 789=24=6).

Ein einfaches Beispiel:

Frage: »Was bedeutet (numerologisch) der Begriff *Numerologie*? (Die Berechnung erfolgt nach der Tabelle auf Seite 181)

N u m e r o l o g i e

1) 14 + 6 + 13 + 5 + 20 + 16 + 12 + 16 + 3 + 10 + 5 = 120
2) 120 – 3 = 117
3) 117 : 9 = 13

Ergebnis 13 bedeutet: *Transformation*; Interpretation: die Numerologie transformiert unsere Buchstaben und gibt den Begriffen eine (Be-)Deutung.
Bei zweistelligen Ergebniszahlen (also ab 10) läßt sich immer auch eine einstellige Quersumme ermitteln und vice versa: bei einer einstelligen Zahl gibt es immer auch eine zweistellige Summenentsprechung auf einer *höheren* Ebene (10-22). Dazu mehr auf Seite 179/180. In unserem Beispiel bedeutet die 13 **auch** die 4 (Quersumme). Die Vier ist nach der Tabelle die *Tat/Handlung/Arbeit*. Diese Umkehrung der Zahlen sind die zwei Seiten einer Medaille und geben bei vielen Interpretationen einen Sinn.

Weitere Beispiele: Was bedeutet numerologisch?

	G		***e***		***b***		***u***		***r***		***t***		
1)	3	+	5	+	2	+	6	+	20	+	9	=	45
2)	45	–	9	=	36								
3)	36	:	9	=	4								

Ergebnis 4 bedeutet: *Tat*
zweistellige Ebene: 13 bedeutet: *Transformation*

	K		***i***		***n***		***d***		
1)	11	+	10	+	14	+	4	=	39
2)	39	–	12	=	27				
3)	27	:	9	=	3				

Ergebnis 3 bedeutet: *Ehe, Gemeinschaft, Leben*
zweistellige Ebene: 12 bedeutet: *Opferung, Verzicht,* aber auch *Vollendung*

Hier ist die Deutung auf Basis der *Grund*-Zahl eindeutig, weil ein Kind das Ergebnis der Gemeinschaft zwischen Mann und Frau ist. Auch eine Ebene höher entspricht die 3 der Quersumme der 12, die wiederum (auch) eine Zahl der Vollkommenheit ist. Es sind demnach nicht immer unbedingt die beiden Ebenen gegenüberzustellen. Dennoch einige weitere Beispiele:

	V		***a***		***t***		***e***		***r***		
1)	6	+	1	+	9	+	5	+	20	=	41
2)	41	–	5	=	36						
3)	36	:	9	=	4						

Ergebnis 4 bedeutet: *Tat*
Zweistellige Ebene: 13 bedeutet: *Transformation*

M		*u*		*t*		*t*		*e*		*r*		
1) 13	+	6	+	9	+	9	+	5	+	20	=	62
2) 62	–	8	=	54								
3) 54	:	9	=	6								

Ergebnis 6 bedeutet: *Sexus, Versuch(ung)*
zweistellige Ebene: 15 bedeutet: *Wirkung(skraft), Magie*

P		*r*		*i*		*e*		*s*		*t*		*e*		*r*		
1) 17	+	20	+	10	+	5	+	21	+	9	+	5	+	20	=	107
2) 107	–	8	=	99												
3) 99	:	9	=	11												

Ergebnis 11 bedeutet: *spirituelle Macht*
einstellige Ebene: 2 bedeutet: *Wissen*

G		*l*		*a*		*u*		*b*		*e*		
1) 3	+	12	+	1	+	6	+	2	+	5	=	29
2) 29	–	11	=	18								
3) 18	:	9	=	2								

Ergebnis 2 bedeutet: *Wissen*
zweistellige Ebene: 11 bedeutet: *spirituelle Macht*

I		*r*		*r*		*t*		*u*		*m*		
1) 10	+	20	+	20	+	9	+	6	+	13	=	78
2) 78	–	15	=	63								
3) 63	:	9	=	7								

Ergebnis 7 bedeutet: *Sieg*
zweistellige Ebene: 16 bedeutet: *Katastrophen*

Auch wenn man einen Irrtum als Sieg bezeichnen kann, weil man daraus lernt, so ist doch auch hier ein Blick auf die zweistellige Ebene nützlich, weil die Bedeutung des Begriffes dann deutlicher wird. In der erweiterten Zahlenbedeutung steht die 16 auch für *Lernprozeß*.

	K		***r***		***i***		***e***		***g***		
1)	11	+	20	+	10	+	5	+	3	=	49
2)	49	–	13	=	36						
3)	36	:	9	=	4						

Ergebnis 4 bedeutet: *Tat*
zweistellige Ebene 13 bedeutet: *Transformation*

Hier zeigt sich die (subjektive) Interpretationsmöglichkeit. Das Zahlenergebnis für Vater und Krieg ist mit 4 und 13 zwar identisch, die jeweilige Ableitungserklärung nach der Reichstein-Tabelle ist aber differenziert zu interpretieren. Am besten nimmt man die erweiterte Tabelle auf Seite 181.

Wenn hier von einer *einstelligen* und *zweistelligen* Ebene gesprochen wird, dann müssen wir uns klarmachen, daß es sich bei der numerologischen Betrachtung eigentlich nicht um einen Zahlenkreis, sondern um eine *Zahlen**spirale*** handelt, mit »Zehner«-Überschneidungsstellen: 0 – 10 – 20 – 30 – 40 usw. Die *Zehn* bedeutet ja auch *Wechsel* bzw. *Neuanfang*. **Hans Endres** hat diesen Wechsel als »Schnecken«-Spirale dargestellt. Zur Verdeutlichung nachstehend beide Darstellungsformen von Endres und Müller. Übrigens war die Spirale das Symbol der Atlanter. Pythagoras hat mit seiner Spiralkurve tiefe Geheimnisse des Lebens beschrieben (Dörr) [30].

Hans Endres [32]:

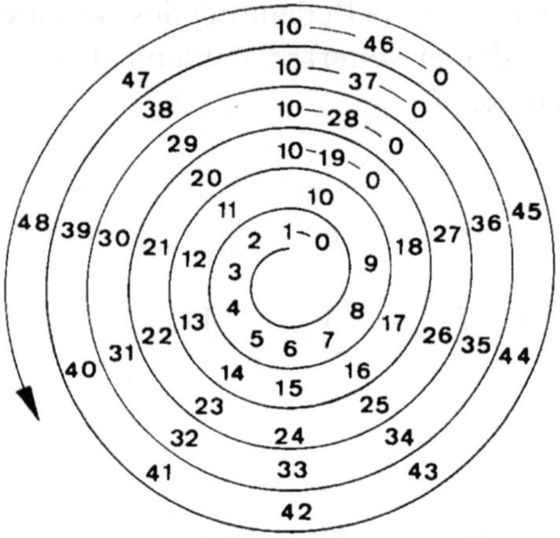

Hans Müller [33]:

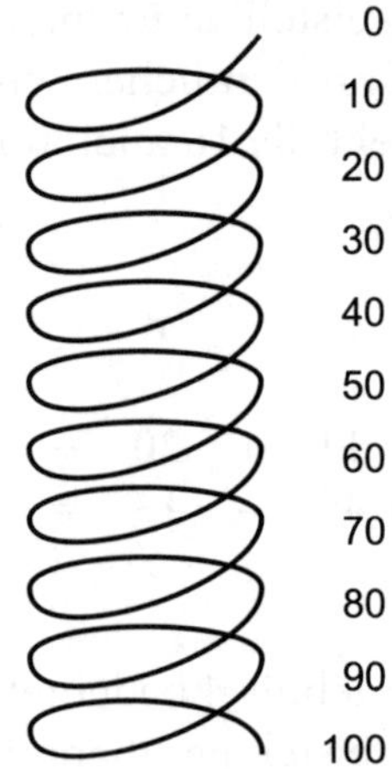

Wie jede Medaille zwei Seiten hat, so hat, wie hier zu sehen, jede *einstellige* Zahl eine Entsprechung auf den höheren Ebenen. Die höhere Zahl und Bedeutung ist damit in jeder einstelligen auch latent enthalten. So liegt in der

2	auch die	11	(Quersumme = 2)
3	auch die	12	(Quersumme = 3)
4	auch die	13	usw.
5	auch die	14	
6	auch die	15	
7	auch die	16	
8	auch die	17	
9	auch die	18	

Hier noch wichtige Hinweise:

- Zahlen sind weder gut noch schlecht. Sie sind gleichzeitig Symbole positiver *und* negativer Eigenschaften (= zwei Seiten einer Medaille).
- jede Zahl hat eine andere Bedeutung.
- Menschen mit identischen Zahlenkonfigurationen müssen deshalb nicht auch gleich sein. Die *Disposition*, das *Ausgangspotential* ist gleich, aber jeder Mensch handelt indivi-

duell. Grundsätzliche Charakter-Dispositionen entwickeln sich abhängig vom Elternhaus, durch Erziehung und durch die Umwelt.

- betrachten Sie die Zahlen immer auch in Wechselwirkung mit anderen (*Ergebnis, Weg* und Zahlen auf *höherer* Ebene).
- Zahlen eignen sich nicht zum Manipulieren, auch fürs Lottospielen habe ich den Erfolgsweg weder gesucht noch gefunden.

Die Interpreten der »Pythagoras«-Linie haben die von Reichstein beschriebenen Zahlenbedeutungen erweitert. Zum besseren Verständnis deshalb nachstehend die **ergänzte** Tabelle der Zahlen von 1 bis 22:

4.2.1 Alphabet – Zahlen – Kurzdefinition*

Buchstabe:		analoge Zahl:		grundsätzliche Deutung:
A, Ä	=	1	=	Wille
B	=	2	=	Wissen
C, K	=	11	=	spirituelle Macht
D	=	4	=	Tat, Handlung, Arbeit
E	=	5	=	Religio(n), Glauben, Hilfe, Heilung, (auch die Zahl des Menschen!)
F	=	17	=	Wahrheit, Glaube, Hoffnung, Beistand
G	=	3	=	Ehe, Gemeinschaft, Kommunikation, Wissen
H, CH	=	8	=	Gerechtigkeit, Harmonie, Ausgleich, Recht, Ordnung, Gesundheit,
I, J	=	10	=	Wechsel (des Glücks), Veränderung, Reform

* nach H. Reichstein, E. Bindel, H. Endres, A. Hoefler

K	=	11	=	spirituelle Macht, Spiritualität, Intuition
L	=	12	=	Opfer, Verzicht, Sühne, karmische Aufgabe (auch die Zahl der Vollendung!)
M	=	13	=	Transformation, Abschied, Neubeginn
N	=	14	=	Selbstzucht/Disziplin, Maß, Vorbild, Pioniergeist,
O, Ö	=	16	=	Probleme, Katastrophen, Lernprozeß
P, PH	=	17	=	Wahrheit, Glaube, Beistand, Hoffnung
Q	=	19	=	Glück, Freude, Freundschaft, Harmonie, Positives
R	=	20	=	Erwachen, Wiedergeburt, Wiederbegegnung
S	=	21	=	Erfolg, Chancen, Fortschritt
SCH, SH	=	18	=	Falschheit, Verleumdung, Gefahr, Krankheit, falsches Wissen, falscher Glaube
T	=	9	=	Weisheit, weises Verhalten, Philosophie, Fügung – Unruhe, Beschleunigung
TH	=	22	=	Mißerfolg, Illusion, Phantasie, ASW**
TS, TZ	=	18	=	Falschheit, Verleumdung, Gefahr, Krankheit, falsches Wissen, falscher Glaube
U, Ü, V, W	=	6	=	Sexus, Versuch(ung), Liebe, Prüfung, Kritik, Forschung
X	=	15	=	Wirkung(skraft), Magie, Einfluß, Kompetenz
Y	=	10	=	Wechsel (des Glücks), Veränderung, Reform
Z	=	7	=	Sieg, (Selbst-) Überwindung

** = außersinnliche Wahrnehmungen

4.3 *Numerologie plus Pentalogie*

Der besseren Übersichtlichkeit wegen sollen hier die Erkenntnisse der **Pentalogie** mit einfließen. Auch wenn die Ansätze von **Hans Müller** aus der pythagoräischen Schule abgeleitet wurden, entsprechen und ergänzen sie das Basiswerk von **Herbert Reichstein**, der ja, wie erklärt, bei der aus der ägyptischen Kultur stammenden Kabbala ansetzt. Die Resultate aus beiden Richtungen müssen schon deshalb stimmig sein, weil die gemeinsamen Wurzeln ja noch viel weiter zurückgehen.

Hans Müller bezeichnete das (numerologische) Auseinandersetzen mit den Geburtsdaten als »die Lehre über das System des Geistes, die mit der Gesetzlichkeit der Zahl verbindet«. Diese Lehre nannte er *Pentalogie* [34].

Es gibt nichts, was nicht zu berechnen wäre,
was nicht zu ergründen wäre,
was nicht schließen ließe, wohin es sich entwickelt.
Das gilt für Unten – ebenso wie für Oben,
Für d e n Menschen – für d i e Menschen,
für die Erde und für alle Welten

(Hans Müller)

4.4 *Ihr Name und Ihre Geburtsdaten geben Auskunft über Ihre Persönlichkeit*

Es gibt mannigfache Wege, durch die Analyse des Namens und der Geburtsdaten zu weitgehenden Erkenntnissen zu gelangen. Die Numerologen finden je nach Terminologie und Interpretationsmethode Ergebniszahlen für den Charakter, den Lebensweg, das Lebensziel, für Schicksal, Partnerschaft etc.

Durch das *Kabbalisieren* eines Namens, aus seiner Zusammensetzung und seiner Zerlegungsmöglichkeit, können Rückschlüsse auf den Charakter gezogen werden, die »zwingend sind, weil den Zahlen in dieser inneren Bindung der Faktorenstellung kosmische Bedeutung zukommt« *(Alfred Strauss)* [26]. Die in Ihren Geburtsdaten und in Ihrem Namen verborgenen Zahlen geben Ihnen Aufschluß über Ihre Möglichkeiten und Fähigkeiten. Die Kenntnis der Zahlensymbole kann Ihr Leben zufriedener und glücklicher machen. Natürlich erkennen Sie mit Hilfe der Zahlen auch Ihre Familie, Freunde, Kollegen und Chefs besser!

Manche Leser werden – so wie der Autor vor vielen Jahren – die Herkunft des Namens und den *Zufall* des Geburtsdatums hinterfragen. Hat uns nicht das Universum den Tag, die Stunde und die Minute gegeben (oder gar der Arzt bei einem Kaiserschnitt, als »Ausführender höherer Intelligenzen«?) – und die Eltern (also der *Zufall*) den Namen? Die Numerologie folgt bei der Namensgebung dem Prinzip der Intuition, ja der Inspiration der Eltern durch die Geisteswelt. Wenn Sie ablehnend, kritisch oder skeptisch sind, und wenn Sie nicht an Gott oder an eine höhere Kraft glauben (wollen oder können), dann überprüfen Sie doch neutral die Stimmigkeit der numerologischen Erkenntnisse und Ergebnisse! Für die Gläubigen: In der Bibel ist nachzulesen, daß der Erzengel Gabriel den Namen des Johannes vorgab (inspirierte). Nach uralter Überlieferung ist der Name gleich Bestimmung; er korreliert mit *Karma* und *Dharma* (Abschnitt II-3).

In diesem Buch sollen sowohl die Geburtsanalyse als auch das *Kabbalisieren* von Namen zentral stehen, weil dies die Voraussetzung für weitergehende Fragestellungen im täglichen Leben ist.

Daß jeder Buchstabe unseres Alphabetes einer Zahl entspricht, ist im vorigen Kapitel erklärt. Für das Kabbalisieren der Geburtsdaten ist das Jahr, der Monat und der Tag ausreichend (das »Numeroskop« geht hier weiter und rechnet noch mit Stunde und Minute [35]).

Das Symbol des Geistes ist das *Pentagramm,* der fünfstrahlige Stern, der zugleich die Figur des Mikrokosmos ist. Hier ist die fünf der Ausdruck des im Menschen waltenden, schöpfe-

rischen Willens, und so ist die fünf auch die Zahl des Menschen. Das Pentagramm wurde übrigens schon von den Ägyptern verehrt. **Ernst Bindel** weist in seinem Buch nach, daß die Cheopspyramide vor 5000 Jahren in der Form eines verwandelten Pentagramms erbaut wurde [36].
Zurück zur praktischen Ausrechnung. Reichstein hat für die Anwendung der Numerologie unseren gregorianischen Kalender aus dem Jahre 1582 zugrunde gelegt. Die heutige Zeitbezeichnung geht auf den ägyptischen Kalender zurück, der am 19.7.4241 vor unserer Zeitrechnung eingeführt wurde. Der diesem nachfolgende Kalender – der Julianische – wurde von dem Abt Dionysius der Kleine in Rom bearbeitet und von Julius Cäsar leicht verändert, im Jahre 46 vor Christus eingeführt. Die letzten Korrekturen stammen von Papst Gregorius am 15.10.1582 [33]. Berechnungen sind übrigens wesentlich von der Volks- und Rassenzugehörigkeit abhängig, Mohammedaner sind so z. B. nach dem moslemischen Kalender zu rechnen!
Die Zahlen eines Geburtsdatums werden, wie beschrieben, bis zu einer **einstelligen** Zahl queraddiert. Als einzige Ausnahme bleibt die 10 stehen, da es *Einser*-Menschen für die Typenberechnung nicht gibt. Hier ist die 1 eine göttliche Zahl. Hans Müller ergänzt im Rahmen der Pentalogie, daß wir es bei Menschen mit einer Null im Geburtsdatum (z. B. 10., 20., 30., 1980, mehrere Nullen ab 2000) mit einem *Wechseltypus,* bzw. mit einem ***Wandlungstypus*** zu tun haben. Diese Menschen *wandeln* sich vom Typ ihrer ursprünglichen Quersumme (= *Zwischentypus*) zum um eine Zehnerpotenz höheren Grundtypus. Das ist nicht nur der Grund, warum viele Menschen lange Jahre für ihre Entwicklung brauchen, sondern es ist dies auch eine Erklärung, warum Menschen sich manchmal *so sehr* verändern.

Beispiele:

	Quersummen:				
Geburtstage:	1.	2.	3.	Menschen-(*Grund-*)Typus [37]	
1. 1. 1972	21	= 3			= **3** (aus 21)
6. 4. 1964	30	= 3			= **3** (aus 30)
7. 8. 195**0**	30	= 3		1. Stufe	= **3** (aus 30)
				bis zum 30. Lebensjahr)	
	40	= 4		2. Stufe	= **4** (aus 40)
				ab dem 40. Lebensjahr	
13.1**0**.198**0**	23	= 5		1. Stufe	= **5** (aus 23)
				bis zum 23. Lebensjahr	
	33	= 6		2. Stufe	= **6** (aus 33)
				ab dem 33. Lebensjahr	
	43	= 7		3. Stufe	= **7** (aus 43)
				ab dem 43. Lebensjahr	
29. 9. 1978	45	= 9			= **9** (aus 45)
11. 8. 1963	29	= 11	= 2		= **2** (aus 29)
27.11.198**0**	29	= 11	= 2	1. Stufe	= **2** (aus 29)
				bis zum 29. Lebensjahr	
	39	= 12	= 3	2. Stufe	= **3** (aus 39)
3. 5. 1973	28	= 10	bleibt!		= **10** (aus 28)
9. 9. 1972	37	= 10	bleibt!		= **10** (aus 37)

Sie können nun einfach durch Queraddition Ihren *Grundtypus* ausrechnen. ***Hans Müller*** hat in seinem Buch [37] die Grundeigenschaften und Charaktermerkmale der in diesem Jahrhundert vorkommenden numerologischen Typen zusammengetragen. Das *sich wieder erkennen* ist für viele verblüffend. Es ist nicht das Ziel, hier die umfangreichen Beschreibungen für alle 47 in diesem Jahrhundert vorkommenden Typen wiederzugeben. Einen Eindruck vermitteln Ihnen nachstehend ausgewählte Beispiele mit Kurzbeschreibungen [32]:

2 = Denktypus (Planungsvermögen)

2 aus 20: Intuitive Weisungen von unterbewußten Gefühlen und Impulsen sicher zu unterscheiden, ist eine ausgeprägte Fähigkeit. Dieses Denken zum Ausdruck zu bringen, zeigt sich in häufig wechselnden Betätigungsfeldern.

2 aus 29: Die vorherrschende Denkorientierung äußert sich in großer intellektueller Flexibilität. »2er Typen« sind übrigens viel in der Forschung, im Rechnungswesen und im Controlling anzutreffen.

2 aus 38: Infolge beschwingter Willenssteuerung ist das Denken besonders harmonisch und strebt danach, in der Praxis angewandt zu werden. Zudem zeigt sich, daß die weiblichen und männlichen Wesensseiten sehr gut in Einklang gebracht werden können.

3 = Willenstypus (Entscheidungsvermögen)

3 aus 21: Die ausgeprägte Zielgerichtetheit setzt sich bei diesen Menschen durch. Hier ist meist ein scharfer Verstand und eine gute Entscheidungsfähigkeit anzutreffen (Disposition für Führungsaufgabe mit *Aufräum*-Charakter). Reise-, veränderungslustig, stürmisch, rücksichtslos.

3 aus 30: Die auf unendliche Möglichkeiten ausgerichteten raschen Willensimpulse äußern sich durch varia-

bles Wollen und vielseitige Zielfixierung. Menschen, die zu Impulsivität neigen.

3 aus 39: Die Fähigkeit zu spontaner Initiative resultiert aus gesteigerter Willensbeweglichkeit (*Blitz aus heiterem Himmel*), wobei das gut entwickelte rationale Denkvermögen rechtzeitig regulierend einzugreifen vermag.

4 = Realisierungstypus (Ordnungs-/Konzentrationsvermögen)

4 aus 22: Die Fülle der Gedanken zu realisieren, ist eine schwierige Aufgabe. Die gedankliche Beweglichkeit erschwert die Konzentration. Aus der Bewältigung dieser inneren Widersprüchlichkeit kann aber auch eine entsprechend überzeugende Lebensleistung erwachsen.

4 aus 31: Die persönlichkeitsbezogenen Willensimpulse schaffen eine besonders individuell geprägte Realisierung. Wird die Gefahr der allzu starren Fixierung erkannt (nicht mit dem Kopf durch die Wand wollen), so kann vieles, bis hin zu unmöglich erscheinendem verwirklicht werden.

4 aus 40: Die unbegrenzten Möglichkeiten zu realisieren, ist eine schwierige Aufgabe, eine sogenannte *Sisyphusarbeit,* deren Bewältigung sichere Anwendung der Intuition und der Ausdauer erfordert.

5 = Ordnungstypus (Gestaltungs-/Organisationsvermögen)

5 aus 23: Durch willensbetonte Denkanstöße und präzise Anweisungen entsteht Ordnung, z.B. eine klar überschaubare Organisation. Solche Menschen sind auch die *geborenen* Planer. Da die fünf auch die Zahl des Glaubens ist, können diese Menschen

mit ihrer (einer) Glaubenskraft viel erreichen. Das ist mehr der theoretische Ordnungstyp.

5 aus 32: Durch wohldurchdachte Entscheidungen, Gestaltungs- und Organisationsvermögen kann eine Führungspersönlichkeit entstehen. Das ist mehr der praktische Ordnungstyp. Sehr starker Wunschwille.

5 aus 41: Die individuelle Handlungs- und Realisierungsfähigkeit prägen das Organisationsvermögen und den Führungsstil.

6 = Energietypus (Durchsetzungsvermögen)

6 aus 24: Aus der realistischen Situationsbeurteilung erfolgt die Durchsetzung der geplanten Ziele. Starker persönlicher Einsatzwille, gute Leistungskraft, Mut. Oft in der Gesellschaft unterdrückter Menschen.

6 aus 33: Verstärkte sowie labile Willensenergie sind bezeichnend für das Durchsetzungsvermögen. Wenn die Gefahr allzu gewaltsamen Vorgehens vermieden wird, kann Pionierleistung auch Begeisterung erzeugen. Jedoch besteht die Gefahr der Willensblockierung durch zu vieles auf einmal oder Gegensätzliches gleichzeitig zu wollen.

6 aus 42: Durchdachtes Realisierungsvermögen befähigt bewußt zu handeln; daraus resultiert Durchsetzungsvermögen und Ausdauer

7 = Vitaltypus (Umsetzungsvermögen)

7 aus 25: Das organisatorische Denkvermögen lenkt die lebensvolle Kreativität. Sie zeigt sich sowohl im kreativ-praktischen, als auch im progressiv-organisatorischen Bereich. Reale Lebensauffassung, vitaler Gestaltungsdrang, großzügige Neigungen.

7 aus 34: Durch das Realisierungsvermögen wird die Vitalenergie aufgrund des auf Erfolg konzentrierten Willens (positives Denken) auf die kreative Umsetzung in der Praxis gelenkt.

7 aus 43: Aufgrund von starkem Willen und intensiver Konzentration sowie unermüdlicher Ausdauer im Verfolgen der gesetzten Ziele, ist der Erfolg vorprogrammiert.

8 = Harmonietypus (Vorstellungsvermögen)

8 aus 26: Die Harmonie entsteht durch vitale Antriebskraft, die die durchdachten Pläne auch umsetzt. Lebhafte und genußfrohe Menschen, die gerne reisen; legen viel Wert auf Behaglichkeit.

8 aus 35: Das Bedürfnis nach Harmonie wird durch organisatorische und/oder dominante Entscheidungen befriedigt. Dies zeigt sich in dem Wunsch nach Ausgleich von innerer Ruhe und äußerer Tätigkeit.

8 aus 44: Verstärktes Ordnungs- und Konzentrationsvermögen beeinträchtigen das Harmoniebedürfnis durch Neigung zu Übergenauigkeit.

9 = Bewegungstypus (Entwicklungsvermögen)

9 aus 18: Harmonisches Ausdrucksvermögen prägt die Beweglichkeit, das sich entweder in individueller Beschwingtheit (tanzen) oder sprachlich (intellektuell) zeigt.

9 aus 27: Kreative Ideenfülle zeichnet die gedankliche Beweglichkeit aus, was sich hauptsächlich in Schlagfertigkeit und Geistesgegenwart zeigt. Die Aufgabe dieser Menschen ist es, Theorie und Praxis in Einklang zu bringen. Bekanntschaften und Freund-

schaften (wenn diese überhaupt geschlossen werden) bleiben meistens an der Oberfläche.

9 aus 36: Energiegeladene, spontane Willensimpulse zeigen sich in vitaler Beweglichkeit, die sich sowohl in der Bewältigung jeder Situation, aber auch in destruktiver Weise auswirken können.

9 aus 45: Ordnende Gestaltungskraft und Realisierungsvermögen finden Ausdruck durch intellektuelle Flexibilität und Geschicklichkeit, z. B. im ausführenden Management.

10 = Wandlungstypus (Wandlungs-/Veränderungsvermögen)

10 aus 19: Unbegrenzte Vielfalt entspricht der persönlichen Entwicklung. Zwingende Wandlungen fordern die früh entwickelte Individualität zu immer neuen Möglichkeiten der Entfaltung.

10 aus 28: Harmonisches, aber mehr um sich selbst kreisendes Denken bestimmt die zwingenden Wandlungen. Die weiblichen Aspekte der Persönlichkeit sind bestimmender als die männlichen und zeigen sich in Fürsorglichkeit und Kommunikation. Leicht erregbare Phantasie und Leidenschaften.

10 aus 37: Praxisbezogene, kreative Willensimpulse bewirken ein sich ständig wandelndes Leben; viele Schwankungen und Trennungen.

10 aus 46: Die Verwirklichung der irdischen Vollkommenheit kann durch zielgerichtete Vitalenergie realisiert werden.

Mit Hilfe dieses Leitfadens sind Sie nun in der Lage, sich einen, wenn auch winzig kleinen, Ausschnitt aus der Persönlichkeit eines Menschen zu verschaffen. Auch jede einzelne Zahl im Geburtsdatum gibt charakterliche Hinweise. Bitte vergleichen Sie dazu die Erklärung der jeweiligen Zahl in der Übersicht auf Seite 181. Bei vielen Menschen sind Zahlen im Geburtsdatum doppelt oder mehrfach vorhanden. Welche Bedeutung das hat, vermittelt folgende Übersicht.

Zahlen-Verdoppelungen und -Häufungen [35]:
(die Zahlen des Jahrhunderts zählen hier nicht)

0 0 Verstärktes inneres Wandlungs- und äußeres Veränderungsstreben kann sowohl in einer unbestimmten Sehnsucht nach dem Jenseitigen, Grenzenlosen, als auch im phantasievollen Kalkulieren mit unbegrenzten Möglichkeiten zum Ausdruck kommen.

1 1 Verstärkter Persönlichkeitsanspruch kann sich im autoritären Auftreten zeigen, ermöglicht jedoch eine selbständige Position oder Tätigkeit.

2 2 Gesteigertes theoretisches Denkvermögen und rasche Auffassungsgabe. Unerschöpfliche Ideenfülle kann einerseits sehr befruchtend wirken, andererseits aber zur Unentschlossenheit führen.

3 3 Besonders stark ausgeprägte Willensimpulse, jedoch besteht auch die Gefahr von Willensblockierung, indem zu vieles auf einmal oder Gegensätzliches gleichzeitig gewollt wird (siehe auch Grübchen im Kinn in Kapitel I-2.15.6).

4 4 Neigung zur Übergenauigkeit (Pedanterie) oder dogmatischer Fixierung (Schematisierung). Blockierung durch verschiedenartige Ordnungsprinzipien oder Existenzangst.

5 5 Es besteht die Tendenz zu überbetonter Ordnung (Dirigismus) oder Neigung zu autoritärem Auftreten – aber auch zu übertriebener Großzügigkeit.

6 6 Verstärkte Durchsetzung und unermüdliche Antriebskraft. Jedoch besteht die Gefahr zu »gewaltsamem« Vorgehen (Dickkopf).

7 7 Vorherrschendes Streben nach Lebensfülle und Luxus, jedoch auch die Neigung zur Verschwendung. Gewinnbringende, künstlerisch-kreative, helfend-therapeutische Tätigkeit bringt Erfüllung.

8 8 Übertriebenes Harmoniestreben kann zur Flucht aus der Lebensrealität oder zur Selbstaufgabe »um des lieben Friedens willen« führen. Musische Fähigkeiten können dieses Streben befriedigen.

9 9 Extreme Beweglichkeit und Unruhe. Das gesteigerte Veränderungs-, Entwicklungsvermögen findet durch entsprechend flexible, abwechslungsreiche Tätigkeit Ruhe und Erfüllung.

Hans Endres hat mit seinem *Numeroskop* eine systematische Vorgehensweise dargestellt, wie in Form einer Geburtsdatenanalyse Rückschlüsse auf den individuellen Charakter gezogen werden können [32, 35].

Hier noch ein Hinweis über die allgemeine Bedeutung der Zahlen an der Schwelle der Jahrtausendwende: Während die letzten beiden Zahlen des Geburtsjahres individuell auszulegen sind, handelt es sich bei den ersten beiden um die Jahrhundertzahl. Hier steht nun der Wechsel von 19.. auf 20.. an. Das 20. Jahrhundert (1900-1999) ist durch die Zahlenqualitäten 1 und 9 geprägt. Die Eins entspricht, wie in der Kurzbeschreibung auf Seite 1817 nachzulesen, der *Individualität* und einer *Führungsdisposition*. Die Neun ist die Zahl für *Unruhe, Bewegung und Auflösung*. Es ist nicht sehr schwierig, diese Attribute für das 20. Jahrhundert nachzuvollziehen.
Das 21. Jahrhundert (2001-2099) wird durch die Zahlenqualitäten 2 und 0 dominiert. Die 2 und die 0 ergeben im *Nume-*

roskop die »Intuitions-Ebene«, d.h. alle ab dem 1.1.2000 geborenen, werden, unabhängig von den individuellen Dispositionen und Eigenschaften, einen natürlicheren Zugang zur Intuition haben! Während die 2 für das *Intuitive* steht, bedeutet die Qualität der 0 ja auch Wandlung/Veränderung. Die Veränderung unseres Lebensumfeldes deutet(e) sich bereits mit der 9 der 90er Jahre an, zuletzt aus der Jahreszahl 1999 gleich mit drei Neunen, denn die 9 bedeutet *Unruhe, Bewegung und Auflösung*.

Aus dieser bis Ende der 90er Jahre entstandenen Situation ist also auch numerologisch ein sich veränderndes Bewußtseins–Empfinden zu Beginn des neuen Jahrhunderts abzuleiten; ein Wandel, ein Umschlagen des Pendels in die Richtung des Wassermannzeitalters. Dieses ist seit dem Altertum als das Zeitalter der körperlichen und seelischen Erneuerung der Menschen und der Erde beschrieben. Mitte des 20. Jahrhunderts sind wir bereits in die Phase eines fortgeschrittenen, geistigen Bewußtseins des neuen Zeitalters eingetreten. Nach altem überlieferten Wissen haben wir jetzt die Ansätze für ein menschlicheres Zeitalter vor uns, für mehr Verantwortung, für eine Wiederentdeckung alter ethischer Grundsätze, für eine Zeit, in der die Menschen individuell, pauschal und global wieder an die Zukunft glauben (können). Und an Gott oder an eine höhere Macht.

Zurück zur Numerologie: Sie sind jetzt in der Lage, durch einfache Additionen Ihren Namen zu *kabbalisieren*. Wenn Sie zur Zahl Ihres Namens die Quersumme Ihres Geburtstages addieren, dann erhalten Sie Ihre **persönliche Zahl**, die Ausgangspunkt für weitere Recherchen in Ihrem täglichen Leben ist.

Beispiele: zur Bestimmung der **Persönlichkeitszahl** (bei der Queraddition werden die Geburtszahlen **nicht** auf eine einstellige Zahl gebracht!)

						geboren:		**persönliche Zahl:**
R e n a t e		M a i e r						
20 5 14 1 9 5		13 1 10 5 20				1.1.1972		
54	+	49	+			21		= **124**

H e l m u t		K o r n				
8 5 12 13 6 9		11 16 20 14		15.7.1969		
53	+	61	+	38		= **152**

K a r l	-	F r i tz		L a u f				
11 1 20 12		17 20 10 18		12 1 6 17		19.9.196**0**		
44	+	65	+	36	+	35		= **180**
					+	45		= **190**

K. F. Lauf erreichte mit 35 Jahren (35 = die Quersumme seines Geburtstages) im Jahre 1995 die erste Stufe seiner Persönlichkeit (1960 + 35). Jeder mit einer Null im Geburtsdatum gilt als »Wandlungstypus«: hier schließt sich eine weitere zehnjährige Entwicklungszeit an. K. F. Lauf erreicht bei seinem Geburtsjahr 1960 somit erst im Jahr 2005 seinen »bleibenden Grundcharakter«. Anders ausgedrückt: An seinem 35. Geburtstag ist er ein Typus 8 aus 35 (3 + 5), ab 45. Geburtstag bleibt er ein Typus 9 aus 45 (4 + 5). Siehe Abschnitt II-4.4). (Bei zwei Nullen würde sich die Entwicklung des Grundcharakters nochmals um 10 Jahre verlängern.)

Da jedes Wort, jeder Laut Schwingung ist, entspricht auch jeder ausgesprochene Name einer entsprechenden Schwingung. Deshalb werden zum Kabbalisieren nur die im Umgang verwendeten Namen berechnet, also nicht die in der Geburtsurkunde aufgezeichneten, aber nicht eingesetzten Namen. Auch ein (ausgesprochener) Spitzname ist evtl. zu berücksichtigen. Auch Namensänderungen (z.B. durch Ehe) ändern das Ergebnis, denn der neue Name hat eine andere Schwingung!

Was Sie mit Ihrer Persönlichkeitszahl als Basis für weitere numerologischen Betrachtungen anfangen können, wird in den nachfolgenden Kapiteln deutlich.

4.5 Ihre Persönlichkeitszahl als Ausgangspunkt

4.5.1 Ihre Partnerschaften im beruflichen Umfeld

Haben Sie nun mit Hilfe der Tabelle Ihre eigene persönliche Zahl ermittelt, so können Sie das nach dem gleichen Schema auch für andere Menschen in Ihrer Familie oder in Ihrem Umfeld. Damit haben Sie den Ausgangspunkt für numerologische Fragestellungen.

Wenn Sie zum Beispiel wissen möchten, wie Sie mit Ihrem (neuen) Chef oder Kollegen harmonieren, dann gehen Sie systematisch wie folgt vor (in unserem Beispiel bleiben wir bei Renate Maier und gehen davon aus, daß ihr neuer Kollege Helmut Korn sein wird):

Vorgehensweise

1. Sie errechnen nach der Tabelle auf Seite 181 Ihre eigene persönliche Zahl. Bei Frau Maier ist das 124

2. Der neue Kollege ist sowohl namentlich, als auch sein Geburtstag bekannt. Bei Herrn Korn in unserer Modell-Rechnung: 152

3. Sie *kabbalisieren* (Tabelle S. 181) das Wort

Z	u	s	a	m	m	e	n	a	r	b	e	i	t	
7 +	6 +	21 +	1 +	13 +	13 +	5 +	14 +	1 +	20 +	2 +	5 +	10 +	9	=

kabbalistischen Bedeutung für Zusammenarbeit: 127

4. Jetzt fehlt noch der **Zeitfaktor**, der bei diesen Berechnung immer einfließen muß!
   Für das Jahr 1999 ergibt die Quersumme (1+9+9+9): 28
   Damit ergibt die totale Summe (für 1999) **431**

5. Von **431** wird die Quersumme errechnet (4+3+1=8) und *subtrahiert*: – 8
   423
   Die so ermittelte Quersumme 8 wird bei der Ergebnisinterpretation auch als ***Weg*** bezeichnet.

6. 423 wird *durch 9 dividiert* : 9 = 47 (jede Zahl, nach Subtraktion der Quersumme, ist durch 9 teilbar!)

7. zur 47 werden 2 Punkte als »*Persönlichkeitsfaktor*« hinzugezählt und zwar immer **1 Punkt pro Person,** sofern Personen bei der Abfrage einbezogen sind.

8. Das ergibt in unserer Rechnung eine **Gesamtsumme von 49**. Davon ist wiederum die Quersumme zu bilden (es ist immer durch Quersummenaddition eine Zahl von unter 22 zu errechnen).

9. **Die Quersumme von 49 ist die 13 – und das ist unser Ergebnis (für 1999)**!

Interpretation: Die **13** bedeutet (Seite 181) *Transformation, Abschied, Neubeginn.* In der einstelligen Entsprechung (Quersumme von 13 = 4) bedeutet die Vier *Tat, Handlung* oder *Arbeit.* Da der Weg (Punkt 5 der obigen Rechnung) die 8 ist und 8 auch die Zahl für *Gerechtigkeit, Harmonie, Ausgleich* und für *Recht, Ordnung* und *Gesundheit* steht, gibt die numerologische Abfrage Frau Maier den Hinweis, daß die Zusammenarbeit mit Herrn Korn positiv beginnen wird. Für die Folgejahre sieht dann die Rechnung wie folgt aus:

Renate Maier:	124
Helmut Korn:	152
Zusammenarbeit	127
Summe	**403**

		Weg:				Ergebnis:	
		403					
1999		+28					
		431 – 8 =	423 : 9	= 47 + 2	= 49	Quersumme =	13
2000	(+2)	405 – 9 =	396 : 9	= 44 + 2	= 46	Quersumme =	**10**
2001	(+3)	406 – **10** =	396			bleibt	10
2002	(+4)	407 – 11 =	396			bleibt	10
2003	(+5)	408 – 12 =	396			bleibt	10
2004	(+6)	409 – 13 =	396			bleibt	10
2005	(+7)	410 – 5 =	405 : 9	= 45 + 2	= 47	Quersumme =	11
2006	(+8)	411 – 6 =	405			bleibt	11

Interpretation: Nach einem wohl recht guten Start der Zusammenarbeit (8/13), wird das Ergebnis für die folgenden 5 Jahre (Ergebnis 10) voraussichtlich schlecht sein. Ab dem Jahre 2005 sind die Zahlen wieder positiv zu deuten. Ich würde aus numerologischer Sicht von einer Zusammenarbeit dieser beiden Personen in diesem Zeitraum abraten!

Wo dies möglich ist, wird eine solche Berechnung noch mit dem Namen der Firma und dem Tag der Eintragung in das Handelsregister ergänzt (als *Geburtstag* der Firma, um immer auch die gleichen Ebenen zu vergleichen). Als Beispiele aus der Praxis nachstehend zwei konkrete Fälle. Es ging hier um die Frage, wie zwei Vorstandsmitglieder in einer Firma miteinander harmonieren. Die Zahlen sind authentisch, die Namen verändert.

Fall 1

Herr Schulz	145	
Herr Meier	179	
Firma	105	(Summe Firmenname + HR-Eintrag)
Zusammenarbeit	127	
Summe	**556**	

	Weg:		Ergebnis:	
1989	(+27) 583 – **16** =	567 : 9 = 63 + 2 = 65	=	11
1990	(+19) 575 – 17 =	558 : 9 = 62 + 2 = 64	=	**10**
1991	(+20) 576 – **18** =	558	bleibt	**10**
1992	(+21) 577 – 19 =	558	bleibt	**10**
1993	(+22) 578 – 20 =	558	bleibt	**10**
1994	(+23) 579 – 21 =	558	bleibt	**10**
1995	(+24) 580 – 13 =	567 : 9 = 63 + 2 = 65	=	11

Interpretation: Die Zusammenarbeit zwischen diesen beiden Führungskräften stand von Beginn an unter einem denkbar schlechten Vorzeichen und war in der Praxis dann auch

1993 beendet. Bereits das Anfangsjahr begann mit der 16 als *Weg* (*Katastrophe* und *Probleme),* wobei das Ergebnis mit 11 noch stimmte. Danach bleibt als Ergebnis die 10, der Wechsel und mit der 20 als Weg (*Erwachen* oder *Wiedergeburt*) kam der endgültige Wechsel im Jahre 1993 eher später als erwartet. Fünf Jahre mit einer 10 bedeuten auch 5 Jahre Wechsel. Hätte diese Gemeinschaft jedoch – wider Erwarten – diese 5 Jahre überstanden, dann hätte das mit der 11 ab dem Jahre 1995 positiv gedeutet werden können!
Von einer solchen Zusammenarbeit hätte ich prinzipiell abgeraten, weil – numerologisch gesehen – zu große Reibungsverluste vorprogrammiert waren!

Fall 2

Herr Schulz	145	
Herr Meier	216	
Firma	65	(Summe Name und HR-Eintrag)
Zusammenarbeit	127	
Summe	**553**	

	Weg:		Ergebnis:
1993 (+22)	575 – 17 = 558 : 9 = 62 + 2 = 64 =		**10**
1994 (+23)	576 – **18** = 558	bleibt	**10**
1995 (+24)	577 – 19 = 558	bleibt	**10**
1996 (+25)	578 – 20 = 558	bleibt	**10**
1997 (+26)	579 – 21 = 558	bleibt	**10**

Interpretation: Die Zusammenarbeit war mit der 10 als (konstantem) *Wechsel* von vornherein zum Scheitern verurteilt: sie endete in der Praxis auch bereits im Jahre 1995. Ein Numerologe hätte für die *Gemeinsamkeit* schon im Jahre 1994 ein Ende »vorausgeahnt« (*Weg*: 18 = *Falschheit, Unrecht, Krankheit, Gefahr*).

Auch andere Fragestellungen lassen sich numerologisch erhellen: als Chef oder/und Kollege können Sie bei Neueinstellungen/Beförderungen andere interessierende Begriffe *kabbalisieren*, wie z.B.:

	(Zahlenentsprechung)
Zuverlässigkeit	147
Teamfähigkeit	102
Mitarbeit	79
Ehrlichkeit	98
Führungsqualifikation	231
Verkaufsleiter	148
Direktor	95
Mitglied des Vorstandes	213

4.5.2 Die Suche nach Berufszielen

Viele, vor allem junge Menschen in der heutigen Zeit haben Zweifel über den einzuschlagenden beruflichen Weg. Guter Rat ist teuer und oft wird bei dieser schwerwiegenden Entscheidung Erfolg oder auch viel Frust für das Leben vorprogrammiert. Jeder ist letztlich allein verantwortlich, und doch ist man für jede Entscheidungshilfe dankbar.
So lassen sich auch hier numerologische Hinweise herausarbeiten. Das ist nach dem beschriebenen und Ihnen nun bekannten systematischen Schema zu entwickeln. Frau Maier (um bei unserem Buchbeispiel zu bleiben), weiß mit 18 Jahren nicht, ob sie sich für den Friseurberuf entscheiden oder doch lieber die ihr angebotene Stelle einer Sekretärin übernehmen soll. Vor einer numerologischen Berechnung sind zunächst die beiden Berufsbeschreibungen zu kabbalisieren (Seite 181):

F	***r***	***i***	***s***	***e***	***u***	***s***	***e***	
17 +	20 +	10 +	21 +	5 +	6 +	21 +	5	= 105

S	***e***	***k***	***r***	***e***	***t***	***ä***	***r***	***i***	***n***	
21 +	5 +	11 +	20 +	5 +	9 +	1 +	20 +	10 +	14	= 116

Friseuse?	
Renate Maier	124
Friseuse	105
Summe	**229**

	Weg:		**Ergebnis:**
1995 (+ 24)	253 – **10** = 243		bleibt **10**
1996 (+ 25)	254 – 11 = 243		bleibt **10**
1997 (+ 26)	255 – 12 = 243		bleibt **10**
1998 (+ 27)	256 – 13 = 243		bleibt **10**
1999 (+ 28)	257 – 14 = 243		bleibt **10**
2000 (+ 2)	231 – 6 = 225	: 9 = 25 + 1 = 26 =	8
2001 (+ 3)	232 – 7 = 225		bleibt 8
2002 (+ 4)	233 – 8 = 225		bleibt 8
2003 (+ 5)	234 – 9 = 225		bleibt 8
2004 (+ 6)	235 – 10 = 225		bleibt 8
2005 (+ 7)	236 – 11 = 225		bleibt 8

Interpretation: Erst ab dem Jahre 2000 ist das Ergebnis die 8 *(Gerechtigkeit, Harmonie, Ausgleich)* mit der 6 als *Weg,* und das bedeutet dann, daß der *Versuch gestartet werden kann.* Ab 1995 ist das Ergebnis die 10 oder der Wechsel, und das läßt die Aussichten für eine erfolgreiche Tätigkeit von Frau Meier als Friseuse nicht gut aussehen.

Sekretärin?	
Renate Maier	124
Sekretärin	116
Summe	**240**

	Weg:		**Ergebnis:**
1995 (+ 24)	264 – 12 = 252	: 9 = 28 + 1 = 29 =	11
1996 (+ 25)	265 – 13 = 252		bleibt 11
1997 (+ 26)	266 – 14 = 252		bleibt 11
1998 (+ 27)	267 – 15 = 252		bleibt 11
1999 (+ 28)	268 – **16** = 252		bleibt 11
2000 (+ 2)	242 – 8 = 234	: 9 = 26 + 1 = 27 =	9

2001 (+ 3)	243 – 9 = 234	bleibt	9
2002 (+ 4)	244 – **10** = 234	bleibt	9
2003 (+ 5)	245 – 11 = 234	bleibt	9
2004 (+ 6)	246 – 12 = 234	bleibt	9
|			
2008 (+ 10)	250 – 7 = 243 : 9 = 27 + 1 = 28 = **10**		

Interpretation: Der Beruf als Sekretärin ist für Renate Maier nach dieser Rechnung als deutlich besser angezeigt. Erst für 1999 sind mit der 16 als *Weg* Probleme angedeutet, das Ergebnis bleibt mit 11, übergehend in die 9 positiv. Im Jahre 2002 ist der *Weg* »wechselhaft«, und erst ab 2008 wird im Ergebnis ein Wechsel angezeigt.

4.5.3 Ihre Partnerschaft(en) im privaten Bereich

Genau wie im letzten Kapitel beschrieben, lassen sich auch private Umstände numerologisch erhellen bzw. abfragen. Wenn, um beim Beispiel zu bleiben, Renate Maier mit Helmut Korn befreundet sein (bleiben) und wissen möchte, wie sich das auswirkt, dann ist zunächst das Wort *Freundschaft* zu kabbalisieren:

F	r	e	u	n	d	s	c	h	a	f	t
17+	20+	5 +	6 +	14+	4 +		18		+ 1 +	17+	9 =111

(damit ist übrigens Freundschaft kabbalistisch ausgedrückt: 111 – 3 = 108 : 9 = 12 und 12 ist *karmische Aufgabe, Opfer, Verzicht* – sowie auch die Zahl der *Vollendung*)

Renate Maier	124
Helmut Korn	152
Freundschaft	111
Summe	**387**

	Weg:	Ergebnis:
1999 (+28)	415 – **10** = 405 : 9 = 45 + 2	= 47 = 11
2000 (+ 2)	389 – 20 = 369 : 9 = 41 + 2	= 43 = 7
2001 (+ 3)	390 – 12 = 378 : 9 = 42 + 2	= 44 = 8
2002 (+ 4)	391 – 13 = 378	bleibt 8
2003 (+ 5)	392 – 14 = 378	bleibt 8
2004 (+ 6)	393 – 15 = 378	bleibt 8
2005 (+ 7)	394 – **16** = 378	bleibt 8
2006 (+ 8)	395 – 17 = 378	bleibt 8
2007 (+ 9)	396 – **18** = 378	bleibt 8
2008 (+ 10)	397 – 19 = 378	bleibt 8

Interpretation: Diese 10–Jahres-Betrachtung ergibt durchweg eine positive Auskunft; allerdings wird/kann es im Jahre 2005 Probleme geben. Auch das Jahr 2007 könnte sich als problematisch erweisen.
Denkt als weiteres Beispiel Renate Maier nun daran, Helmut Korn zu heiraten, dann wird sie, verständlicherweise sehr neugierig, numerologisch danach fragen, welche Indizien sie für die Zukunft hier ableiten kann. Die analoge (Be-)Rechnung:

E h e

5 + 8 + 5 = 18

Renate Maier	124
Helmut Korn	152
Ehe	18
Summe	**294**

	Weg:	Ergebnis:
1999 (+ 28)	322 – 7 = 315 : 9 = 35 + 2	= 37 = **10**
2000 (+ 2)	296 – 17 = 279 : 9 = 31 + 2	= 33 = 6
2001 (+ 3)	297 – **18** = 279	bleibt 6
2002 (+ 4)	298 – 19 = 279	bleibt 6
2003 (+ 5)	299 – 20 = 279	bleibt 6

2004 (+ 6)	300 – 3 = 297 : 9 = 33 + 2 = 35 =	8
2005 (+ 7)	301 – 4 = 297	bleibt 8
2006 (+ 8)	302 – 5 = 297	bleibt 8
2007 (+ 9)	303 – 6 = 297	bleibt 8
2008 (+ 10)	304 – 7 = 297	bleibt 8

Interpretation: Im ersten Jahr ist das Ergebnis die 10, also *Wechsel,* was dieses Beispiel ja praxisnah aussehen läßt. Mit der 6 als Ergebnis *kann der Versuch gestartet werden* und die 8 für *Recht, Ordnung, Gesundheit* kann hier durchaus als positiv gewertet werden. Im Jahre 2001 könnte es zu Störungen kommen (18).

Nach diesem Schema können Sie nun interessierende Themen kabbalisieren und numerologisch hinterfragen! Ob es nur die Disposition für einen bestimmten Tag betrifft (Persönlichkeitszahl + Quersumme des Datums; von dieser Summe Quersumme subtrahieren, diese Summe durch 9 dividieren und nicht vergessen, 1 pro Person hinzuzuaddieren!), oder ob es um alternative private und berufliche Ambitionen geht.
Oder auch, wie ich selbst dies seit vielen Jahren in der Praxis geübt habe, wenn es darum geht, wichtige Positionen in einem Unternehmen zu besetzen. Gewiß – die Resultate waren dabei **immer nur ein Indiz** in einem Mosaik abzufragender Merkmale – genauso wie Antworten aus Graphologie, der Psychologie, der Physiognomie und andere Gebiete immer nur als Teilerkenntnisse zu werten sind. Auch Schul- oder andere Zeugnisse oder ein Assessment-Center geben ja jeweils nur Teilaspekte eines Menschen preis.
Für mich war es immer wieder faszinierend, wenn Erkenntnisse aus den verschiedenen Wissensgebieten zusammenliefen und stimmig waren.

Aber DU hast alles nach Maß,
Zahl und Gewicht geordnet!
(Buch der Weisheit 11,21 [25])

4.6 *Wie Sie Rhythmen in Ihrem Leben erkennen, verstehen und nutzen*

Jeder von uns unterliegt einem eigenen Rhythmus. Wir sind Teil des Universums und können uns diesen kosmischen Gesetzmäßigkeiten nicht entziehen.
Alles ist Schwingung. Nicht nur im menschlichen Körper; genauso in der Lebenskraft des tierischen Lebens und im Bereich der Pflanzen und Mineralien. Alles ist das Ergebnis von Bewegung in Elektronen, in Atomen und Molekülen.
Wie der Mensch, so unterliegt auch die Natur den Gesetzen von Zyklen und Rhythmen, den Gesetzen vom Sterben und Geborenwerden. Die Gestirne bewegen sich nach diesen ewigen Gesetzen, wir erleben die Jahreszeiten, Ebbe und Flut, Tag und Nacht. Alles kommt und geht, alles hat seine Zeit. Es gibt eine Zeit der Arbeit, eine Zeit der Ruhe, eine Zeit des Handelns, Zeiten des Redens und der Ruhe. Nur – wann ist für was die *richtige* Zeit?

Jeder Mensch, jede Firma, jedes Ereignis im privaten, als auch im beruflichen Bereich hat einen Zyklus:
- einen Beginn,
- einen Verlauf,
- einen Höhepunkt,
- eine Vollendung – also ein Ende.

Solche *Zyklen des Ablaufs* nennen wir beim Menschen auch *Daseinszyklen.* Im Bereich der **Biologie** kennen wir, wissenschaftlich abgesichert, den individuellen *Bio-Rhythmus,* der die naturgegebenen Gesetzmäßigkeiten von Lebewesen reflektiert. Die jeweilige Laufzeit beginnt am Tag der Geburt in immerwährendem Wechsel, solange das Individuum lebt. Die Intervalle werden unterschieden:
- für den Körper 23 Tage,
- für die Seele 28 Tage und
- für den Geist 33 Tage

mit zwischenzeitlichen *kritischen Tagen.* Das sind die Tage mit den *zwei linken Händen* oder wenn man bei jeder kleinen Gelegenheit aus der Haut fahren möchte. Nach statistischen Erhebungen fallen über 70 % aller menschlichen Fehlleistungen (körperlich/seelisch/geistig) auf solche *schwarzen* Tage. In vielen japanischen Betrieben beispielsweise werden täglich für alle Mitarbeiter die Bio-Rhythmen von der Personalabteilung errechnet, um (mittels Fähnchen auf dem Schreibtisch) offiziell die kritischen Tage für alle Kollegen sichtbar zu machen. Auch in den USA wird der individuelle Bio-Rhythmus weit mehr beachtet, als bei uns in Europa.

Im Rahmen dieses Buches werden schwerpunktmäßig die *7-Jahres-* und die *9-Jahres-Perioden* näher beschrieben.

Allzuoft sind sich die Menschen nicht sicher,
wo sie im Leben stehen.
Es ist wichtig, sowohl das Naheliegende
als auch das Fernliegende zu prüfen.
Wenn du in einem Jahrzehnt weit gelangen möchtest,
mußt du jedes Jahr weit gehen.
Wenn du jedes Jahr weit vorankommen willst,
dann mußt du dafür sorgen,
daß du jeden Tag spürbar etwas dafür tust.
Nutze die Lebenszyklen,
um deinem Leben ein Maß zu geben,
und gestalte deine Pläne nach dem Maß,
das du gewählt hast!
Dann brauchst du nicht zu befürchten,
daß du deinen eigenen Fortschritt nicht erkennst!
(Tao; Deng Ming-Tao)

4.6.1 Die 7-Jahres-Perioden

Einer der besonderen Zyklen im menschlichen Leben ist der seit dem Altertum bekannte 7-Jahres-Rhythmus. Heute teilen nicht nur die Astrologen ihre Erkenntnisse in solche *7-Jahres-Häuser* ein, auch die moderne Wissenschaft unterteilt das Leben nach einem Grundzyklus von 7 Jahren mit je rund 365 Tagen. Die 7 ist, numerologisch gesehen, die Zahl des Sieges, der Überwindung und auch eine Zahl der Vollkommenheit (7 Schöpfungstage, 7 Wochentage, 7 Grundtöne und 7 Grundfarben, 7 gute und 7 schlechte Jahre).

Dieser einfache Zyklus siebenjähriger Perioden ist als Lebensrhythmus für alle Menschen gültig und stimmt mit einem mathematischen und geometrischen Plan kosmischer Gesetze überein. **Arnold Keyserling** teilt diese Abschnitte eines Lebenskreises übersichtlich wie folgt ein [24]:

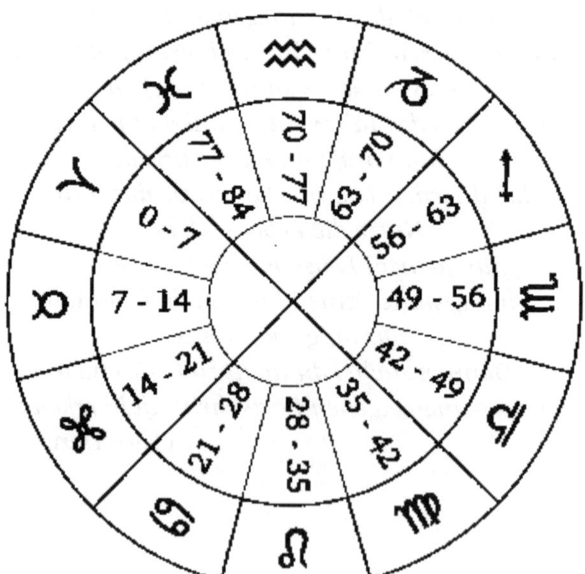

Die 7-Jahres-Perioden im menschlichen Leben

1. Haus (0 – 7 Jahre): **ICHwerdung**
Zeit der ersten Kindheit (S. Freud begrenzt diese *prä-genitale* Phase auf die ersten 5 Jahre). Hier werden in der Familie die Grundlagen für die Erziehung gelegt. Die Charakter-Entwicklung setzt ein; es ist die Zeit der Selbstentdeckung und der ersten Kontaktsuche zur Außenwelt. Wir lernen gehen und sprechen und sind voll auf unsere Eltern fokussiert.

2. Haus (7 – 14 Jahre): **Begreifen des Körpers und der Wirklichkeit**
Der Körper verändert sich und wächst. Wir kommen in die *Latenzperiode* (S. Freud), in die Zeit der seelischen Entwicklung. Das ICH entwickelt sich, wir sind in der schulischen Ausbildung. Die Eltern bleiben unsere vorwiegenden Einfluß- und Ansprech-Personen.

3. Haus (14 – 21 Jahre): **Zeit des Lernens und der Kameradschaft**
Die *genitale Phase* führt die jungen Menschen in die Pubertät, in die Endstufe einer sexuellen Entwicklung. Die Entwicklung einer psychischen Wesensseite tritt in den Vordergrund. Hier entsteht das Empfinden für Verantwortung, für Würde und Haltung. Die geistige und physiologische Entwicklung läßt den Menschen in dieser Phase selbständig und mündig werden: juristisch und staatspolitisch verantwortlich. Der Einfluß des Elternhauses wird durch andere Interessen überlagert.

4. Haus (21 – 28 Jahre): **Lösung von Eltern und Gründung eigener Familie**
Die Gefühle der jungen Menschen, die Verantwortung, das Handeln, die berufliche Entwicklung werden mehr und mehr zum Lebensinhalt. Die Intuition, die Musik, die Kunst werden zunehmend beachtet. Viele binden sich in dieser Zeit an einen Partner und gründen eine Familie.

5. Haus (28 – 35 Jahre): **Durchbruch zum Werk über die Meisterung eines Gebietes und das Verständnis der Kinder**
Die intellektuelle Aktivität erreicht hier Höhepunkte. Die Kreativität, die Schaffenskraft verhelfen zu vielen Erfolgen. Dies ist die Periode, in der die großen Erfinder ihre besten Ergebnisse erzielen, Geschäftsleute große Erfolge haben. Viele bauen in dieser Zeit ein Haus – und/oder vergrößern die Familie.

6. Haus (35 – 42 Jahre): **Methodik der Arbeit für das Werk; das, was Sinn bedeutet, muß für andere nützlich werden**
In diesem Haus ist/bleibt der Geist des Menschen hoch entwickelt. Viele möchten jetzt (noch) mehr entdecken, erforschen und entwickeln oder/und sich verborgene Dinge im Leben erschließen. Viele haben auch hier den Drang, sich mitzuteilen, andere an dem bisherigen Erfolg teilhaben zu lassen. Diese Lebensperiode hat gegenüber anderen eine überragende Bedeutung. »Zukurzgekommene« suchen sich Erfolgserlebnisse durch die Annahme von Ehrenposten im Hobby-Bereich.

7. Haus (42 – 49 Jahre): **gesellschaftliche Stellung wird erreicht**
Der Mensch neigt jetzt (schon) mehr zur Nachdenklichkeit und zum Beschaulichen. Viele werden philosophischer und widmen sich (erneut) religiösen Themen. Andere betätigen sich humanitär und werden »ausgeprägte« Persönlichkeiten. Es werden neue Ziele, Hoffnungen und Wünsche definiert. Die meisten Ehescheidungen fallen übrigens in diese Periode (um die 45 Jahre): »Man könnte ja im Leben bisher etwas verpaßt haben!«

8. Haus (49 – 56 Jahre): **Auseinandersetzung mit Tod und Angst vor dem Sterben**
Ganz allmählich läßt die Vital- und Körperkraft nach, obwohl viele das nicht wahrhaben wollen. Im sportlichen Bereich z. B. beim Ballspielen ist das Gefühl, sind die Augen

noch schneller als die Reaktion des Körpers. Der Körper wird leichter anfällig und reagiert gegenüber besonderen Anstrengungen sensibler. Viele ziehen sich bereits von ehrgeizigen Bemühungen zurück. Psychisch und geistig wird die Harmonie stärker!

9. Haus (56 – 63 Jahre): **Findung der eigenen Aufgabe oder den Sinn einer Tradition**
Die Tendenzen des 8. Hauses verstärken sich. Die Entwicklung der geistigen Werte stehen jetzt im Vordergrund, denn der Mensch ist ein geistiges Wesen! Es ist die Zeit der Ernte.

In den folgenden 7-Jahres-Perioden entwickelt sich das Geistige.

Bei einer numerologischen Ableitung steht für die zehn des zehnten Hauses die Veränderung: die 0 wirkt auf die 1, was Neubeginn bedeutet – und das ist Neubeginn in Richtung einer geistigen Welt.
»Zwischen 63 und 70, im zehnten Abschnitt, wird die eigene Aufgabe zur Berufung durch Eingliederung des eigenen Weges in die Öffentlichkeit. Dessen Zusammenhang mit anderen Wegen und mit den Ahnen findet man im elften Abschnitt zwischen 70 und 77, der Rest des Lebens hat die Vereinigung mit dem Unerschöpflichen zum Ziel.« [24]

4.6.2 Der individuelle 9–Jahres-Zyklus

Im Kreislauf unseres individuellen Lebens spielen auch die 9-Jahres-Zyklen eine besondere Rolle. Mit unserem Geburtsjahr als Ausgangspunkt beginnt ähnlich dem Bio-Rhythmus ein lebenslang anhaltender Zyklus, in dem jedes Jahr eine bestimmte Bedeutung hat. Wie in der Natur kann diese Abfolge verglichen werden mit

Saat → Wachstum → Entwicklung → Ernte → Umpflügen → Saat.

Die Kenntnis dieses immer wiederkehrenden Kreislaufes läßt Sie manches Ereignis in Ihrem Leben besser verstehen! Hieraus ergibt sich das Verständnis für die Zeit des Handelns oder für die Zeit des Abwartens. Der am Detail interessierte Leser sei auf das Buch von Dan Millman [38] verwiesen. Herausgehoben, weil in der Praxis viele Male nachgewiesen, sei hier jeweils das letzte Jahr dieses Zyklus', das 9. und das Jahr des jeweiligen Neubeginns, das 10 Jahr.

Nehmen Sie jeweils den Tag und den Monat Ihres Geburtstages und dazu ein beliebiges Jahr Ihres Lebens. Ziehen Sie daraus die Quersumme. Immer, wenn die Quersumme von Tag + Monat + Jahr eine 9 ergibt, werden Sie mit großer Wahrscheinlichkeit in diesem **Lebensjahr** etwas beenden. Kommt im darauffolgenden Jahr als Quersumme die 10, dann bedeutet das Wechsel und Neuanfang.

Lassen Sie uns beim Beispiel auf die Bezugsperson dieses Buches, Helmut Korn, zurückkommen. Helmut Korn wurde am 15.7.1969 geboren. Seine 9er und 10er Jahre (jeweils vom 15.7. eines Jahres bis zum 14.7. des folgenden) sind:

15.7. 1976 =	Quersumme	36 =	Quersumme 9
15.7. 1977 =		37 =	10
15.7. 1985 =		36 =	9
15.7. 1986 =		37 =	10
15.7. 1994 =		36 =	9
15.7. 1995 =		37 =	10
15.7. 2003 =		18 =	9
15.7. 2004 =		19 =	10
			usw.

Helmut Korn erkennt so, daß er z.B. im Jahre 1995 mit 25 Jahren etwas Neues beginnen wird. Die Beendigung von etwas bis dahin vielleicht Liebgewonnenem kann ihn mit dieser Erkenntnis nun nicht mehr ganz so erschüttern!

Versuchen Sie mit einer solchen Berechnung, Ihren eigenen Rhythmus zu erkennen! Nach meiner eigenen Erfahrung liegt die Trefferquote bei über 90 %!

Abschließend noch zwei weitere Auffälligkeiten bei der Berechnung persönlicher Rhythmen. Kommt bei der Queraddition nach diesem Schema als Ergebnis die 30 oder die 40, dann hat das eine besondere Bedeutung:

30 bedeutet *Änderung in der Gemeinschaft*
z.B. neuer Partner, neues Zuhause, ein Kind zieht aus

40 bedeutet *Änderung in beruflicher Hinsicht*
z.B. neue Arbeitsstelle, neue Aufgabe, Beförderung.

Bei Helmut Korn ergeben sich aus dieser Betrachtung die Jahre 1989 und 1998 als für eine berufliche Veränderung *vorprogrammiert*:

15.7.1970	= Quersumme 30	(hier war er für eine aussagekräftige Interpretation noch zu jung)
15.7.1989	= Quersumme 40	
15.7.1998	= Quersumme 40	

Allerdings läßt diese numerologische Betrachtung nicht den Umkehrschluß zu, daß Helmut Korn ab dem Jahre 2000 keine berufliche Veränderung mehr erfährt, weil die Quersumme 40 nicht mehr erreichbar ist. Numerologie läßt sich nicht nach einem negativen Auswahlprinzip interpretieren. Viele Leser kommen ja auch wegen der niedrigen Zahlen in ihrem Geburtstag grundsätzlich nicht auf eine Gesamtzahl von 40 und erfahren dennoch viele Veränderungen in ihrem Leben.

4.6 Wie lange bleibt Gerhard Schröder Bundeskanzler?

Ist es nicht ein Phänomen, daß der menschliche Geist den Drang hat, sich immer weiter zu entwickeln? Im sportlichen Bereich heißt das immer *weiter, höher und schneller* (notfalls mit Drogen). In der Medizin wird das Forscherstreben mit dem Klonen von Tieren – und irgendwann einmal auch von Menschen – auf eine sträfliche Spitze getrieben. In der Chemie ist es wie eine Sucht, immer neue Verbindungen zu entdecken oder zu kombinieren.
In den Naturwissenschaften, wie in der Chemie und in der Physik, führen die Erkenntnisse nach und nach wieder zurück zur Erkenntnis, daß hinter allem ein *ordnender Geist* sein muß. Alles deutet (wieder) auf eine *alles regelnde Übermacht* oder, wie religiöse Menschen schon immer unterstellt haben, auf einen *Gott* [25]. Die großen fünf Welt–Religionen haben hier eine gemeinsame Basis. Es fällt in der heutigen Zeit (wieder) vielen Menschen immer schwerer, bei der Schöpfung, beim Weltall, bei der unendlich vielgestaltigen Natur, bei den etwa einhundert Milliarden ineinander greifenden Zellen [23] des menschlichen Hirns an einen *Zufall* zu glauben.
Den Durchschnittsbürger, weit weg vom Klonen oder auch von Nobelpreisen, zeichnet jedoch etwas anderes aus. Jeder Mensch ist durch die unterschiedliche Hirnstruktur einzigartig (vgl. I-5.1). Er entwickelt im Laufe seines Lebens Interesse für (s)ein bestimmtes, auf ihn zugeschnittenes Gebiet – und sei es das Ausleben eines Hobbys. Wenn zum Beispiel in einem Film der Bau einer großen Brücke gezeigt wird, dann laufen bei den Zuschauern unterschiedliche Bilder ab:
Der Ingenieur sieht die technischen Aspekte, die Konstruktion, die verwendeten Materialien, die Statik oder die Verankerung.
Der Ökologe sieht sofort, wieviel Natur im Umfeld geopfert wurde, wieviel Wald auf beiden Seiten geschlagen und wie die Fauna beeinträchtigt wurde.
Der Verkehrsplaner sieht die Straßenanbindung vor der Brük-

kenverengung, sieht die Zwei- oder Dreispurigkeit. Er sieht die zusätzliche Spur für Taxis oder für die S-Bahn.

So entwickelt jeder seine individuellen Fähigkeiten – oder wird von diesen in seinem Denken und Handeln beeinflußt. Ein Kaufmann liest in einer Bilanz wie in einem spannenden Buch. Ein Psychologe, der sich mit Charakterologie, Physiognomie oder Chirologie beschäftigt, kann nicht mehr *nur* die Person als Ganzes sehen, sondern achtet eben auch auf die markanten Merkmale eines Gesichtes oder der Stimme und auf die jeweils zum Menschen gehörenden Hände!
Mir ist es mit der Numerologie ähnlich ergangen. In Phasen von Veränderungen und Umwälzungen im Leben habe ich zur Zielfindung verstärkt numerologische Hilfestellung herangezogen. Manchmal war es auch nur Neugierde, die mich aktuelle Themen hinterfragen ließ.
So im Falle der politischen Diskussion und Situation in Deutschland kurz vor der Jahrtausendwende. Die Menschen haben politisch eher eine enttäuschte und überdrüssige Haltung mit vielen Zukunftsängsten bei hoher Arbeitslosigkeit. Die seit 1997 in der SPD heftiger werdende Diskussion, wer als Kandidat zum Bundeskanzler aufgestellt und gegen den amtierenden antreten soll, war nicht nur ein Stammtischthema.
Nun ist die Numerologie keine Wahrsagerei. Aber wenn die numerologischen Kenntnisse im täglichen Leben und bei der Besetzung von Führungspositionen wichtige Hinweise liefern, warum dann nicht einmal bei politisch tätigen Personen *Bundeskanzler* als Berufsbezeichnung zu hinterfragen? Nach den in diesem Buch vorgegebenen Schritten ist so – bereits zwei Jahre vor der Wahl – folgende Gegenüberstellung entstanden. Zunächst noch einmal in Kurzform die **Vorgehensweise** (Tabelle Seite 181):

1) Kabbalisieren des Namens + Quersumme des Geburstages (bei Helmut Kohl sind 10 dazu zu zählen, da er eine 0 im Geburtstag hat). Die persönliche Zahl (hier von Helmut Kohl) ergibt sich aus der Zahl des Namens + der Queraddition des Geburtstages.	H e l m u t 8 + 5 +12+13+6 + 9 = 53 K o h l 11+16+8 +12 = 47 geb. 3.4.1930 = 20 + 10 = 10 = 130
2) Kabbalisieren des Wortes *Bundeskanzler*	B u n d e s 2 + 6 +14+ 4 + 5 +21 k a n z l e r 11+ 1 +14+ 7 +12+ 5 +20 =122
3) Addition von 1) und 2), sowie Hinzurechnung der Quersumme des jeweilig abzufragenden Jahres / Datums	von 1): = 130 von 2): = 122 zum Beispiel Jahr 1982 = 20 = 272
4) Von 3) die Quersumme bilden und diese subtrahieren. Die Quersumme ist auch der *Weg*, im Beispiel die 11	272 – *11* = 261
5) Die Summe 4) nach Abzug der Quersumme (hier 261) wird durch 9 dividiert und zu diesem Ergebnis eine 1 pro (gerechneter) Person als *Persönlichkeitsfaktor* hinzugezählt	261 : 9 = 29 + 1 = 30

6) Vom Ergebnis 5) wird die Quersumme gebildet und immer auf eine Zahl bis höchstens 22 zurückgebracht (höchste Zahl der Grundtabelle von Reichstein)	30 = 3 + 0 = 3

Nach diesem Schema wurde nachstehende Übersicht mittels der Tabelle auf Seite 181 ermittelt:

	Helmut Kohl geb. 3.4.1930		Gerhard Schröder geb. 7.4.1944	
	Weg:	*Ergebnis:*	*Weg:*	*Ergebnis:*
1982	11	3		
1986	15	3		
1990	10	3		
1994	14	3		
1995			13	8
1996	**16**	3	5	9
1997	17	3	6	9
1998	**18**	**3**	**7**	**9**
1999	**10**	**4**	8	9
2000	11	10	**18**	5
2001	12	10	19	5
2002			20	5
2003			3	7

Sie werden als kritischer Leser erkennen, daß der Druck dieses Buches *nach* der Bundestagswahl erfolgte und damit nachdem *alles klar war*. Nur, gerechnet wurde lange davor, aber das Wichtigste, auf das es hier ankommt, ist die *transparente* und einfache Rechnung, die ähnlich, zeitlos, unter anderen Umständen jederzeit wiederholt werden kann!

Sehen wir uns das Beispiel einmal genauer an. Es wird deutlich, daß als *Weg* bei Helmut Kohl im Jahre 1996 die 16 auf *Probleme/Katastrophen* hinweist. Die 17 ein Jahr später deutet auf *Wahrheit, Glaube, Hoffnung* und die 18 im Wahljahr bedeutet *Falschheit, Verleumdung, Gefahr.* Das jeweilige *Ergebnis* der 3 und 4 ist zwar prinzipiell eher als positives Anzeichen zu interpretieren, aber ab 1999/2000 wechselt die Zahl bei Helmut Kohl und bleibt konstant auf der 10 (*Wechsel).* Diese Konstellation deutete eher auf die Ablösung von Helmut Kohl im Wahljahr 1998.
Rechnen wir zurück auf die früheren Wahljahre der Regierung Kohl, dann ergibt sich für 1982 die Konstellation 11/3 und für 1986 eine von 15/3. Die gleiche *Weg*zahl wie 1999 ergab sich schon einmal 1990; nur blieb das Ergebnis damals auch in den Folgejahren die Drei. 1994 war der *Weg* die 14, das Ergebnis blieb weiter, bis 1998, die Drei. Dann, im Jahre 1998 kommt mit dem *Weg* 18, die *Falschheit, Verleumdung, Gefahr* – und 1999 mit der 10 der *Wechsel.*

Oskar Lafontaine (geb. 16.9.1943) hatte seine Probleme offensichtlich 1997. Wenn Sie das nachrechnen möchten, blinkt bei ihm 1998 mit der Zahl 8 als *Weg* die *Gerechtigkeit, Recht und Ordnung* (aber auch: *habe acht!*). Das Ergebnis schaltet im Jahre 1998 auf die 12 (1997: 11 = *spirituelle Macht),* und das bedeutet auch *Opfer* und *Verzicht.*

Beim Nachfolger von Helmut Kohl, Gerhard Schröder sieht bei der Abfrage *Bundeskanzler* die Entwicklung des *Weges* interessant aus.
1995 = 13 = Transformation, Neubeginn,
1996 = 5 = Glaube, Religion, Hilfe,
1997 = 6 = der Versuch (*kann gestartet werden*), die Kritik
1998 = 7 = das ist der Sieg, die Überwindung!

Im Jahre 2000 wird als *Weg* die 18 angezeigt, die für *Falschheit, Verleumdung* und *Gefahr* steht. Das konstante *Ergebnis* der Jahre 1996-1999 kann mit der Neun als positiv gewertet werden, allerdings ist *weises Verhalten* gefragt. Ab dem Jahre 2000 blinkt dann die Fünf und die steht *nur noch* für *glauben*. Rechnen wir dann über das Jahr 2000 hinaus, bleibt als Ergebnis drei Jahre die Fünf, die dann im Jahree 2003 zur Sieben wird. Das sind Hinweise aus der numerologischen Abfrage, daß, wenn Gerhard Schröder das schwierige Jahr 2000 überstehen wird, er auch die nächste Wahl im Jahre 2003 gewinnen kann (mit der Sieben), also eine zweite Amtsperiode wahrscheinlich wird.

Es gibt Gezeiten auch für unser Tun,
nimmt man die Flut wahr, führt sie zum Glück
(Shakespeare)

4.8 *Eine Zusammenfassung zur Esoterik und Numerologie*

Zunächst abschließend eine Zusammenfassung der esoterischen Zielsetzung. Hier sind klar und deutlich Kontrapunkte zur (verbrecherischen) Tätigkeit von Sekten oder sektenähnlichen Gruppierungen zu setzen, die – teilweise oder ganz – die Ausbeutung des Menschen zum Ziel haben!

Leni und **Hermann J. Dörr** haben die wesentlichen Punkte treffend formuliert [30].

Zielsetzung der Esoterik:

1. Selbstfindung durch Selbsterkenntnis,
   Selbsterfüllung durch Selbstbestimmung.
   Dies ist zu erreichen:
   a) durch die Befreiung von Fremdbestimmung,
   b) durch Überwindung von Angst bis zur möglichen Befreiung.

2. Änderung des eigenen Lebens:
   a) durch Änderung des Denkens,
   b) durch Änderung des Verhaltens.

3. Bewußte Übernahme von Verantwortung:
   a) für sich selbst und sein Schicksal,
   b) durch Übung von Selbstdisziplin,
   c) durch vertieftes Wissen um die inneren Zusammenhänge.

4. Durch Schaffung einer bildenden Kunst, die wieder diese Bezeichnung verdient, Kunst als eine Verkündigung, getragen von dem hier wiedergegebenen Wissen um das Ordnungsprinzip der Welt:
   a) durch eine ausübende Kunst: Musik, Malerei, Gesang, Tanz und Spiel,
   b) durch bewußte Einfügung in die kosmische Ordnung und Harmonie mit Hilfe einer solchen bildenden Kunst.

Über das Thema, was *Wahrheit* ist, wurde ausführlich referiert. Auch über die Individualität eines jeden Menschen. Den *gesunden* Menschenverstand zu suchen, wie ein jeder von seiner Warte einen solchen unterstellt, habe ich längst aufgegeben. Es gibt ihn nicht. Oder es gibt ihn (fast) sechs Milliarden Mal.
Aber es gibt die subjektiven Erfahrungen eines jeden Menschen, von der Geburt an oder auch schon Monate davor. Es ist faszinierend, den wissenschaftlichen Grundstrukturen des menschlichen Gehirns zu folgen, um mit Ned Herrmann festzustellen: »Die Welt als Ganzes ist ein ganzheitlich arbeitendes Gehirn!«
Wenn nun jeder Mensch einzigartig strukturiert und jeder anders als andere ist, dann ergeben sich daraus auch unterschiedliche Verhaltensweisen. Mit dieser Erkenntnis muß es doch leichter fallen, das Andersartige bei anderen Menschen zumindest zu tolerieren, wenn nicht zu akzeptieren!

Wenn du dem anderen sein Anderssein nicht zugestehst, bist du noch weit vom Wege der Weisheit entfernt!

Es ist mir nicht immer leichtgefallen, mich in der polarisierten Welt der industriellen Wirtschaft zurechtzufinden. Ist es nicht das *Yin-Yang*, der Ausgleich der Polaritäten, der uns letztlich der Lösung all unserer Probleme näherbringen wird?! Nicht das *Entweder-oder*, vielmehr das *Sowohl-als-auch* wird uns den Bewußtseinswandel vom Fische- zum Wassermannzeitalter bringen. Der Problem-Lösungsweg kann nur im Miteinander liegen: Die Schul-Medizin **und** die alternativen Methoden, die Ökologie **und** die Ökonomie, die Wissenschaft **und** die (seriöse) Esoterik. Nicht Konfrontation, sondern sich gegenseitig aufnehmende Integration wird den kreativen Menschen zukünftig fähig werden lassen, mit mehr Toleranz zu mehr Liebe und Erfolg zu gelangen! (Siehe IV-4.)

Viele Zeitgenossen lehnen heute noch die Psychologie ab, obwohl sie inzwischen zu den anerkannten Wissenschaften gehört. Andere halten nichts von Graphologie, und die Theologie ist sowieso bei vielen Menschen »out«. Wir können so fortfahren. Ich habe noch aus meinem engeren Freundeskreis die Bemerkung im Ohr: »Wie kann sich nur ein Vorstandsmitglied mit so einem Hokuspokus wie Esoterik und Numerologie beschäftigen?«
Für mich ist das Leben überhaupt und das Leben des Menschen im besonderen so vielgestaltig und facettenreich, daß die menschlichen Ansatzpunkte und Deutungen nur mangelhafte Mühen sind, die Komplexität ganz zu erfassen. Mit unseren gerade fünf Sinnen hinken wir in mehrfacher Hinsicht bereits der Tierwelt hinterher. Dennoch – das Leben ist wie ein großes Mosaik. Je mehr Steinchen wir uns erarbeiten, je mehr wir mit offenen Augen durch unser Leben gehen, desto mehr Teilaspekte vom Ganzen gewinnen zunehmend Kontur! Und wer will Teilaspekte dieser Vielgestaltigkeit als *unwahr* oder als *Hokuspokus* aussortieren, schon gar dann, wenn man diese gar nicht kennt?

Viele Kritiker lehnen Ansichten anderer Menschen ab, weil sie Vorurteile haben oder nur weil diese Meinungen nicht zum eigenen Erfahrungshintergrund gehören. In der einseitigen Verblendung darf dann oft auch *nicht wahr* sein, was nicht paßt. Erstaunlicherweise entnehmen die Hokuspokusrufer dann ihre *Wahrheiten* den Medien oder der Regenbogenpresse, weil man es ja dort *schwarz auf weiß* gelesen hat. Oder, wie in der Praxis oft erlebt, Menschen kennen nur ihre eigene Meinung und akzeptieren nur das, was sie durch eigene Erfahrung in der Vergangenheit als (für sie) richtig erlebt haben. So kommen dann auch krasse Fehlentscheidungen von Führungskräften zustande, die riesige Kosten verursachen. Zum eigenen Sohn hat man dann wenig Kontakt, weil dieser *Esoteriker* ist. Hier schließt sich der Kreis zu meinen einleitenden Worten.
Ich habe mich in der Zeit meiner Führungsaufgaben in der Industrie mit meinen Kenntnissen gerade aus der Psychologie und vor allem der Numerologie offiziell eher zurückgehalten. Eine mögliche Diffamierung und die Gefahr des *kulturell Nichtpassens* war einfach den täglichen Aufgaben und Entscheidungen nicht förderlich. Wir werden sicher noch eine Generation brauchen, bis sich vorherrschendes wissenschaftliches und ökonomisches Denken mit dem Ganzheitsansatz vermischen. Alles hat seine Zeit ...

Ziel dieses Buches ist es nicht, einen Reichstein oder Hans Müller *beweisen* zu wollen. Ziel ist es, **den** Teil der numerologischen Ansätze verständlich zu beschreiben, der dem Autor in der eigenen Praxis immer wieder faszinierende Hilfestellung gegeben hat; bei geschäftlichen und auch bei privaten Problemstellungen. Es blieb dabei nicht aus, daß der eigene Verstand die numerologischen Hinweise auch schon einmal übergangen hat – und die getroffene Entscheidung dann im nachhinein prompt falsch war. Aber dafür bin auch ich ein (kritischer) Zeitgenosse dieses wissenschaftlich geprägten Jahrhunderts. Und – Fehler darf ja jeder machen – nur nicht immer den gleichen!

Hier noch einmal der Hinweis, daß Numerologie, genauso wie die Esoterik insgesamt, nicht zum Manipulieren geeignet ist. Das funktioniert nicht! Organisationen, die mit diesen Ansätzen arbeiten, sind mehr als fraglich und müssen letztendlich scheitern! Auch im privaten Bereich verbieten sich solche Absichten. Übrigens habe ich bisher nicht versucht, die richtigen Lottozahlen zu errechnen. Sollte das überhaupt möglich sein, dann bliebe doch die Frage, ob das dann letztlich wohl auch Glück bringen würde.

Zahlen sind nichts weiter als Symbole,
eine Methode für die Menschen,
um Ordnung ins Universum zu bringen.
Die Sprache der Zahlen ist genauer als Worte.
Aber redet TAO?
Es ist wichtig, die Zahlen zu beherrschen,
aber achte darauf,
deinen Blick über Worte und Zahlen hinaus
auf die wahre Realität dessen zu richten,
was sie erahnen lassen.

(Tao; Deng Ming-Dao)

III Der Mensch im Unternehmen

1 Wie Machtausübung Ihr Leben beeinflußt

Im zweiten Kapitel dieses Buches habe ich darauf hingewiesen, daß in der Geschichte der Menschheit immer die Mächtigen festlegten, was *wahr* ist oder als *wahr* zu gelten hat. So wurde und wird die Struktur einer Gesellschaft stets von einer Gruppe geprägt, die, unabhängig von der Staatsform, die Macht ausübt. Das Volk akzeptiert mehr oder weniger freiwillig, was vorgegeben wird und den Mächtigen nutzt.

Gilt das auch für unsere parlamentarische Demokratie? Wir können hier zwar unsere Regierung selbst wählen – nur ist die Wahl nicht besonders groß. Die Wähler suchen *das kleinere Übel* unter Ideologien, die sich ohnehin ähneln, wenn wir einmal radikale Auswüchse außen vor lassen. Die Gewählten sind dann die (politisch) Machthabenden – und denken leider nur viel zu oft im Rahmen einer vorgegebenen Periode an eigene Vorteile, Einkünfte und Absicherungen ...
Trotz aller Schwächen – ich habe auf der Welt keine bessere, menschlichere Voraussetzung für ein politisches System kennengelernt als die der parlamentarischen Demokratie. Ein solches System ist allerdings nicht übertragbar bei ganz anderen Voraussetzungen, wie sie in Ländern Afrikas, Südamerikas oder/und in Asien gegeben sind.
Abgesehen von politischer Macht: Die Macht geht in den Ländern des Industriezeitalters eher von den inzwischen weltweit vernetzten Finanzzentren aus, von den Banken, von den Versicherungskonzernen und auch von den großen Firmen. Diese Konglomerate werden nicht gewählt, sie bestimmen unabhängig von Legislaturperioden die Geschicke, das Einkommen und den Wohlstand von Menschen und damit von

Nationen. Hier bildet sich öffentliche Meinung, hier entwikkelt sich unser Gesellschaftsbild, von hier kommen die materiellen Zwänge, denen wir – oft auch nur vermeintlich – unterliegen.

Und in diesem Rahmen sind wir alle aufgewachsen. Sie und ich: wir orientieren uns seit unseren Kindheitstagen an dieser vorgegebenen Ordnung. Wir sind so eingebunden in Regeln, Verordnungen und Gesetze, daß uns dies schon gar nicht mehr bewußt wird.

So haben wir ein Leben ohne uns auferlegte Regeln nie erfahren. Vom Kleinkindesalter an sind wir – zumindest die meisten von uns – an *Korruption* gewöhnt, um es kraß auszudrücken. Wir tun das, was uns die Eltern vorgeben, andernfalls sind oder werden wir einem Liebesentzug ausgesetzt. Wir passen uns in der Schule an, oder wir unterlassen etwas, weil wir angedrohten Nachteilen oder gar Strafe entkommen wollen.

Oder, obwohl wir lieber etwas anderes vorziehen, ordnen wir uns unter, nur um in den Genuß von Privilegien zu kommen. Diese Neigung zu Anpassungsprozessen nehmen wir dann mit in unser Erwachsenenleben. Nicht *korrupt* zu handeln, erfordert Mut und Kraft zur Eigenverantwortung. Unter diesem Gesichtspunkt ist die Überzeugung eines Vorstands-Vorsitzenden in der Industrie, wie ich dies unmittelbar beobachten mußte, nachvollziehbar, wonach *alle guten Verkäufer korrupt seien.* Er hat die Wechselwirkung des Gebens und Nehmens (Forderns) in seiner Erziehung in der Jugend als unabdingbar für sein Leben übernommen. Bei anderer Gelegenheit hielt er sich dann für seinen *ersten Verkäufer* in der Firma ...

Auch beim Eintritt in eine Berufslaufbahn wird deutlich, wie wir alle abhängig sind. Das betrifft nicht nur gewerbliche oder kaufmännische Mitarbeiter in einer Firma, sondern genauso Selbständige, die ja ebenfalls in die Wirtschaft eingebunden sind und z. B. von ihren Kunden abhängig sind. Vor allem in den Firmen bewegt sich der Mitarbeiter unausweichlich im Machtgefüge der Hierarchien. Die evolutionär in uns liegenden Verhaltensmechanismen der Flucht oder der Aggression helfen in diesem modernen Abhängigkeitsverhältnis nicht weiter: Es bleibt meist nur die Verdrängung und wenn es ins Unbewußte ist!

Dieser Verdrängungsmechanismus ersetzt dabei unseren Selbsterhaltungstrieb. Das bedeutet andererseits auch, daß wir unsere Wirklichkeit durch vorgesetzte Filter völlig anders erleben, als sie wirklich ist. In unserer Befangenheit akzeptieren wir nur das als richtig, was auch in unser selbst gewähltes Schema paßt. Die vermeintliche Integration in unser privates und berufliches Umfeld vermittelt uns ein Gefühl der Sicherheit. Wir richten uns – wie im Kindesalter – nach den anderen, lassen uns konditionieren und manipulieren und halten das eigene Tun und das Verhalten anderer für *richtig.* Wenn wir dabei im Machtbereich anderer landen, merken wir es meist nicht einmal. Wir vergleichen dabei immer mit unseren Erfahrungen der Vergangenheit, mit dem, was *man* uns gelehrt hat, was *man* uns gesagt hat, wie ein *ordentlicher* Mensch auszusehen hat und was zu tun und zu lassen ist. So, wie sich dies andere Menschen eben vorstellen.

Wenn uns diese Mechanismen bewußt werden, dann kann dies der erste Schritt sein, wirklich frei zu werden. Ihr Wille, Ihre Bereitschaft, Ihr leidenschaftlicher Wunsch, frei zu werden, ist die Voraussetzung, aus der *Knechtschaft* oder aus dem eigenen *Gefängnis* freizukommen.

Hier ist es angebracht, einmal die menschlichen Machtspiele bewußt zu machen, so daß Sie Spiele und Spieler leichter erkennen und durchschauen können. Denn zur Macht kommt die Angst, die zwar auch bei den *Mächtigen* eine große Rolle spielen kann, die aber zumeist bei den in der Hierarchie Untergeordneten überhaupt erst der Boden für die bereitet, die die Macht ausüben. Meist ist es auch nur die Angst vor der Meinung anderer: Was werden die anderen denken?

Wir gestatten so den anderen, uns gegenüber Macht und Kontrolle auszuüben, und meist ist es nur eine kleine Zahl von Menschen, denen wir eine solche Macht über uns einräumen. Diese kontrollieren und manipulieren uns manchmal auf eine Weise, die uns nicht mehr bewußt ist und die uns abhängig macht von ihrer Zustimmung, Ablehnung oder auch nur Kritik. Schließlich opfern wir einem solchen Kreis unsere Individualität.

Robert S. de Roop [39] beschreibt die Machtspiele der Menschen als *Ob*jekt-Spiele. Er unterscheidet auf der unteren Stufe drei Basisspiele:

(Macht-)Spiele:		**Ziel:**
• Schwein am Futtertrog	→	Reichtum
• Hahn auf Misthaufen	→	Berühmtheit
• Molochspiel	→	Ruhm oder Sieg

»Das niederträchtigste und tödliche **Moloch-Macht-Spiel** wird seit Menschengedenken in Form von Kriegen ausgetragen. Die Menschen bringen sich gegenseitig um – und die Orgie der Zerstörung wird durch nichts gebremst, weder durch irgendein Mitempfinden noch von ethischen Regeln. Die Macht der Spieler dieses Spieles, ausgewählt durch verschiedene Formen von Zwang und Erpressung, ist so groß, daß die betroffenen tausende junger Männer wenig protestieren. Sie gehen zu ihren Gräbern wie ins Bett und wagen nicht, die Leere der schillernden Worte aufzudecken, worauf das Molochspiel basiert.« [39]
Wer heute zur Jahrtausendwende meint, solche Greueltaten seien Geschichte, dem zeigen die schrecklichen Vorgänge nicht nur in Südosteuropa, daß solche Machtspiele dem Menschen eigen sind und sich wiederholen.
Analysieren wir menschliches Verhalten *in unseren Breiten*, im privaten als auch im beruflichen Umfeld, dann erkennen wir eher die Kriterien der beiden anderen, weitverbreiteten, niederen (Basis-)Machtspiele:

»Schwein am Futtertrog:
Dieses Spiel weist alle Eigenschaften auf, die *Kapitalisten* zugeschrieben werden: unersättliche Gier, Rücksichtslosigkeit,

Verschlagenheit und Selbstsucht. Im Laufe der Zeit wurden die Spielregeln komplizierter, das Spiel subtiler.

Hahn auf dem Misthaufen:
Dieses Machtspiel wird zwecks Erlangung von Berühmtheit gespielt. Es dient in erster Linie zum Aufblasen des falschen Egos und zur Aufrechterhaltung dieses Zustandes. Spieler dieses Machtspieles dürsten danach, weitbekannt zu werden und daß man über sie spricht. Kurz, sie wollen gefeiert werden, ganz gleich, ob sie mit etwas Feiernswertem aufwarten können oder nicht.
Dieses Spiel wird Menschen in manchen Berufen praktisch aufgedrängt (z. B. Schauspielern und Politikern), die gezwungen sind, ein öffentliches Image zu wahren, das den realen Verhältnissen überhaupt nicht entspricht. Aber der wirkliche Spieler des *Hahn-auf-dem-Mist*-Spieles, dessen Glück ausschließlich von der Häufigkeit abhängt, mit der er seinen Namen in den Zeitungen sieht, sorgt sich nicht besonders um sein öffentliches Image. Ihm ist irgendeine Publizität wichtiger, als gar keine.« [39]

Es ist nicht meine Absicht, in diesem Rahmen das Thema Macht mit allen Aspekten abzuhandeln, dazu gibt es viele Bücher. Außerdem ist Macht zunächst weder gut, noch schlecht: die Eltern haben (in der Regel) Macht über ihre Kinder, was sich sehr positiv auswirken kann.
Zur klassischen Machttriade gehört in der Praxis das Zusammenspiel von Wissen, Reichtum und Gewalt. Aber auch das sind, wie wir wissen, nicht die einzigen Quellen der Macht.

Ziel dieses Abschnittes ist es, die Aufmerksamkeit auf dieses Thema zu lenken, jeden einzelnen zu sensibilisieren, daß wir auch dort Macht abgeben oder abzugeben bereit sind, wo dies unnötig auf Kosten unserer Individualität geht! Schlimm ist es natürlich, wenn im Berufsleben machthungrige Führungskräfte auf ebenso psychopathische und machtbesessene Betriebsratsvorsitzende stoßen. Die Prestige *Hahn-auf-dem-*

Mist-Spiele werden dann nicht selten auf dem Rücken der Mitarbeiter ausgetragen. Im besten Falle sind es nur Erpressungsvorgänge mit politischen Kompromißlösungen – und wenn es nur die Zurverfügungstellung eines Dienstwagens für den Betriebsrat zur Folge hat.
Indem Sie die Macht, die andere, bewußt oder unbewußt, auf Ihr Leben ausüben, beobachten und erkennen, können Sie dies mit Ihren eigenen Lebenszielen abgleichen. In den meisten Fällen werden Sie die negative Konsequenz für Ihren eigenen Weg sehen und dabei, vielleicht nicht immer direkt, einen Ausweg oder einen Ausstieg in der von Ihnen gewünschten Richtung vornehmen können.

Wissen ist Macht
(Francis Bacon)

Wir wissen nichts; macht nichts!
(Führungskräfte-Slogan
in einem deutschen Konzern)

2 Ethik im Unternehmen

Wim Kok, der heutige Ministerpräsident in den Niederlanden, hat als Leiter des holländischen Gewerkschaftsbundes Anfang der 80er Jahre formuliert, daß er niemals Vorsitzender einer Gewerkschaft sein werde, die in eine Solidarität Arbeitslose nicht mit einbezieht. Er nannte das »ethische Verantwortung«.

Nicht nur für die Politik trifft dies zu. Jede unternehmerische Entscheidung hat zugleich auch moralische und soziale Aspekte und so stehen die Begriffe Ethik und Unternehmen untrennbar miteinander in Wechselwirkung.

Was aber ist *Ethik*? Ein Manager* sieht sich *ethisch* handeln, wenn er Menschen entläßt, um die Wirtschaftlichkeit seiner Firma (wieder)herzustellen, um diese zu retten. Länder, die Menschenrechte mißachten, werden boykottiert. Waffen werden für die jeweils *gute* Seite hergestellt und gehandelt. Tierversuche sind – so die Verfechter – für die Entwicklung von wichtigen Pharmazeutika unverzichtbar. Ist es *ethisch*, wenn von einer Religionsgemeinschaft Andersdenkende als Menschen zweiter Klasse behandelt werden, mißhandelt werden dürfen – und selbst Mord nicht vor einen (irdischen) Richter kommt?
Was sind dann dagegen nur *lässige* Vergehen, z. B. ökologische, die vom Management gedeckt oder gar selbst veranlaßt werden? Welche *ethischen* Richtlinien sind in der Politik maßgebend?
Was also ist *Ethik*? Sokrates, Plato und später auch Aristoteles haben sich mit diesem Thema befaßt. In der modernen Literatur haben wir viele Erklärungsansätze, die zum Teil hochgeistig sind – und deshalb für den täglichen Gebrauch schwierig umsetzbar scheinen.
Wenn Sie ein Fachwörterbuch konsultieren, dann hört sich das so an:

> »Ethik (griechisch *ethos*, Haltung, Gepflogenheit, Sitte), Morallehre, die Lehre vom Guten und seinen Gegensätzen, von den Prinzipien des sittlichen Handelns und von den sittlichen Werten. Die Ethik ist praktische Disziplin der Philosophie. Zur Psychologie der Ehtik gehören sittliches Wertbewußtsein wie das Gewissen und verantwortungsbewußtes Verhalten.« [8]

Hier kann jeder für sich das *Richtige* heraussuchen, je nach Kultur, Erziehung und Wertvorstellungen der Gemeinschaft. So wird schnell deutlich, daß jeder aus seiner individuellen

---

* Definition nach Peter Drucker/Warren Bennis: in Abgrenzung zum Unternehmer: »Ein (guter) Manager erledigt die Aufgaben richtig – ein Unternehmer/Führer entscheidet über die richtigen Aufgaben«

Entwicklung heraus andere Wertvorstellungen hat und damit auch differenzierte Ethik-Ansätze in seinem Verhalten.
Das Thema *Ethik* ist also so vielschichtig, daß es ein Schwarzweißbild auch hier nicht geben kann. Andererseits ist das Thema dieses Buches, das menschliche Verhalten und die unterschiedlichen Charaktere, die Stellung des Menschen im sozialen Umfeld, so eng mit Ethik verbunden, daß hier auf einige grundsätzliche Aspekte einzugehen ist.
Die Friedrich-Ebert-Stiftung hat 1998 in einer Repräsentativbefragung 6000 Deutsche nach ihrer Werte-Grundhaltung befragt [44]. Bei der Auswertung auch dieser Erfahrung wird deutlich, wie Werte – und diese sind ja die Basis für eine individuelle Ethik – nicht universell gültig, vielmehr in hohem Maße milieu- und kulturabhängig sind.
Waren die Eckpfeiler einer (nach Max Webers protestantischer) Ethik, wie diese die Aufbaujahre nach dem zweiten Weltkrieg im wesentlichen prägten, noch Disziplin, Ordnung, Fleiß und Askese, so wird Erwerbsarbeit vor allem für jüngere Menschen im Westen Deutschlands nicht mehr als *zentraler Lebensinhalt* gesehen. Arbeit und Beruf sind hier nur noch für 49 % von »sehr großer Bedeutung«, Fleiß noch für 45 % (im Osten Deutschlands: 71 bzw. 69 %).
Die Reihenfolge bei dieser Erhebung: führend sind die Familie, dann kommen Gerechtigkeitssinn, das Pflichtbewußtsein, die Geborgenheit und die Zukunftssicherung. Treue, gesundes Leben und Recht/Ordnung stehen ebenfalls ganz oben.
Am Ende der Skala steht der Glaube an Gott. Im Westen Deutschlands ist dieser Glaube noch für 27 % von sehr großer Bedeutung, im Osten gar nur noch für 9 %. Liegt in dieser drastischen Wertuntergrenze die Ursache für die vielfach beobachtete Sinnleere der Menschen unserer heutigen Zeit, für das Fehlen *jeglicher Ethik*, wie Kritiker der heutigen Gesellschaft das vielfach bemängeln?
In engem Zusammenhang stehen dabei einerseits die Tendenz vieler Menschen nach einer Selbstverwirklichung und die sich rapide ändernde Erwartungshaltung im beruflichen Umfeld andererseits. Denn eines ist sicher richtig: »Die wich-

tigste Veränderung ist in den Ansprüchen der Menschen zu beobachten. Die Menschen treten ihrem Unternehmen in zweifacher Weise entgegen; einmal als Kunden und einmal als Mitarbeiter. Die Mitarbeiter stellen plötzlich ganz andere Forderungen an ihr Leben. Sie wollen nicht mehr nur arbeiten, mehr verdienen, mehr konsumieren, sie wollen sich plötzlich selbst verwirklichen; sie fragen nach dem Sinn ihres Tuns und stellen das bloße Geldverdienen in Frage.

Die Mitarbeiter engagieren sich plötzlich in Bürgerinitiativen oder sozialen Einrichtungen, sie verwirklichen sich in Hobby- und Heimwerkeraktivitäten. Sie halten sich für unternehmerisch, indem sie Schwarzarbeit leisten, sie genießen ihr Leben durch Reisen und viele andere Aktivitäten. Im Grunde sehen sich die Menschen eher in einer Position, in der sie die freie Wahl haben, ob sie ihr Engagement dem Unternehmen, bei dem sie beschäftigt sind, widmen – oder ihren Freizeitaktivitäten.

Aber wer ist schuld hieran? Die Menschen, die sich so entscheiden? Daß sie sich für so viele für sie sinnmachende Dinge engagieren, zeigt doch, daß sie nicht stumpf und uninteressiert sind. Mein Eindruck ist eher, daß viele Unternehmer selbst schuld daran sind, wenn sie nicht das volle Engagement ihrer Mitarbeiter haben. Vielleicht engagieren sich die meisten Menschen nur deshalb in anderen Bereichen, weil sie dort etwas erhalten, was in ihrem Unternehmen fehlt: Anerkennung oder auch das Bewußtsein, sich für etwas Sinnvolles zu engagieren – oder einfach Entscheidungsfreiheit, eine menschliche Atmosphäre.

Ein Unternehmer wird sich in der Zukunft noch weniger die Leistungsbereitschaft seiner Mitarbeiter erkaufen (durch höhere Löhne), noch (durch Drohungen) erzwingen können. Er muß sich um diese Leistungsbereitschaft regelrecht bewerben: durch ein *mitarbeiterorientiertes Führungsverhalten*, durch eine *ethisch fundierte* Sinngebung, durch individuelles Eingehen auf die Bedürfnisse aller Mitarbeiter [61].

Hier kommen nun zwei Strömungen zusammen: die ethischen Vorstellungen der Mitarbeiter einerseits und die ethischen des

Unternehmers andererseits. Im optimalen Falle sind diese kongruent und ergänzen sich. Auch eine Führungskraft, ein Manager oder Unternehmer muß nicht deshalb eine andere ethische Vorstellung haben, nur weil er von einer anderen Ebene aus denkt. Die Grundwerte bilden sich bei jedem individuell im Laufe der Jahre heraus und verfestigen sich. Und auch von diesem Blickwinkel aus gesehen, ist ein Unternehmer *eben auch nur ein Mensch*. Bei ihm kommt – und das wird oft übersehen – eine herausragende Verantwortung für das Ganze hinzu. Die Sichtweise verändert sich auf jeder höheren Hierarchie-Ebene, die Verantwortung wird größer.
Dann sind nicht nur auf ein gutes Arbeitsklima immer mehr Rücksichten zu nehmen: auf die Arbeitnehmer, auf die Kunden, auf die Anteilseigner, auf die Umwelt, auf die Politik und auf die Gesetze allgemeiner Art. Aus allen Richtungen erwachsen Zwänge, die ohne Kompromisse nicht aufzulösen sind. Man kann formulieren: je höher der Aufstieg in eine Organisation, je größer erscheint der Horizont und das Spielfeld – der Spielraum wird es nicht!
Die Welt besteht dann nicht mehr aus »Schwarzweiß«, vielmehr treten die Grautöne deutlicher hervor. Deshalb ist die Persönlichkeit nicht weniger oder mehr ethisch. Dabei sind grundsätzliche Grenzen durch geschriebene oder ungeschriebene Gesetze vorgegeben. Nur – wer will das Verhalten oder die Beschlüsse eines Unternehmers verurteilen, nur, weil eigene Wertvorstellungen dem nicht entsprechen? Der eigene Standpunkt entscheidet immer ganz wesentlich, wie man über diese Dinge denkt. Nach meiner Erfahrung läßt sich bei gutem Willen aller Beteiligten (fast) immer ein Konsens finden, wenn Handeln nach dem Zitat aus der Bergpredigt ausgerichtet wird:

Das, was du nicht willst, was man dir tu,
das füg' auch keinem andern zu!

Eine ethische Grundlage für alles unternehmerische Handeln ist ebenfalls das von **S. R. Covey** beschriebene Win/win–Paradigma der menschlichen Interaktion: eine »Einstellung, bei der Kopf und Herz immer Vorteile für alle Beteiligten suchen.« [4]

Nach meiner Überzeugung brauchen wir in Europa an den Hochschulen kein Lehrfach Unternehmensethik, wie dies in den USA schon lange üblich ist. Heute ist in gut geführten Betrieben unternehmerisches Handeln schon lange nicht mehr *nur* auf Gewinnmaximierung festgelegt. Hier gilt es, von alten Rollenklischees wegzukommen. Die Figur des Unternehmers ist so vielen Mißverständnissen ausgesetzt wie das Wirtschaftssystem, in dessen Zentrum es steht – der Marktwirtschaft.
Wenn es um Ethik und Moral geht, dann wird die Marktwirtschaft von vielen nur daran gemessen, was sie an sozialer Gerechtigkeit produziert. Oft bleiben auch unter *Marktwirtschaftlern* diejenigen in der Minderheit, die bereit sind, ethische Ziele des Wirtschaftens in der Freiheit, in der Leistung *und* in der Selbstverantwortung zu sehen. Dabei wird von gesellschaftspolitischer Verantwortung des Unternehmers und unternehmerischer Ethik in höchst verschwommener Form gesprochen. Meist ist dabei der kritische Unterton nicht zu überhören, wonach moralische Kriterien mit der sozialen Marktwirtschaft zu wenig Beachtung finden und deshalb die Führenden und Unternehmer dringend der Ermahnung und Belehrung bedürften.
Dabei verneint kein seriöser Unternehmer eine ethische Verantwortung – aber dies kann nicht auf der Akzeptanz aller möglicher Forderungen beruhen, die auf eine Abkehr von den Grundprinzipien unternehmerischen Handelns und der Marktwirtschaft hinauslaufen. Zu diesen Grundprinzipien gehören unabdingbar die Anerkennung von Leistung jeder Art, sowie die Eigenverantwortlichkeit jedes einzelnen.

Es gehört zu den Auffälligkeiten unserer Zeit, daß einerseits von einem Unternehmer Erfolg bei der Erfüllung seiner Aufgaben und die hierfür erforderliche hohe Leistung als selbst-

verständlich erwartet wird, ihm andererseits hierfür häufig Mißgunst und Kritik entgegenschlagen.
Nach der zitierten Studie [44] meinen 43 % der Befragten (im Osten 33 %), daß »unfähige Manager den Standort Deutschland gefährden«; 76 % meinen das, weil »Manager zu gut verdienen«. Den Kritikern – etwa für die Hälfte ist Selbstverantwortung und Eigeninitiative nicht von »sehr großer Bedeutung« – entgeht dabei ganz offensichtlich, daß ein entscheidender Teil der unternehmerischen Aufgabe darin besteht, die Rentabilität und Wettbewerbsfähigkeit des Unternehmens zu sichern und das heißt im Ergebnis, Gewinne zu erwirtschaften.
Ohne Gewinne können keine Investitionen finanziert und keine neuen Arbeitsplätze geschaffen, beziehungsweise vorhandene gesichert werden. Nur ertragsstarke Firmen verfügen über den finanziellen Spielraum, um zusätzliche Leistungen auf sozialem Gebiet zu erbringen und Umweltschutzmaßnahmen durchzuführen. Es liegt gewiß auch an den Unternehmen selbst, diese elementaren Zusammenhänge immer wieder deutlich zu machen, um einer Demagogie der Schlagworte entgegen zu wirken.
Verantwortungsbewußte Unternehmen haben sich seit jeher um das Wohl und Wehe ihrer Mitarbeiter gesorgt und ethisch gehandelt. In manchen Fällen ging die patriarchalische Fürsorge, insbesondere in Familienunternehmen, sogar beträchtlich über heutige Gepflogenheiten hinaus. Doch hat das Thema Ethik in unserer Zeit eine andere Dimension angenommen.
Das Thema Umweltschutz wird zum Beispiel in den nächsten Jahren noch mehr an Bedeutung gewinnen; laut der zitierten Studie der Friedrich-Ebert-Stiftung ist heute das Umweltbewußtsein für jeden zweiten Bundesbürger *von sehr großer Bedeutung*. Es liegt an den Unternehmen, durch nüchterne, sachliche Darstellung der Probleme – auch die Tatsache, daß es unvermeidliche Risiken gibt – aufklärend zu wirken und der Emotionalisierung bis hin zur allzu leicht zu entfachenden Umwelthysterie soweit wie möglich den Boden zu entziehen. Nur völlige Offenheit, auch hinsichtlich begangener

Fehler und eventueller Versäumnisse, kann die Glaubwürdigkeit der Wirtschaft sichern.
Dabei geht es auch darum, illusionistische Vorstellungen über die Verwirklichung ökologischer Ziele als solche anzugehen. Als Beispiel hier nur der Hinweis, daß es den zur Zeit wieder einmal diskutierten schnellen Ersatz der Kernkraft nicht geben wird. Und warum werden nicht auch die Segnungen ins rechte Licht gerückt, die Wachstum und technischer Fortschritt auf fast allen Gebieten, zum Beispiel in der Chemie und Pharma-Industrie, gebracht haben? Die durchschnittliche Lebenserwartung von unseren Vorfahren im 19. Jahrhundert lag um Jahrzehnte niedriger!
Ethisches Verhalten für Unternehmer bedeutet, aus eigener Verantwortung Produkte, Herstellungsverfahren und Methoden zum Beispiel zur Abfallbeseitigung zu entwickeln, die Umweltgefährdungen zu vermeiden und bestehende Umweltbelastungen reduzieren können – auch da, wo noch keine behördlichen Verordnungen dazu zwingen.
Diese Eigenverantwortung hat noch eine andere Dimension und hier müssen die Verantwortlichen unter Beweis stellen, daß ethische Grundsätze unabdingbar zur Wirtschaftsordnung der Marktwirtschaft gehören. Es geht um die Fälle, in denen Unternehmer aus ethischer Verantwortung auch Grenzen für Forschung und Entwicklung – und damit letztlich auch für die Gewinnoptimierung – selbst setzen und akzeptieren. Beispielsweise in der Gentechnik. Verantwortung, menschliche und ökonomische Vernunft gehören untrennbar zusammen!

In seiner Aufsatzreihe »Die Ethik des Überlebens« faßt **Roland Henssler** zusammen:
»Wer unsere im Wandel begriffene Welt betrachtet und zu verstehen sucht und wer andererseits erfolgreiche innovative unternehmerische Konzepte analysiert, stellt eines fest: Der Mensch mit all seinen menschlichen Ansprüchen ist in den Mittelpunkt gerückt.
Wir können ihn weiterhin mechanistisch zu manipulieren versuchen, oder wir können ihn ernstnehmen. Dann könnte

es sein, daß die Grundsätze der Ethik, das einfache, »gute« menschbezogene Verhalten als Richtschnur für unser unternehmerisches und allgemein geschäftliches Verhalten sehr wohl taugen. Viel deutet darauf hin, daß es so ist. Vielleicht könnte eine so gesehene Ethik der einzige Weg sein, in unserer Welt zu überleben.« [41]

Auch wenn diese Zusammenfassung etwas dramatisch klingen mag oder auch simplifiziert; sie steht keineswegs im Widerspruch zu dem Dilemma, dem Unternehmer bei Entscheidungen auch weiterhin ausgesetzt bleiben werden.

Bei allem Kampfgeist, der die Unternehmer auszeichnen muß, ist doch immer abzuwägen, inwieweit ein Geschäft vor Verantwortung gehen darf. Gewinnoptimierung hat dort Grenzen, wo eine Übereinstimmung mit vorgegebenen und zu lebenden Werten nicht mehr vorliegt. Ein Unternehmer muß glaubwürdig bleiben, und das kann er nur, wenn die Aktivitäten mit seinen Aussagen übereinstimmen.

Hier liegt die Verantwortungsethik der Führenden, hier ist »*Ethos* gefragt, im Sinne einer persönlichen und moralischen Haltung«, wie dies **Hans Küng** einmal formulierte. Und Ethik steht ja mit diesem übergeordneten Ethos in einem engen Zusammenhang. Hans Küng: »Derjenige, der weiß, daß alles relativ ist, daß der Mensch alles, was von Gott geschaffen ist, benützen darf, aber ausgerichtet auf ein Ziel, wird wahrhaft frei, souverän. Das ist mit Ethos gemeint, mit Sinnhorizont im Leben. Wenn man weiß, wofür man da ist, wofür man arbeitet, vielleicht auch einmal älter wird, vielleicht mal krank wird, letzte Maßstäbe setzt, die nicht alles lösen, was täglich auf den Tisch kommt, aber die doch Ausrichtung geben, indem man sagt: Bestimmte Dinge mache ich nicht! Ohne mich! Auch wenn die anderen sagen: Sie sind sonst immer so vernünftig! Gerade wenn man vernünftig ist, muß man ethisch sein!« [42]

3 Neurotiker und Psychopathen im Unternehmen

3.1 Was sind Neurosen und Psychosen?

Nach statistischen Erhebungen haben etwa 50 % der Bevölkerung kleinere oder größere psychische »Macken«. Meist ist das daraus abgeleitete Verhalten auf die kindliche Frühzeit der Entwicklung zurückzuführen. Engramme, das sind erlebte Reizeinwirkungen auf das Gedächtnis, werden im Unter- und Normal-Bewußtsein verankert. Nicht alle Macken wirken jedoch störend, sondern können vielmehr bewußt erlebt – und auch akzeptiert werden. Auch sind nicht alle gleich als neurotisch zu bezeichnen. Meist liegen bei einer neurotischen Entwicklung elementare Voraussetzungen vor:

- angeborene Dispositionen, Triebhaftigkeit oder Antriebsschwäche,
- ungünstige Umwelteinflüsse,
- Abwehrhaltungen und
- Aktualisierung eines alten Konfliktes durch Belastung.

Die Begriffsdefinition **Neurose** ist in der Psychotherapie uneinheitlich. Sigmund Freud, der die Psychoanalyse gezielt zur Therapie der Neurose entwickelt hat, sieht diese im wesentlichen als eine *durch Verdrängung entstandene Fehlhaltung*. Für C. G. Jung ist Neurose »ein Zeichen von Desintegration, einer Selbstentzweiung – jedoch zugleich ein Hinweis auf eine Wiedervereinigung des Unbewußten mit dem Bewußtsein«. Alfred Adler faßte Neurosen als »Überkompensation« auf, und Ivan Pawlow bezeichnete sie als »Störung des Hirngleichgewichtes«.

Zusammenfassend und übergreifend läßt sich Neurose als abnorme seelische Entwicklung mit Komplex-Verselbständigung definieren. Einerseits spielen Verdrängung und Unbewußtheit des Komplexes eine Rolle, andererseits die dazugehörigen Abwehrvorgänge [47]. Als besonderes Kennzeichen der Neurose gilt der Zwang zur Wiederholung, d. h. ein Neurotiker ist in seinen Entscheidungen nicht frei. Der unbewußte Konflikt zwingt ihn dazu, in entsprechenden Situationen immer gleich zu reagieren.

Die Skala der neurotischen Beschwerden ist weit gespannt, die Symptomatik vielfältig. Fast immer ist ein Neurotiker in seiner Einstellung gegenüber sich selbst und anderen gehemmt, verunsichert, leicht verletzlich, verstimmbar und in seinen emotionalen Beziehungen gestört.

Viele Menschen unserer heutigen hektischen und materialistischen Welt leiden unter zwanghaften Zügen, die aber deshalb noch nicht als *abnorm* oder *krank* gelten müssen. (Auch) hier ist bei einer flüchtigen Be-Urteilung besondere Vorsicht geboten. Wie oft treffen wir in unserem privaten und beruflichen Umfeld die besonders Ordnungsliebenden, die Pünktlichen oder die unter allen Umständen Pflichtbewußten! Dem ordnungsliebenden Menschen wird es ein Greuel sein, an einem unaufgeräumten Schreibtisch zu arbeiten. Der Pünktliche wird nervös, wenn er zu einer Verabredung zu spät kommt und der Pflichtbewußte wird dazu neigen, die Vorgaben etwas zu übertreffen.

Es handelt sich hier um Vorformen neurotischer Entwicklungen, jedoch erfüllen solche Menschen im sozialen (Berufs-) Leben wichtige Funktionen und werden überall dort gebraucht, wo es eben auf Ordnungsliebe, Pünktlichkeit oder Pflichtbewußtsein besonders ankommt.

Einige der häufigsten Neurosen sind Angstneurosen (Platzangst wie Klaustrophobie, Agoraphobie und Tierphobien). Innerhalb der Neurosenstrukturen unterscheiden wir die der Hysterie, des Zwanges, der Depression, die des Schizoiden und traumatische Neurosen (Auslösung z. B. durch Unfall).

Bei einer Neurosen-Entwicklung sind Umwelteinflüsse, besonders aber familiäre Einwirkungen im Kindesalter wesentlich. Der Neurotiker leidet unter seiner Störung, aber auch unter der Umwelt. Ebenfalls kann die Umwelt unter einem Neurotiker leiden: unter seinen Ansprüchen, seiner Verschrobenheit, Indifferenz und/oder unter seinen für andere oft unverständlichen Ängsten und Zwängen.

Im Gegensatz dazu leidet ein **Psychopath** unter den anderen und den Umständen: Es sind immer die anderen für Fehler verantwortlich, haben Schuld oder sind unqualifiziert. Ein Psychopath ist nur sehr bedingt zur Anpassung fähig – in manchen Bereichen überhaupt nicht! Seine Einstellung und seine Haltung sind starr, häufig kompromißlos. Man kann sagen, der Psychopath und die Umwelt sind gegensätzlich motiviert.

Die Psychotherapie vermutet bei einer psychopathischen Störung die Veranlagung als auslösenden Faktor. Wobei eine psychogene Entwicklung nicht punktuell vorgegeben sein muß, sondern sich vielmehr im Lauf der Entwicklung herausbilden kann. Um manifest zu werden, bedarf es eines bestimmten Milieus, einer Kette bestimmter Ereignisse, so daß sich Anlage und Umwelteinflüsse gleichsam potenzieren. Meistens bilden sich in der Pubertät triebhafte und aggressive Züge.

Ein Psychopath ist sich seiner gegensätzlichen Motivation nicht bewußt. Er reflektiert nicht, seine Aufmerksamkeit ist von ihm selbst ganz abgezogen und auf die anderen und die Umwelt konzentriert. Er kann seine Verhaltensweisen nicht als unangemessen empfinden. Eigene Ansprüche werden nicht der Realität angepaßt, und die Triebhaftigkeit wird – manchmal sehr kraß – ausgelebt. Einsicht in die eigene Störung besteht dabei nicht.

Eine Reihe von Charaktermerkmalen werden bei Psychopathen deutlich: Starrheit und Unangepaßtheit an Situationen, Gefühlskälte, Uneinsichtigkeit und Extravertiertheit. Die Schwierigkeiten werden nach außen in die Umwelt projiziert. Bei besonderer innerer Spannung kann ein plötzlicher Ausbruch erfolgen. Solche Reaktionen können blindlings zerstörerisch auf andere und die Umwelt gerichtet sein. Personen, Gruppen oder Institutionen können dann bis hin zum Haß verfolgt werden.

Nach einer Schätzung sollen 3 – 5 % der Bevölkerung mehr oder weniger psychopathische Züge haben. Das betrifft dann statistisch nicht nur die Durchschnittsbevölkerung. Auch

Diktatoren haben nicht selten psychopathische Züge – ebenso wie Psychopathen auch unter Führungskräften auszumachen sind, wie dies der Autor aus unmittelbarer Nähe erlebte. Und wenn dann der Betriebsratsvorsitzende in nichts nachsteht, dann hängt der verantwortliche, ebenfalls psychopathisch veranlagte Vorstand anläßlich einer Betriebsdemonstration als Puppe im Baum ...

In keiner Bilanz wird darüber Rechenschaft abgelegt, wieviel Menschen glücklich oder unglücklich gemacht wurden, allenfalls ist von Personalkosten oder Leistungen fürs Personal die Rede.

(Oswald Neuberger)

3.2 Geben wir unsere Persönlichkeit im beruflichen Alltag ab?

Wer hat im Alltag nicht schon einmal erlebt, daß sich eine Kollegin, ein Kollege, ein Mitarbeiter oder auch ein Chef nach näherem Kennlernen *plötzlich* als ein ganz anderer entpuppt?!

Im Geschäftsleben, wie auch generell im Leben, spielen die Individuen eine selbst oder meist auch von anderen festgelegte Rolle. Im beruflichen Alltag kann ein Mensch rauh, widerborstig und unnahbar sein – zu Hause oder im Vereinsleben (wo sich viele *austoben*) aber das genaue Gegenteil. Wie ist eine solche Verhaltensweise erklärbar – und was sind die Konsequenzen?

Ich kenne viele Führungskräfte in der Industrie, die am Montagmorgen mit Druck im Bauch und unguten Gefühlen an ihren Arbeitsplatz zurückkehren. Und es sind leider nicht die Ausnahmen in einer Zeit, wo der *shareholder-value* einer Firma und auf Hochglanz gedruckte Ziel- und Ethikvorgaben des Managements ganz oben auf der Prioritätenliste stehen.

Dabei verleugnen sich Millionen von Menschen am Arbeitsplatz, halten sich mit Gefühlen und schon gar mit Äußerungen zurück, fühlen sich nicht verstanden und sind über- oder unterfordert.
Und die Führungskräfte, die Vorbildfunktionen haben (sollten) und die Mitarbeiter mit deren negativen Gefühlen aufzufangen hätten, um die *Ressource* Mensch im Unternehmen zu motivieren und zu stimulieren, werden auch von der höchsten Führungsebene im Unternehmen alleine gelassen. Sie sind selbst frustriert und deprimiert, gehen den Weg des geringsten Widerstandes, weil so in der heutigen Marktsituation die eigene Position als am wenigsten gefährdet angesehen wird. Manche arbeiten dabei im Zustand einer unterdrückten Wut.
Die häufigsten Folgen für die so gestreßten Mitarbeiter und Führungskräfte sind zunächst körperliche Symptome wie Magenbeschwerden, Schlaflosigkeit, Rücken- und Kopfschmerzen, dann kommen folgenschwerere Probleme bis hin zu Tinnitus, dem Ohrinfarkt und im schlimmsten Fall der Herzinfarkt.
Dabei schaffen sich Berufstätige oft bereits von Beginn an Voraussetzungen, die sich dann während vieler Berufsjahre negativ auswirken, schon weil sie die Unterschiede zwischen Beruf und Berufung nicht kennen oder zu wenig beachtet haben. Manche folgen der Erwartungshaltung der Eltern und fangen ein Studium an (»erst mal Betriebswirtschaft, dann kann man ja weitersehen«) – obwohl ein anderer Beruf auf den jungen Menschen besser zugeschnitten wäre. Andere lassen sich von einem höheren Anfangseinkommen blenden. Viele gehen auch nur den vermeintlich bequemeren Weg, lassen sich treiben – und kommen so leicht in manipulative Situationen. Als wenig durchdacht stellt sich meist im nachhinein auch das nur materiell orientierte *Jobben* und Schuften, nur um Geld zu machen, heraus.
Das Leben besteht zwar aus Nachgeben und Eingehen auf Kompromisse, die sich an privaten oder beruflichen Realitäten orientieren. Wenn dies im Rahmen einer Zielorientie-

rung geschieht, ist das normal, gut und eben auch zielführend. Nur – wie viele Zeitgenossen ordnen sich den täglichen Zwängen unter, schließen faule, bequeme oder nachteilige Kompromisse, schon weil eine längerfristige Zielsetzung gar nicht existiert. **Und ohne Ziel ist jeder Weg der richtige!**
Hier kommen vielfach Engramme aus der Kindheit an die Oberfläche. Im Elternhaus, in der Schule werden individuelle Anlagen eines Kindes oft untergeordnet. Eltern biegen ihre Kinder nach bestem Wissen und Gewissen so, wie sie selbst einmal erzogen wurden. Spätestens in der Schule kommt dem Faktor Versagensangst eine größere Bedeutung zu, was wiederum Widerspenstigkeit oder auch nur schlechte Noten zur Folge haben kann. Durch nicht abgestimmte Erziehung im Elternhaus und in der Schule ist heute für die Heranwachsenden negativer Streß schon im Schulalter, dann verstärkt in der beruflichen Lehrzeit oder an der Universität ein ständiger Begleiter.
»Eines der größten Hindernisse für das Ausleben eines Berufes (einer Berufung) ist die Angst vor der Meinung anderer. Häufiger als wir glauben, hindern uns falsch verstandene Rücksichtnahme, Angst vor Scham und schlichter Konformitätsdruck daran, das zu tun, was wir eigentlich für richtig halten. Was werden die anderen denken?
Wir wollen die Erwartungen anderer erfüllen, wir gestatten ihnen, ihre Macht- und Kontrollspielchen mit uns zu spielen und ertragen ihre Zumutungen, weil wir verinnerlicht haben: Bloß nicht auffallen! Nimm Rücksicht! Sei nicht unhöflich! Sei nicht egoistisch! Du kriegst keine Extrawurst! Du bist nichts Besonderes!
Die nüchterne Analyse zeigt, daß wir einer meist kleinen Zahl von Menschen eine schier unglaubliche Macht über uns eingeräumt haben. Sie kontrollieren und manipulieren uns oft auf eine Weise, die uns nicht mehr bewußt ist. Wir sind abhängig von ihrer Zustimmung oder Anerkennung und fürchten ihre Kritik oder ihre Ablehnung. Wir opfern ihnen schließlich unsere Individualität und verharren im Status quo.« [48]

Nur bei solchen Denk- und Verhaltensweisen ist es nachvollziehbar, wenn sich Menschen im beruflichen Alltag unterordnen, leiden und dabei ihre Persönlichkeit hintenanstellen. Diese wird dann nur allzuoft privat, zu Hause oder auch im Vereinsleben verstärkt ausgelebt, was prompt wieder zu Konflikten ganz anderer Art führt. Abgesehen von den beschriebenen körperlichen Symptomen bei einem Ungleichgewicht zwischen Physis und Psyche, verfestigen sich im Laufe der Zeit bei vielen Menschen neurotische Verhaltensweisen. Aus einem solchen Teufelskreis herauszukommen, ist für die meisten sehr schwer – viel zu sehr sind wir in den Abhängigkeiten von äußeren Zwängen und inneren Schranken und Erwartungshaltungen befangen.

Wichtige Voraussetzungen für eine grundlegende Änderung im persönlichen Verhalten sind:

- eine persönliche langfristige Zielsetzung möglichst mit einer Aufteilung in kleinere Schritte (was will ich wann, wo und wie?) und
- die Bereitschaft, Eigenverantwortung zu übernehmen.

Eigenverantwortung übernehmen bedeutet, Antworten auf reale (und vermeintliche) Rückschläge des Lebens und auf Herausforderungen des Schicksals zu suchen und zu finden! *Schicksal* kann übrigens auch als das *geschickte Heil* übersetzt werden, denn das Lateinische *sal* entspricht unserem *Heil*. Und wenn es dann keinen Zufall gibt, dann ist Schicksal keineswegs Schikane einer höheren Macht, sondern ist Teil unseres Lebens und dient unserem geistig-seelischen Wachstum. Und um dieser Wachstumsherausforderung aktiv zu begegnen, ist Eigenverantwortung erforderlich!
Verantwortung für die eigenen Entscheidungen zu übernehmen, heißt auch, selbstsicher *Nein* zu sagen – dort, wo Forderungen unzumutbar sind! Wie oft und vor allem wie schnell verlassen Menschen die Problemebene, indem sie Schuldige suchen und die Verantwortung abschieben: Schuld ist immer der andere – und wenn es nur der Staat ist!

S. R. Covey hat in seinem Buch »Zur Meisterung Ihres beruflichen und privaten Lebens« [4] die oben herausgestellten beiden Voraussetzungen, um den Teufelskreis zu durchbrechen, als die beiden ersten Schritte (von sieben) auf dem Weg zur Effektivität bezeichnet:

1. Weg: **pro-aktiv sein**
   = Prinzipien der persönlichen Vision
   = Zielsetzung

2. Weg: **schon am Anfang das Ende im Sinn haben**
   = Prinzipien persönlicher Führung
   (incl. Eigenverantwortung)

Der zweite Weg ist übrigens identisch mit einem der wesentlichen Grundsätze erfolgreicher Unternehmer!

Die Menschen (auch) im Berufsleben kann man in drei Hauptkategorien einteilen:

1. gibt es die große Masse, die **nicht weiß** (und sich auch meist nicht dafür interessiert), was geschieht. Das sind u. a. die Massenmedien-Süchtigen.

2. sind es die vielen, die **zuschauen,** was geschieht (und dabei z. B. ihre privaten Lebensgewohnheiten optimieren).

3. sind es die wenigen, die **aktiv dafür sorgen,** daß etwas geschieht: die in Selbstverantwortung Entscheidungen treffen. Das scheint heute leider die Minderheit zu sein.

Es liegt an jedem selbst, sich durch sein Verhalten hier einzuordnen. Jeder muß individuell den zu ihm passenden Weg finden und vertreten. Das wichtigste ist jedoch, man selbst zu bleiben und die eigene Persönlichkeit im privaten, besonders aber im beruflichen Umfeld nicht *abzugeben!*

Wir müssen lernen, unsere innere Macht immer wieder zu beanspruchen. Es sind nicht die Mächtigen, die andere ihrer Rechte berauben. Es sind jene, die sich innerlich machtlos fühlen und daher unterdrücken müssen. Nur wenn Sie und ich und eine genügende Anzahl von uns unsere Fähigkeiten benutzen, positive Veränderung in unser Leben und auf unseren Planeten zu bringen, nur dann werden wir anfangen, das Zeitalter des evolutionären Bewußtseins zu schaffen, von dem wir so viel reden!

(DANAAN [92])

3.3 *Ist Mobbing die Folge neurotischen Verhaltens?*

3.3.1 Was ist Mobbing?

Offenes, moralisches oder anonymes *Mobbing* – was ist das? Nur ein Schlagwort der 90er Jahre und eine andere Bezeichnung für *Schikanen?*
Wenn es heute in der Bundesrepublik Deutschland schätzungsweise bis zu einer Million Mobbingopfer gibt [49] und bei den Betroffenen ernste gesundheitliche Beschwerden festgestellt werden, dann ist dieses Phänomen eine größere Gefahr auch für unsere Gesellschaft.
Die Arbeitspsychologen in Deutschland beschäftigen sich gezielt erst seit gut einem Jahrzehnt mit diesem Thema, das als solches inhaltlich sehr alt ist. Schon die Abgrenzung des Mobbings von den alltäglichen oder/und von den auffälligen Verhaltensweisen von Menschen ist sehr schwierig. Hatte in den 60er und 70er Jahren der Kollege oder Chef eine aggressive Phase, dann hatte er eben einen *schlechten* Tag erwischt – oder, um dies deutlich zu machen: ein Choleriker ist durch sein Verhalten ja noch kein *Mobber!*
Auch wenn eine Definition, was *Mobbing* ist, nicht allumfassend sein kann, schon weil die Grenzen fließend sind, so können doch ein paar wichtige Merkmale festgehalten werden:

- **bestehende Machtstrukturen:**
  Ein Mobbing-Opfer kommt gegen eine bestehende Hierarchie (Unternehmen, Kirchen, Sekten) nicht an, steht allein und hat im schlechtesten Falle auch keine Verbündeten innerhalb einer Organisation.

- **Personen-Bezug:**
  Mobbing richtet sich gezielt auf *eine* Person. Bei einem schlechten Betriebsklima sind z. B. immer mehrere Mitarbeiter betroffen.

- **systematische Regelmäßigkeit:**
  Das Vorgehen des (Mobbing-)Täters ist geplant, geschieht regelmäßig und über einen längeren Zeitraum hinweg.

In der Industrie ist das Phänomen Mobbing offensichtlich noch weniger ein Thema, als beispielsweise im öffentlichen Dienst, im Erziehungs- und im Gesundheitsbereich, also dort, wo soziale Kontakte und Berührungspunkte zwischen Menschen größer sind. »Zum anderen kann in diesen Bereichen die Qualität der Arbeitsleistung weniger klar beurteilt werden, was einerseits Anlaß zu Auseinandersetzungen, zum anderen aber auch Einfallsmöglichkeiten für Mobbing bietet.« [49]
Aus eigener Erfahrung ist Mobbing in der Industrie auch deshalb noch ein wenig diskutiertes Thema, weil schon das Zugeständnis, daß es *in unserem Unternehmen so etwas gibt*, Führungsschwächen andeutet. Andererseits ist Mobbing für manchen Entscheidungsträger in der Personalleitung oder in der Führung ein probates Mittel, sich von Mitarbeitern zu trennen, die rechtlich unkündbar, zu teuer, unbequem oder auch zu alt sind. Nicht selten sind hier Führungskräfte der zweiten und dritten Ebene ebenfalls im *Fadenkreuz*.
Und der Betriebsratsvorsitzende schreit dann *Mobbing* – um anschließend bei stillschweigender Duldung zu versuchen »Gegengeschäfte« mit der Führung auszuhandeln. Gottlob (und hoffentlich) sind das nur krasse Fälle in miserabel ge-

führten Unternehmen! Leider gibt es Geschäftsführer, die selbst Detektive auf Mitarbeiter und deren Privatleben ansetzen, um Informationen gezielt einzusetzen.

3.3.2 Die Ursachen von Mobbing

Die Ursachen, die zu Mobbing führen, sind vielfältig und nach meiner Meinung nicht nur an der Oberfläche, vielmehr auch tiefer in der Psyche des Menschen zu suchen. Schließlich beginnen die zwischenmenschlichen Probleme ja nicht erst mit dem Berufsleben als *subtile Kriegführung am Arbeitsplatz,* sondern bereits in der Schule oder im Elternhaus.
In der Schule wird das Mobben unter Kindern übrigens (wie früher) als *Schikanieren* oder – warum heute nicht fremdsprachlich – als *bullying* bezeichnet.
Eine der Hauptursachen für Mobbing ist Streß, am Arbeitsplatz meist durch ein schlechtes Betriebsklima verursacht. Schikanen und Intrigen sind die Ursachen für eine totale physische und/oder psychische Erschöpfung.

Heiko Ernst [49] bringt den Hinweis auf Überbleibsel der evolutionären Entwicklung des Menschen. »Die Beißhemmung (des Menschen gegenüber dem Wolf) gegenüber Schwächeren ist unterentwickelt. Deshalb muß er kulturelle Schranken gegen die physische Vernichtung seines Mitmenschen errichten. Aber der Verzicht auf die physische Aggression bedeutet nicht, daß der Mensch auch seine destruktiven Gefühle und die Lust am Kaputtmachen aufgibt. Im Prozeß der Zivilisation erwarb er ein ganzes Arsenal von Psycho-Waffen, mit denen sich Existenz oder Ansehen eines Feindes auch ohne Blutvergießen vernichten lassen. Einige dieser Techniken werden neuerdings unter dem Begriff Mobbing zusammengefaßt.
Häufig ist nicht der schnelle Sieg, das Rausbeißen, das eigentliche Ziel der Mobber. Einige wollen vor allem den sadistischen Lustgewinn einstreichen, den das Zermürben des

Opfers durch Intrigen, Bosheiten und Schikanen verspricht. Mobber steigern ihr Selbstwertgefühl durch die Erniedrigung des Opfers: Mobbing ist eine Art reflexiver Gewalt.«

Nach meiner Überzeugung haben wir es beim Mobbing mit grundsätzlichen und sehr unterschiedlichen Parametern zu tun, die ineinandergreifen:

1. der evolutionären Entwicklung des Menschen,
2. den unterschiedlichen Charakteren und Persönlichkeiten von Opfern und Tätern
3. den heutigen (ungeschriebenen) Gesetzen der Arbeitswelt,
4. den Organisationen mit (meist) schlechtem Management
5. den Wirren vor einem Wertewandel am Ende des 20. Jahrhunderts,
6. der *Sinn*-Leere vieler Menschen und fehlender Zielsetzung – existentieller Frustration und Sinnlosigkeitsgefühl.

Ein wichtiger Punkt ist die Situation zum Zeitpunkt des Übergangs vom Industrie- zum Informationszeitalter. Machtbeben in der Politik und in der Wirtschaft sind zu erwarten [50]. Der überall zu spürende Wechsel verunsichert viele Menschen zusätzlich zur angespannten Arbeitsmarktlage. In den 60er und 70er Jahren konnte ein (damals so noch nicht genanntes) Mobbingopfer problemlos die Stelle oder die Firma wechseln und hatte damit eine neue Startchance. Heute wird die Gefahr des Arbeitsplatzverlustes dem (vermeintlich) kleineren Übel untergeordnet, das Mobben eben aushalten zu müssen. Bis dann ernsthafte Gesundheitsstörungen dringend Handlungsbedarf erfordern. So entsteht ein Teufelskreis.
Tiefergehende Ursache für das Mobbing scheint mir, und hier folge ich Victor Frankl, ein weitverbreitetes Sinnlosigkeitkeitsgefühl in unserer Gesellschaft zu sein, das mit einem Leeregefühl einhergeht. Victor Frankl hat als Psychologe diese »existentielle Frustration«, mit der wir heute konfrontiert sind wie folgt beschrieben:
»Im Gegensatz zum Tier sagen dem Menschen keine Instink-

te, was er muß und im Gegensatz zum Menschen von gestern sagen dem Menschen von heute keine Traditionen mehr, was er soll. – Nun, weder wissend, was er muß, noch wissend, was er soll, scheint er nicht mehr recht zu wissen, was er will. So will er denn nur das, was die anderen tun – Konformismus! Oder aber er tut nur das, was die anderen wollen, *von ihm wollen,* – Totalitarismus!

Nur, daß wir aber über diesen beiden Folgeerscheinungen eine dritte nicht übersehen und vergessen dürfen, und zwar meine ich einen spezifischen Neurotizismus, nämlich das Auftreten der von mir als solche bezeichneten *noogenen Neurosen*. Im Gegensatz zur Neurose im engeren Wortsinn, die per definitionem eine psychologische Erkrankung darstellt, geht diese noogene Neurose nicht auf Komplexe und Konflikte im herkömmlichen Sinne zurück, sondern auf Gewissenskonflikte, auf Wertkollisionen und, last but not least, auf eine existentielle Frustration, die das eine oder andere Mal eben auch in neurotischer Symptomatologie ihren Ausdruck und Niederschlag finden kann« [64].

Aus dieser Situation der Frustration heraus, sind viele Führungskräfte aggressiv und laden ihre Gefühle bei den Schwächeren ab: sie mobben. Ja, warum werden Menschen drangsaliert oder *gemobbt*? Liegt es letztendlich daran, daß die meisten die goldene Regel aus der Bergpredigt vergessen haben?

Viele (und wohl die meisten der Mobbing-Täter) sind viel zu sehr mit sich selbst beschäftigt: machtbesessen, nur (eigen-) erfolgsorientiert, teilweise neurotisch und zu wenig tolerant, als daß sie die Konsequenzen ihres Tuns erkennen können oder wollen.

Und die Führungskräfte, die hier berufen sind, Einhalt zu gebieten, die Menschen an die Hand zu nehmen, sind (teilweise) im gleichen Teufelskreis. Die innerbetriebliche Kommunikation, das Betriebsklima sind hoffnungslos gestört – und, wie zuvor beschrieben, die anderen haben immer Schuld! Das ist dann die psychopathische Veranlagung!

Wer unter Druck und mit der Angst vor Versagen
ein Problem lösen will, ist zu fixiert –
er springt aus dem Fenster,
statt nach der Feuerleiter zu suchen.
(Klaus Linneweh)

3.3.3 Die Auswirkungen von Mobbing

Durch Arbeitsausfall von Hunderttausenden von Mitarbeitern als Folge von Mobbing entstehen hohe Verluste für Unternehmen und für die Volkswirtschaft. Auch wenn genaue Erhebungen nicht vorliegen, ist die Summe bei einer geschätzten Betroffenenzahl von 1–4 % der arbeitenden Bevölkerung gewaltig. Schätzungen beziffern den jährlichen Schaden in der Bundesrepublik auf über 30 Milliarden Mark [43].
Abgesehen von der materiellen Seite sind für die Mobbing-Opfer die gesundheitlichen Folgen gravierend. »Wenn die Betroffenen dem Mobbing länger ausgesetzt sind, können sie Symptome entwickeln, die denen einer posttraumatischen Belastungsreaktion (PTSD) ähnlich sind. PTSD wurde bei Opfern von Gewaltverbrechen, Naturkatastrophen und Kriegsgeschehen gefunden. Es ist gekennzeichnet durch quälende Erinnerungen, Angstzustände, Schlaf- und Gedächtnisstörungen, Alpträume, Nervosität, Reizbarkeit, Depressionen und/oder Wutanfälle.
Ein Teil der Betroffenen reagiert daraufhin passiv mit Rückzug und Depression. Ein anderer Teil verfällt in ziellos wirkende Aktivität, das heißt, sie erzählen ihre Geschichte immer wieder, in der Hoffnung, eine Instanz zu finden, die ihnen zu ihrem Recht verhilft. In einer Reihe von solchen Fällen kämpfen Mobbingopfer noch jahrelang auf rechtlich verlorenem Posten. Der Kampf gegen die Ungerechtigkeit ist hier zum alleinigen Lebensinhalt geworden.« [49]
Sind die Symptome bei einem Opfer evident, dann werden zunächst die Familie und Freunde die erste Anlaufstelle für Hilfe sein. Sind bereits gesundheitliche Schäden eingetreten,

ist die Hilfe von Ärzten und/oder Psychologen nicht zu umgehen, um Langzeitschäden zu vermeiden.
H. Leymann [51] beschreibt diese Formen als »obsessives Verhalten«. Dieses führte oftmals dazu, daß die Familie und der Freundeskreis die sich immer wiederholenden Schilderungen nur noch schwer ertragen, sich dann vom Mobbingopfer abwenden und dieses damit nur noch weiter verunsichern.
Die Endstufe von Mobbing wird von Psychologen als das *Burnout*-Syndrom bezeichnet. Diese innerliche Erschöpfung betrifft Menschen aller Altersstufen, die geistig, emotional und körperlich so verschlissen sein können, daß sie an sich, an ihrer Umgebung und/oder an ihrem Beruf verzweifeln. Der berufliche Kraftaufwand, die stressigen Umstände an ihrem Arbeitsplatz kosten die letzten Reserven. Die Erscheinung des *Burnout* tritt auch nach privaten Auseinandersetzungen (z. B. Ehescheidungen) auf.
Untersuchungen in den USA haben gezeigt, daß nicht die Streßbelastung als solche kaputt macht, sondern vielmehr die Art und Weise, **wie** die Betroffenen damit umgehen [46]. Und die wenigsten können mit Streß umgehen; die Betroffenen fallen in tiefe Resignation und verlieren schließlich die Kontrolle über die Situation.

3.3.4 Lösungsansätze

Da die Ursachen für Mobbing vielfältig und individuell im menschlichen Verhalten liegen, die Grenzen fließend sind und es sich zudem meist um einen schleichenden Prozeß handelt, sind pauschale Lösungsansätze schwierig zu beschreiben.
Auch wenn es Konfliktlösungs-Strategien gibt, Kommunikation und ein besseres Miteinander erlernbar sind, wird doch in den meisten Mobbingfällen die Wellenlänge zwischen Täter und Opfer irreparabel sein. Eine räumliche Trennung ist aus Führungssicht die klarste und wohl für alle Parteien auch die

beste Lösung. In der Praxis ist es für die Opfer besonders bitter und empörend, wenn die Täter meistens bleiben (dürfen). Nach Marktrecherchen [49] sind Vorgesetzte an 70 bis 80 Prozent der Mobbingfälle selbst aktiv beteiligt. »Meist mobbt der Chef persönlich« [43]. Gehen muß dann immer der (vermeintlich) Schwächere oder der in der Hierarchie niedriger Angesiedelte. Offensichtlich, und das ist auffallend, sind Frauen als Mobbingopfer überproportional vertreten.

Mobbing im Ansatz zu verhindern, wird in den kommenden Jahren verstärkt Aufgabe der Führungsebenen in den Unternehmen sein. Wirklich erfolgreiche Unternehmer, die sich der Ressource Mensch bewußt sind, die den Menschen als Erfolgsfaktor fürs Unternehmen wieder im Mittelpunkt ihrer Überlegungen sehen, werden kurz- und langfristig die erfolgreicheren sein. Führungskräfte, die, aus welchem Grund auch immer, mobben, disqualifizieren sich und müssen selbst an die Hand genommen oder dorthin gesetzt werden, wo sie keinen Schaden (mehr) anrichten können. Führungsstärke des Managements kommt immer dem Betriebsklima zugute. Hier fällt mir der Satz ein: Jedes Unternehmen hat die (Führungs-)Mitarbeiter, die es verdient! Hier gibt es traurige Beispiele; ich denke dabei an den Personalvorstand, der die Werksfeuerwehr einsetzen wollte.
Für den individuellen Arbeitnehmer gibt es kaum Vorsorgemaßnahmen, eine Mobbing-Situation zu verhindern. Die Auslöser liegen, nicht beherrschbar, überwiegend in den Charakteren der beteiligten Personen begründet.
Menschen, die ihren *Sinn* zum Leben gefunden haben (und der muß gefunden und kann nicht vorgegeben werden!), die sich mit einer Zielsetzung im Leben eigenverantwortlich bewegen, sind am ehesten immun gegen jede Art von Mobbing. Sie werden das eigene Schicksal, so weit möglich, in die Hand nehmen und wenig Risiko laufen, in einem schlechten Betriebsklima verhaftet zu bleiben.

3.4 Neurotiker und Psychopathen unter Führungskräften – und die Auswirkung auf die Firmenkultur

Der Psychoanalytiker **Arno Gruen** sucht in seinen Arbeiten [52] eine Antwort auf die Frage, was Menschen daran hindert, autonom zu werden und eine eigene Identität zu entwickeln, und stellt fest, daß die Mächtigen in der Wirtschaft und in der Politik am weitesten von diesem Ziel entfernt seien.
Das Problem, so Gruen, sei, daß »Autonomie bei uns gern mit finanzieller Selbständigkeit gleichgesetzt wird und der Freiheit, das zu tun, was man will. Und deshalb glauben die Menschen, die in einer Hierarchie ganz oben stehen, sie hätten es geschafft. Aber viele dieser Führungskräfte leben in einer fatalen Abhängigkeit: sie wollen durch Macht und Besitz unverletzlich werden, weil sie den Schmerz und die Verzweiflung nicht ertragen können.« [53]
Diese Gefühle, die hier verdrängt werden, entstanden, wie wir seit Freud wissen, in der Kindheit durch Abweisung von Wärme und Liebe im Elternhaus. Die Erwachsenen wollen diesen Schmerz nicht mehr, sie wollen sich nur noch stark fühlen ...
Die Machthungrigen (nicht nur unter den Führungskräften), die mit wenig Liebe aufwuchsen, glauben in ihrem Inneren nicht, daß sie der Liebe wert sind. Sie schützen sich gegen die tiefsitzende Angst, das Gefühl der Wertlosigkeit, indem sie jede Nähe und menschliche Wärme aus ihrem Leben verbannen. Sobald ihnen Beziehungen zu eng werden, trennen sie sich wieder. Das ist das anfangs beschriebene Symptombild von Psychopathen; Menschen, die meistens ihr Machtstreben in Führungspositionen kaschieren, sich nach außen freundlich geben und genau wissen, was sie zu tun haben, um Vertrauen zu erwecken.
»Menschen, die ihre Gefühle abgespalten haben, wissen sehr genau, wie sie Gefühle (anderer) manipulieren können. Sie spielen mit den Hoffnungen und Erwartungen – sie sind darin sehr geübt, denn die meisten haben das in ihrer Kindheit an

sich selbst erlebt. Und sie sind Meister im Erwecken von Schuld. Der Mensch, der scheinbar ohne Zweifel Schuld zuweist, bringt uns in die Ursituation unserer eigenen Kindheit – und damit in die Hilflosigkeit. Denn Schuld ist ja die Waffe, mit der wir in unserer Gesellschaft und in unserer Kultur aufgezogen werden, die uns gefügig macht.« [53]
Wenn die Definition von Psychopathen nur die ist, daß sie »ihr Bedürfnis nach Wärme und Liebe von ihrem Verhalten abspalten«, wie dies Arno Gruen erklärt, dann gibt es unter den Führungskräften überdurchschnittlich viele. Ein Krankheitsbild »Psychopath« ist aber erst dann komplett, wenn der Betroffene die Ursachen *nicht* erkennt oder wahrhaben will *und* sich ausschließlich in Schuldzuweisungen an Dritte ergeht. Wir wissen aus der Psychiatrie, daß Therapien hier, wenn überhaupt, nur Teilerfolge versprechen. In leichteren Fällen – und die Grenze mag nicht immer leicht erkennbar sein – sind auffällige Verhaltensweisen von *harten* Managern sicher eher als *neurotisch* einzustufen.
So oder so; wenn sich viele Führungskräfte neurotisch oder psychopathisch verhalten, dann hat das direkte Auswirkungen auf das Arbeitsklima in einer Firma. Der (hessische) Volksmund sagt dazu: *wie der Herr, so's Gescherr.*
Auch wenn ich davon ausgehe, daß die überwiegende Mehrzahl der Unternehmer und Führungskräfte mit all ihren *Makken* (wer ist schon ohne?) noch Werte und Ideale haben und sich und ihre Mitarbeiter weiter entwickeln und gemeinsamen Erfolg haben wollen, gibt es dennoch krasse negative Beispiele. Zwei seien hier aufgeführt:

Beispiel 1*

Auszug aus einem auf Hochglanz gedruckten Leitfaden für Führungskräfte und Mitarbeiter eines weltweit tätigen Unternehmens:

* Ähnlichkeiten oder Übereinstimmung mit lebenden Organisationen oder Personen sind rein zufällig

»Offenheit im Umgang miteinander ist Teil der XY-Unternehmenskultur. Sie ist nicht Selbstzweck oder nur ein leeres Wort, sondern gehört zum Selbstverständnis im Sinne subsidiären Denkens. Wer Verantwortung auf die unterste mögliche Ebene delegiert, muß Vertrauen in die Mitarbeiter setzen. Umgekehrt müssen die Mitarbeiter darauf vertrauen können, daß der Grundsatz gilt: Alles, was wir tun, soll auf langfristiger und fairer Partnerschaft beruhen.«

Die Wirklichkeit sieht anders aus. Der oberste Chef brilliert durch dominantes Verhalten und meint, Führungskräfte und Mitarbeiter *im Griff* zu haben. Samstag mittags werden Führungskräfte-Treffen in seinem Privathaus angesagt. Aussage: »Die (Direktoren und Prokuristen) verdienen ein Schweinegeld und sollen auch so arbeiten.« Es wurden Detektive zur Überwachung von aktiven und ehemaligen Mitarbeitern eingesetzt und erhaltene Informationen wurden zu Erpressungsversuchen verwendet.
Die Fluktuation bei diesem international tätigen »Marktführer« war/ist entsprechend hoch – jahrelange Gerichtsprozesse die traurige Konsequenz.
Und der Mutterkonzern – in Deutschland zum Top gehörend – hat über die Kenntnis, daß hier ein Manager mit psychopathischem, schizoidem Verhalten am Werk ist, das Mäntelchen des Schweigens oder des *Haben-wir-nicht-gewußt* gehängt, denn die Gewinne wurden Jahr um Jahr verbessert ...

Beispiel 2*
Auch hier handelt es sich um ein in Deutschland bekanntes Unternehmen. Die Vorstände des Mutterkonzerns waren untereinander so zerstritten, daß sogar Haßgefühle deutlich auszumachen waren. Von der Führung selbst formulierte

* Ähnlichkeiten oder Übereinstimmung mit lebenden Organisationen oder Personen sind rein zufällig

Verträge wurden gebrochen, mündliche schon gar nicht eingehalten. Der Leiter eines Tochterkonzerns hatte im Laufe der Zeit in der nachfolgenden Führungsebene vorwiegend Jasager um sich versammelt.
Intern sprach der Chef vom »winning-team«. Daß er sich dabei in diesem Kreis als der einzig Kompetente ansah, erkannte man aus seinem non-verbalen Verhalten und aus Äußerungen im engsten Kreis. So hielt es der Vorsitzende für »durchaus normal, daß gute Verkäufer korrupt sind«, um bei anderer Gelegenheit zu betonen, für welch einen guten Verkäufer er sich halte.
Übrigens können sich machthungrige Manager gut verstellen und Dritten gegenüber durchaus liebenswürdig sein. Nur irgendwann verraten sie sich dem aufmerksamen Mitarbeiter. Sie können freundlich reden, zu motivieren versuchen: nur ihre Gesichtszüge verraten sie sehr schnell. Denn unsere Muskulatur können wir Menschen nicht verstellen – sie zeigen das innere Denken. Dazu kommt meist Selbstmitleid und *ein* Parameter des psychopathischen Verhaltens ist ja, wie zuvor erwähnt, die permanente Schuldzuweisung an andere!
Die Konzernspitze beauftragte z. B. ein Gremium von Geschäftsführern und Vorständen von Tochtergesellschaften mit der Formulierung von für alle gültigen Führungsgrundsätze. Nach zweijährigen, regelmäßigen Treffen, teils unter Mitwirkung eines externen Psychologen, wurde die Suche nach (u. a. ethischen) Verhaltensregeln eingestellt. Die Teilnehmer hatten sehr bald den Charakter der Alibi-Veranstaltung durchschaut. Es gab Firmenvertreter, die fanden eine nach außen dokumentierte Zugehörigkeit zu diesem Konzern eher als abträglich!
Es wundert nicht, daß gute Führungskräfte dieses Unternehmen bald wieder verließen. Die oberste Konzernführung war/ist in der Mehrzahl dermaßen chaotisch, daß die Geschäftsergebnisse von Jahr zu Jahr schlechter wurden. Fehlinvestitionen häuften sich. So wurde eine Produktionseinheit mit einem fast dreistelligen Millionenaufwand gebaut. Bereits bei der feierlichen musikalischen Einweihung war den

Führungskräften und dem Betriebsrat bekannt, daß sie auf einer Investitionsruine sitzen. Eine Hafenumschlags-Einrichtung ging nie in Betrieb, weil der Fluß an zu vielen Tagen im Jahr nicht genug Wasser führte ...

Die Investitionsanträge trugen immer die Unterschriften von allen Mitgliedern des Vorstandes. Natürlich waren aber die »anderen« schuld – nach außen brüstete man sich selbstgefällig mit *professionellem* Management und sprach (das ist modern) von einer Verbesserung des *shareholder-value.* Das erinnert mich an das Bonmot vom dummen und dreisten Aktienbesitzer.*

Alles das sind teure Konsequenzen, wenn Psychopathen im neurotischen Führungsumfeld die falschen Entscheidungen treffen. Menschliche Tragödien in diesem Zusammenhang zu beschreiben, würde hier den Rahmen sprengen.

Solche Unternehmen sind in der letzten (Abstiegs-)Phase ihres Bestehens oder aber bleiben als Auffangbecken für Menschen, denen solche Erfahrungen auf ihrem Lebensweg vorgezeichnet sind. Diese Frage kann jeder nach seiner Lebensphilosophie beantworten. **Oswald Neuberger / Ain Kompa** drücken das differenzierend aus:

»Schizoide, zwanghafte, narzißtische, depressive oder hysterische Manager sind nicht allein. Sie leben und arbeiten mit Mitarbeitern und in Strukturen, die ihre Eigenart begünstigen oder gar fordern. Im Grunde darf man deshalb nicht Personen untersuchen, sondern Dyaden (= Paarverhältnis) oder Systeme, die Einzel-Personen prägen.

Aus sozialer Perspektive sind Personen lediglich halbe Zweierbündnisse. In jedem Menschen ist auch sein Widerpart vorweggenommen: Fürsorgliche Menschen brauchen, suchen oder erzeugen Abhängige – und dasselbe gilt im Verhältnis von Dominanten zu Unterwürfigen, Narzißten zu Bewunderern, Aggressiven zu Opfern, Ordnungsfanatikern zu Chaoten. Solch polare Spannungen können als eine Art so-

---

* Dumm, weil Anleger solche Aktien kaufen und dreist, weil diese dann auch noch eine Rendite erwarten

zialer Kitt angesehen werden, der dafür sorgt, daß ansonsten vereinzelte Menschen aneinander gebunden werden.

Das Verhalten der Unternehmer und Führungskräfte beeinflußt im Positiven wie im Negativen wesentlich die Unternehmenskultur. »Wenn eine Person aufgrund ihrer sozialen Stellung (wie eine Führungskraft) nicht auf ihre Umwelt reagieren muß, sondern sie gestalten kann, dann ist anzunehmen, daß diese soziale Umwelt Merkmale der Pathologie einer Person widerspiegeln wird. Unter diesem Aspekt kann man tendenziell auch von einer narzißtischen, schizoiden, depressiven, zwanghaften oder hysterischen Unternehmenskultur sprechen.« [54]

Man kann ohne Liebe Holz hacken,
Ziegel formen, Eisen schmieden,
aber man kann nicht
ohne Liebe mit Menschen umgehen.

(Leo Tolstoi)

3.4.1 Psychologische Profile von Führungskräften

Oswald Neuberger und **Ain Kompa** unterteilen Führungskräfte in fünf Gruppen:

»1. Narzißtische Führungskräfte
können ihr unstillbares Verlangen nach Größe und Allmacht (vorübergehend) befriedigen, indem sie sich in der kritiklosen Bewunderung der Jasager sonnen, die sich um sie geschart haben. Ihre Grandiosität manifestiert sich in der unersättlichen Suche nach neuen Großtaten, durch die sie ihre Einmaligkeit und Überlegenheit unter Beweis stellen können.
Narzißtische Führungskräfte prägen die Unternehmenskultur: Sie verbreiten eine Aura von Pomp um sich, pflegen den

Personenkult, lassen sich als Helden feiern und nutzen jede Gelegenheit zur Macht- und Statusdemonstration.

2. Schizoide Führungskräfte
wehren Nähe und Intimität ab, sie versuchen alle Probleme rein sachlich (kühl, verstandesmäßig, objektiv, womöglich quantitativ) anzugehen. Menschliche Schicksale interessieren sie weniger als das Wohl der übergeordneten »Sache«. Sie verbreiten die Aura geschäftsmäßiger technokratischer Nüchternheit und wirken häufig im lockeren sozialen Kontakt unbeholfen und linkisch.
Ihre Persönlichkeit verschanzen sie hinter ihrer Rolle, den Fakten, dem Sachzwang. Die eigene latente Aggression kehrt sich um in paranoides Mißtrauen, das sich in ausgeklügelten Überwachungssystemen oder in willkürlichen Anordnungen manifestieren kann, denen sich die Unterstellen fraglos zu unterwerfen haben.
Schizoide Führungskräfte sind an ihrer Vorliebe für Zahlen, unpersönliche Kontrollen, weitreichende abstrakte Pläne, Technisierung und Quantifizierung von Arbeitsabläufen zu erkennen.

3. Depressive Führungskräfte
widersprechen einem Managerideal, das aggressive Durchsetzung, ungebrochenes Selbstbewußtsein und Unabhangigkeit fordert: Sie fühlen sich wohl, wenn sie eine Atmosphäre väterlicher Fürsorglichkeit entfalten können und legen Wert auf ungetrübte Beziehungen. Statt autoritärer Alleinherrschaft bevorzugen sie »kooperative Führung« und »Teamwork«, wo sie ihre Sehnsüchte nach Wärme, Nähe, Harmonie und Akzeptanz befriedigen und ihre Unfähigkeit verbergen können, hart durchzugreifen, allein zu entscheiden und kompromißlos zu fordern.

4. Zwanghafte Führungskräfte
scheinen in besonderer Weise den Anforderungen bürokratischer Großorganisationen zu entsprechen: Planbarkeit, Sy-

stematik, Ordnung, Berechenbarkeit, Kontrolle, Disziplin sind die Forderungen, die sie an sich und andere stellen und nicht selten bis hin zu detaillierten Vorschriften und pedantischer Reglementierung ausbauen.
Sie verwirklichen das Ideal protestantischer Ethik: innerweltliche Askese als Triebfeder des Kapitalismus, Befriedigungsaufschub, Selbstbeherrschung, unermüdlicher Leistungseinsatz als Beweis eigener Tüchtigkeit und Auserwähltheit. In der Extremform kann es zu kleinlicher Kontrollsucht, Zeitfetischismus, Paragraphenreiterei und minutiöser Verplanung von Arbeits- und Freizeit kommen.

5. Hysterische Führungskräfte
sind in vieler Hinsicht Gegentypen zu den zwanghaften: Sie sind ständig auf der Suche nach Neuerungen, haben immer wieder frische Ideen, die sie genauso schnell fallen lassen, wie sie sich dafür begeistern, fühlen sich durch »Ordnungen« gefesselt und gelähmt, lieben Bewegung, Hektik, Termindruck, Abwechslung.

Sie präsentieren ihre Erfolge effektvoll in der Öffentlichkeit, wollen Anerkennung und Publicity. Präzise repetitive Arbeit ist ihnen ein Greuel; sie brauchen den Effekt, die Show, die eindrucksvolle Inszenierung; sie verstehen es zu inspirieren, sind aber auch unberechenbar launisch.
In der Anerkennung durch andere befriedigt der Hysteriker seine phallischen Ängste, unzulänglich und ungeachtet zu sein. Deshalb kommt es ihm auch darauf an, seine Erfolgssymbole demonstrativ zur Schau zu stellen (Luxuswagen, Titel, Teppiche, Zimmergröße, Mitarbeiterzahl, Stockwerkshöhe, Rangstufe. Er triumphiert im phallischen Konkurrenzkampf, wenn ein anderer »den Kürzeren zieht«, er richtet sich auf an Potenzsymbolen, die seine Macht und seinen Status verkünden.
In der Umwelt hysterischer Vorgesetzter herrscht Improvisation vor; sie hassen Systeme und verlassen sich auf Intuition. Gelegenheiten zur Selbstdarstellung werden gesucht oder

hergestellt (public relation, Feste, Präsentationen), Form und Stil sind oft wichtiger als Inhalt.« [54]

Es ist äußerst schwierig **und auch wenig sinnvoll**, die einzelnen Führungskräfte ***genau*** nach den oben beschriebenen, psychisch auffälligen Kategorien einteilen zu wollen – und der Versuch sollte auch gar nicht erst gemacht werden, denn meist sind die Grenzen fließend. Ähnlich wie bei den individuellen Charakteren von Menschen sind jedoch in der Praxis deutliche Schwerpunkte zu erkennen, und das ist **eine wichtige Orientierungshilfe!**
Katastrophal wirkt es sich aus, wenn narzißtische, schizoide und hysterische Eigenschaften in einer Person in gleichen Anteilen anzutreffen sind (Beispiel 2). Am gefährlichsten sind nach meiner Erfahrung jedoch hysterische Vorsitzende, die sich nach außen väterlich loyal, menschlich und *pseudoesoterisch* (hohe Ideale vorspiegelnd) geben, aber spätestens bei meditativen Übungen erkennen müssen, daß Verhalten und innere Einstellung nicht kongruent sind, also zu weit auseinanderliegen.

6. Integrative Führungskräfte
Die Zukunft wird m.E. dem vorwiegend »depressiven« Manager gehören, der nicht depressiv ist: eine Führungskraft, die selbstbewußt und wirklich unabhängig, kooperativ als *primus inter pares* auf Teamarbeit ausgerichtet ist und dabei – das Ziel stets vor Augen – entscheidungsfreudig auch mal einen *harten* Weg gehen kann. Diese Richtung wird sich zu Beginn des neuen Jahrtausends mehr und mehr durchsetzen! Gerd Ammelburg nennt das den »integrativen Führungsstil«. [55]
Eine integrative Führungspersönlichkeit versteht es, alle Mitarbeiter zur Kommunikation und zu einem Informationsaustausch anzuregen, bis wirklich auch alle denselben Wissensstand haben und damit eine gemeinsame Vision teilen. An dieser Vision richten Führungspersönlichkeiten ihre Mitarbeiter aus. Sie greifen Probleme auf, diskutieren hierüber

und finden eine Lösung. Sie zögern auch nicht, sich zielgerichtet auch gegen den Strom zu stellen, denn für sie zählt nur, was *morgen* ist. Sie bauen auf Vertrauen; nicht *Vertrauen ist gut, Kontrolle besser,* sondern vielmehr *Vertrauen ist die Basis, Kontrolle ist* (betriebswirtschaftlich) *wichtig.*
Der Mensch wird wieder mehr in den Mittelpunkt rücken!

Bei der psychologischen Einteilung der Führungskräfte nach auffälligen Verhaltensmerkmalen in fünf Kategorien soll noch einmal herausgestellt werden, daß das Gros der heutigen Unternehmer und Entscheidungsträger auf höchster Ebene nur teilweise in dieses Orientierungsschema passen, weil sie psychisch nicht oder nur wenig auffällig sind. Krankhaft - und besonders schlimm für das Umfeld – wird es ja erst bei den Psychopathen. Kleinere Neurosen oder *Macken,* zu denen jeder Betroffene stehen kann, müssen einer guten Führungskraft ja nicht im Wege sein.

Im Gegenteil, um das noch einmal herauszustellen: eine *zwanghafte* Führungskraft kann ein hervorragender Leiter einer Buchhaltung, einer Controlling-Abteilung, ein hervorragender Buchprüfer oder Steuersachverständiger sein. Hier werden genau die Fähigkeiten gebraucht, die ein *Zwanghafter* in besonderem Maße hat.

3.4.2. Profil *integrative* Führungspersönlichkeit

Zum Thema Führung und wie diese im kommenden Jahrtausend aussehen soll, sind sehr viele Bücher auf dem Markt. Dabei ist das Thema Führung zu komplex, als daß es sich in ein Schwarzweißschema pressen ließe. Das nachstehend erstellte Profil für eine *integrative* Führungspersönlichkeit orientiert sich an den Maximen Glaubwürdigkeit, Authentizität und Verantwortungsbewußtsein als tragende Säulen von Führungskompetenz, angelehnt an eine publizierte Checkliste [60].

Große Führungspersönlichkeiten zeichnen sich durch individuelle Führungsstile aus. In der Vielfalt der Führungseigenschaften in der jeweiligen Situation liegt die eigentliche Kompetenz einer Führungskraft. Damit wird jeder Versuch hinfällig, einen bestimmten Stil für alle Führungssituationen beschreiben zu wollen. Grundsätzliche Eigenschaften für eine Führungskraft, die zugleich Vorbild ist und damit auch die Rolle eines innerbetrieblichen Coaches übernehmen kann, sind dagegen sehr wohl zu umreißen.

1. Personalpolitik
- praktiziert besondere Sorgfalt bei der Auswahl der Mitarbeiter, die in das engere Arbeitsumfeld passen. Achtet auf Teamfähigkeit.
- hat Klarheit über die Strukturunterschiede jedes einzelnen Charakters (Denken und Handeln): »Der richtige Mitarbeiter auf den richtigen Platz!«
- setzt Mitarbeiter entsprechend ihrer individuellen Fähigkeit und Qualifikation ein und sorgt für gründliche Vorbereitung auf deren Aufgabe.
- erarbeitet mit allen Mitarbeitern Führungsleitsätze und Unternehmensziele, sorgt dafür, daß diese allen bekannt sind und dafür, daß alle danach handeln – er jedoch allen voran!
- fördert ergebnisorientiertes Denken und höhere Leistung.
- erkennt Leistung an, sorgt für gerechte Entlohnung und Weiterbildungsmöglichkeiten.
- führt mit Mitarbeitern Gespräche und zeigt Zukunftsperspektiven auf.

2. Aufgabenverteilung
- legt Aufgaben und Kompetenzen jedes Mitarbeiters genau fest.
- gibt Entscheidungsspielräume vor und formuliert Zielvorgaben.
- führt dazu regelmäßig Zielvereinbarungsgespräche (Soll-Ist-Abweichungen).

- ordnet klar die Hierarchie-Ebenen in der Firma.
- betont im Rahmen der Aufgabe die Selbstverantwortung.
- regelt die Rechenschaftspflicht.

3. **Information**
   - betreibt aktiv offene und kontinuierliche Informationspolitik.
   - ist bereit, seine Mitarbeiter auch mit unangenehmen Wahrheiten zu konfrontieren.
   - akzeptiert auch umgekehrt unangenehme Meldungen von Mitarbeitern, ohne daß diese mit Repressalien rechnen müssen.

4. **Widerstände / Konflikte**
   - weiß um die unterschiedlichen Denk- und Verhaltensweisen von Menschen
   - fällt bei Veränderungsprozessen nicht in veraltete Verhaltensmuster zurück und spielt dann z.B. auch nicht seine Vorgesetztenfunktion aus oder setzt Forderungen »einfach durch«.
   - praktiziert (sofortiges) Konfliktmanagement bei innerbetrieblichen Problemen.
   - kehrt keine Probleme »unter den Teppich«.
   - unterbindet auch Ansätze von Mobbing bereits im Keim.

5. **Selbstkritik**
   - ist bereit, eigene Ansichten immer wieder in Frage zu stellen.
   - stellt Vorurteile ständig in Frage.
   - stellt persönliche Interessen mit Blick auf die Unternehmensziele hinten an.
   - ist bereit, auch eigene Fehler zuzugeben und zu korrigieren.

6. Angst, Unsicherheit
- akzeptiert Unsicherheiten (bis hin zur Angst) bei sich und (vor allem auch) bei Mitarbeitern.
- nimmt sich die Zeit für individuelle Gespräche mit Mitarbeitern – auch für Probleme über den betrieblichen Rahmen hinaus.

7. Entscheidungen
- entwickelt und zeigt Initiative und dynamisches, entscheidungsfreudiges Verhalten.
- zieht Konsequenzen nach getroffenen Entscheidungen und bringt Themen konsequent zu Ende.
- schließt keine faulen Kompromisse oder nimmt als richtig erkannte Lösungen nicht peu à peu zurück.
- investiert nach getroffenen Entscheidungen Zeit für ein Feedback an die Mitarbeiter, damit diese involviert bleiben – wenn die Mitarbeiter nicht schon von vornherein in die Entscheidungsprozesse mit eingebunden waren.
- bietet den Mitarbeitern Mitspracherecht und Gestaltungsmöglichkeiten – soweit dies möglich und sinnvoll ist.

3.4.3 Insignien der Macht von Führungskräften

Wie wir bei *hysterischen* und *narzißtischen* Führungskräften gesehen haben, brauchen vor allem sie eine Aura von Pomp um sich herum. Das ist meist gepaart mit einem großen Hang zur Eitelkeit.
Nur kurz sei hier auf Parallelen von persönlichen Eigenarten mit spezifischen Spielen in der Organisation hingewiesen. Nach meiner Erfahrung sind Auswüchse am ehesten in großen industriellen Organisationen und Banken zu beobachten, während in Behörden und vor allem im Mittelstand, von Ausnahmen abgesehen, pompöse (Macht-)Spiele eher unterdurchschnittlich anzutreffen sind.

Neuberger/Kompa beschreiben im Jahre 1986 das Beispiel Bankenviertel in Frankfurt, was auch heute – nach über einem Jahrzehnt – symptomatisch und nicht weniger aktuell ist:
»Als Kultstätten symbolisieren Fabriken und Verwaltungsgebäude das Selbstverständnis der Kulturträger. Ebenso wie die gotischen Kathedralen des Mittelalters die Religiosität der Menschen und die Macht der Kirche zum Ausdruck brachten, so präsentiert sich im Hochhäuser-Wettkampf der Banken im Frankfurter Westend die einschüchternde Macht des Geldes als des derzeit herrschenden Gottes. Jede Vorstandsetage legt Zeugnis ab von der Verherrlichung von Macht, Größe, Erfolg, Überlegenheit. Das eigene Zimmer, auch des Unterstellten, wird auf den verschiedensten Merkmalsdimensionen eingestuft (vertikale und horizontale Entfernung von der Vorstandsetage, Größe, Ausstattung, Fensterzahl, Abschirmbarkeit ...), die allesamt Indikatoren der Wertschätzung sind, die der Inhaber genießt.« [56]

4 Was verantwortliche Führungskräfte bewirken

In der sehr ausführlichen Managementliteratur gibt es zuhauf Definitionen, welche Fähigkeiten Führungskräfte haben sollten, wie Mitarbeiter zu führen oder zu motivieren sind und wie Führungsverhalten überhaupt auszusehen habe. Nur – je nach Standpunkt – gehen die Überzeugungen weit auseinander.

Eine m. E. zutreffende und sich durchsetzende Definition, was Führungsverhalten bedeutet, hat **Klaus Linneweh** vorgetragen:
»Führung bedeutet, Ziele zu setzen und mit Hilfe von Menschen erfolgreich zu realisieren. Dabei gilt es, zwei entgegengesetzte Interessen zu berücksichtigen: Das Unternehmensziel ***und*** die Mitarbeiterbedürfnisse.

Das Unternehmensziel verlangt wirtschaftliches Handeln, das Mitarbeiterinteresse psychologisches Verstehen. Darum ist jede Führungsaufgabe Integration und Konfliktmanagement. Streß entsteht dann, wenn dieses Gleichgewicht gestört ist.
Der kooperative Führungsstil ist daher am ehesten geeignet, ein streßfreies Klima zu schaffen. Kooperation heißt Handeln unter einer gemeinsamen Zielsetzung. Der Mitarbeiter hat die Möglichkeit mitzuwirken, seine eigenen Vorstellungen und Wünsche mit einzubringen. Die Unternehmensentscheidungen werden somit transparent und von allen Beteiligten akzeptiert.« [57]

Diese Definition paßt optimal zu der beschriebenen **integrativen Führungskraft.** Die wenigsten sind *geborene* Führer, und unsere Gesellschaft hat mit solchen in diesem Jahrhundert ja auch schlechte Erfahrungen gemacht. Das Erlernenmüssen impliziert eine besonders gründliche Vorbereitung für Aspiranten auf eine Führungsaufgabe.
Jegliche Führung ist Einflußnahme auf andere Menschen, was immer auch ein psychologischer Vorgang ist. Und wer sich selbst nicht kennt, kann schwerlich andere führen. Es ist schon auffallend, wie viele Hochschulabsolventen heute davon überzeugt sind, für Führungsaufgaben prädestiniert zu sein. Mit Schnellkarrieren richten dann zu viele von ihnen finanzielle Schäden in der Firma und psychische bei Mitarbeitern an. Der Grund ist meist nur, daß die Vorbereitung auf schwierige Führungsaufgaben zu kurz war oder auch Auswahlkriterien nicht sorgfältig genug angewandt wurden. So kommt es schnell zu einer falschen (und teuren) Personalauswahl.
Nun kann es nicht das Ziel der Führungskraft sein, vor Übernahme einer Herausforderung erst Psychologie zu studieren. Andererseits gibt es unabdingbare Wissensvoraussetzungen für Menschen, die Menschen führen. Da es so viele Charaktere wie Menschen gibt, kann nur eine individuelle Vorgehensweise, abhängig von Standort bzw. von der bereits vorhandenen Plattform des Betroffenen zielführend sein.

Walter Schleip (siehe Kapitel I-2.9) hat sich nicht nur mit seiner Typenlehre und der Beschreibung von Wesensgruppen von Menschen und deren *Strukturformel* einen Namen in der Psychologie gemacht, vielmehr hat er ein Regelwerk »Führungspsychologie« entwickelt, das auch heute im wesentlichen nichts von seiner Gültigkeit verloren hat. Die hier festgehaltenen psychologischen Gesetzmäßigkeiten, ein Handwerkzeug zur Menschenführung, lassen sich leicht in die Führungspraxis übertragen. Auf der folgenden Seite ist dieses Regelwerk nachgezeichnet. Es sind hier drei wesentliche Voraussetzungen für verantwortlich handelnde und erfolgreiche Führungskräfte fokussiert:

- Welche **Voraussetzungen** müssen für eine erfolgreiche Führungsbeeinflussung gegeben sein bzw. geschaffen werden?

- Welche **psychischen,** also **geistig-seelischen** Funktionen des Menschen können bei der Führungsbeeinflussung angesprochen werden?

- Welche **eigenen Antriebsmomente, Bedürfnisse** der Geführten müssen bei der Führungsbeeinflussung mit berücksichtigt werden?

Dieses »Regelwerk« nach Schleip auf den folgenden Seiten [55]:

Führungspsychologisches Regelwerk

A. Voraussetzungen	**Anmerkungen**
Welche Voraussetzungen müssen für eine erfolgreiche Führungsbeeinflussung gegeben sein bzw. geschaffen werden?	
1. positive Einstellung a) Vertrauen zur Person b) Interesse an der Sache	Eine der beiden Komponenten allein reicht nicht aus, um eine positive Einstellung zu schaffen.
2. relativ richtiges Maß	Bedeutet, daß es auf den bzw. die Geführten angepaßt sein muß, auch in der richtigen Dosierung. Man findet es durch Beobachtung in einem Regelkreisverhalten, indem man sich auf den anderen einstellt.
3. richtige Häufigkeit (des Kontaktes und der Einflußnahme)	Bei flüchtigem Kontakt (»KZG« = Kurzzeitgedächtnis: Behalten zwischen zwei Stunden und zwei Tagen). Bei häufigeren Kontakten bewirkt das LZG (= Langzeitgedächtnis) Eindringen in das Unterbewußte, somit eine automatische Reaktion. Ein Überziehung der Häufigkeit kann Abwehrreaktionen hervorrufen.

B. Die psychischen Funktionen	**Anmerkungen**
Welche psychischen, also geistig/seelischen Funktionen des Menschen können bei der Führungsbeeinflussung angesprochen werden?	
1. Die Sinne: Sehen 83 %, Hören 11 %, Riechen 3,5 %, Tasten 1,5 %, Schmecken 1 %	Die Sinnesfunktionen sind körperliche Funktionen, jedoch bilden sie zur Wahrnehmung die Eingangspforten im psychischen Bereich. Je mehr Sinne gleichzeitig angesprochen werden, desto schneller und intensiver ist die Wirkung.
2. Das Denken (Verstand, Rationales): Nachdenken, Überlegen, Erinnern, Planen, Kombinieren, Koordinieren etc.	Es gibt sehr unterschiedliche Denkertypen. Wichtig ist zu wissen, daß in jeder Gruppe zumindest die beiden am häufigsten (mehr als 80 %) vorkommenden Denktypen vorhanden sind: Die logisch-abstrakten und die anschaulich-intuitiven.
3. Das Fühlen (Emotionales): Angst, Freude, Trauer, Liebe, Haß, Vertrauen, Sympathie, Ärger, Wut etc.	Gefühle sind ansteckend wie eine Infektionskrankheit: Je größer die Gruppe, desto stärker können die Gefühle in den Vordergrund treten und die Verstandesfunktion überdecken.

	Anmerkungen
4. Das Wollen: Eifer, Fleiß, Energie, Faulheit, Ausdauer, Mut, Initiative, Trägheit	Es gibt ein bewußtes Wollen, das vom Denken oder Fühlen hergeleitet wird und ein unbewußtes Wollen, das von Erlebnissen gesteuert wird.
5. Das Erleben: Erlebnisse, Enttäuschungen, Schocks, Träume, Halluzinationen, Begeisterung, Engramm etc.	Jedes echte Erlebnis *(Engramm)* formt die Verhaltensweise des Menschen und kann ein ganzes Leben hindurch wirksam sein (Ersterlebnisse, Schocks etc.). Enttäuschungserlebnisse bewirken Aggressivität!
C. Die Kardinaltriebe	
Welche eigenen Antriebsmomente, Bedürfnisse der Geführten, müssen bei der Führungsbeeinflussung mitberücksichtigt werden?	
1. Besitztrieb: Haben-Wollen, z. B. Nahrungstrieb (Essen und Trinken), Wissenstrieb, Informationsstreben, Neugier, Sammeltrieb etc.	Triebe sind etwas völlig Natürliches; sie sind stets latent bei jedem Menschen vorhanden. Der Trieb, der akut am meisten notleidet, schiebt sich in den Vordergrund und drängt nach Befriedigung.

	Anmerkungen
2. Geltungstrieb: Sein-Wollen, z. B. Ehrgeiz, Freiheitsstreben, Machttrieb, Anerkennungsbedürfnis	Mangelnde Triebbefriedigung bewirkt Frustration
3. Kontakttrieb: Gemeinschaft-Wollen, z. B. Spieltrieb, Sexualtrieb, Fortpflanzung, Herdentrieb	

Gerd Ammelburg schreibt in seinem Buch »Die Unternehmenszukunft« [55]: »Wer sich mit diesem Handwerkzeug zur Menschenführung befassen will, der kann nur *einen* Nutzen davon haben: er wird, wenn er es ernsthaft betreibt, sein Führungsverhalten in der Zukunft verbessern. Und dies wiederum ist die Voraussetzung für ein Vertrauen der Mitarbeiter zu seiner Person, von dem **jeglicher Führungserfolg abhängig** ist.«

Nach **Peters** und **Watermann** ist es ein Merkmal exzellenter Unternehmen, wenn Führungskräfte ihre Mitarbeiter voll in die Firmenkultur integrieren. Aufgabe der Führung sei es, »Wertvorstellungen zu prägen und sie durch Schulung und innerbetriebliche Festgottesdienste zu festigen und zu fördern – *zusammen* mit den Mitarbeitern und zum Wohle des Produktes, von dem man voll überzeugt ist.« [58]

Mitarbeiter sind die entscheidende Ressource im Unternehmen und professionelle Führungskräfte setzen diese an sich sehr alte Erkenntnis optimal in die Praxis um. Damit prägen sie die Firmenkultur, den *Stil, Geist* oder den *Charakter* eines

Hauses; kurz, die Summe der Werte und Überzeugungen, die das Typische und Einmalige eines Unternehmens ausmachen. Mißtrauisch macht es, dies alles fein und geschliffen formuliert, an allen Bürowänden zu lesen. Leider ist dies in der Praxis nur zu oft Fassade (siehe Beispiele 1 und 2).

Den Wert eines Unternehmens
machen nicht Gebäude und Maschinen
und auch nicht seine Bankkonten aus.
Wichtig an einem Unternehmen sind nur die Menschen,
die dafür arbeiten und der Geist, in dem sie es tun!
(Heinrich Nordhoff)

5 Der Chef als Coach!

In unserem heutigen Umfeld, das von wirtschaftlicher Dynamik bei gleichzeitigem Wertewandel, allerorten von Hektik und Strategie-Schlagworten wie *re-engeneering, lean-Management* und *Kaizen* gekennzeichnet ist, wird der Ruf nach *neuen* Managern lauter. Diese sollen entschlossen, begeisterungs- und team-fähig, entscheidungs- und risiko-freudig und dazu psychologisch einfühlsam und visionär sein. Wenn dann auch noch die Verantwortung delegiert werden soll, dann ist man bei einem Idealprofil angekommen, was einen Supermenschen erfordert. So eine Führungskraft könnte natürlich der ideale Coach sein. Nur – entspricht all dies der Praxis?

Zunächst zum Begriff *Coaching*. Auch hier sind die vielfältigen Definitionen verwirrend, wobei der Ursprung deutlich ist. Coaching kommt vom sportlichen Geschehen; der Coach begleitet, berät und führt seinen Schützling oder seine Mannschaft sportlich, psychologisch und strategisch auf dem Wege zu Spitzenleistungen. Sieg und Niederlage sind dann auch an den Coach gekoppelt, wie wir es ständig im Fußballgeschäft erleben.

Im englischsprachigen Bereich ist ein Coach im Wirtschaftsleben der Vorgesetzte, der seine Mitarbeiter führt und motiviert, um sie zu größerer Leistung anzuspornen. Im Schulbereich ist Coach Synonym für Lehrer. Die Führungskraft ist zugleich Lehrer: das entspricht dem japanischen *Sensei*-Prinzip.

Ein anderer Ansatz setzt sich seit einigen Jahren auch in unseren Unternehmen durch. Bei der zunehmend harten Wettbewerbs-Mentalität, die von der Schulausbildung ausgehend in die Universitäten und dann in die Firmen getragen wird, trauen sich (nicht nur) Führungskräfte nicht mehr, sich zu *outen*. Es ist nicht ohne Risiko, dem Kollegen und schon gar nicht dem Chef gegenüber, kleine Schwächen preiszugeben oder offene Probleme vorzutragen. So behält man persönliche Dinge besser für sich und viele, gerade auch Führungskräfte, vereinsamen. Wem kann sich ein Unternehmer oder eine Führungskraft dann noch anvertrauen? Dem einen oder anderen bleibt als Sparringspartner zu Hause noch der Lebenspartner mit Verständnis und Rat. Bei Fachproblemen ist auch diese Alternative eher begrenzt.

Daniel Goeudevert hat einmal formuliert, daß man ab einer bestimmten hierarchischen Ebene nur noch von Spiegeln umgeben ist: alle hören genau hin, um zu wissen, was der Chef wohl am liebsten hat. Hier ist heute der externe Coach gefragt, der mit viel Erfahrung, wirtschaftlichen und auch psychologischen Kenntnissen ungeschminkt Feedback geben kann. Dabei hat eine solche Beratung oft schon therapeutische Ansätze. In der Zeitschrift Personalführung (Heft 12/89) sind die Anlässe für Coaching formuliert. Danach suchen Führungskräfte die Hilfe des Coaches bei

> »Persönlichkeits- und Kommunikationsdefiziten, wie Streßanfälligkeit, Kontrollverlusten, Konzentrationsproblemen, Arbeitsunlust oder gar bei einer allgemeinen Sinnkrise.«

Coaching in diesem Sinne läuft heute noch mehr unter dem Siegel der Verschwiegenheit, weil Führungskräfte sich und anderen gegenüber nicht eingestehen, daß sie Defizite haben. Wirklich unabhängige, selbständige und selbstbewußte Persönlichkeiten nutzen jedoch die sich hier bietenden Chancen, sehr wohl wissend, daß das Fremdbild meist anders aussieht, als das Selbstbild.

Doch kommen wir zurück zu den Möglichkeiten, die Führungskräfte als Coach haben, denn sie sind der Motor für Veränderung und Wandel im Unternehmen! Sie sind Vorbild und haben die direkte Möglichkeit, die privaten Vorstellungen der Mitarbeiter mit den Zielsetzungen des Unternehmens zu verknüpfen. Hier profitieren alle Beteiligten. **Stephen R. Covey** bezeichnet dies als »Gewinn/Gewinn-Denken, als eine der sechs Möglichkeiten menschlicher Interaktion, eine Einstellung, bei der Kopf und Herz immer Vorteile für *beide* Seiten suchen. Dieses Denken beruht auf dem Paradigma, daß es genug für alle gibt, daß der Erfolg des einen Menschen nicht auf Kosten oder unter Ausschluß anderer stattfindet.« [4]

IV Der Mensch als Mittelpunkt

1 Sind Sie Mittel (*zum Zweck*) oder Mittelpunkt?

»Unsere Art, die Probleme zu sehen, ist das Problem« [4]. Lesen Sie den Titel dieses Buches unter privaten Gesichtspunkten – oder sehen Sie sich gedanklich in Ihr berufliches Umfeld versetzt? Wenn Sie beispielsweise in einem größeren Unternehmen mitarbeiten, dann sind Sie hier (auch) *Mittel.* Wenn Sie dabei aber gelernt haben, sich selbst zu steuern, wenn Sie Sinn und Aufgabe des (Ihres) Lebens kennen, selbst die Verantwortung für Ihr Handeln übernommen haben, dann sind Sie (Ihr) Mittelpunkt! Wir Menschen sind, je nach Eingebettetsein in unser Umfeld, **sowohl Mittel als auch Mittelpunkt!**

Diese Schlußfolgerung scheint nur auf den ersten Blick widersprüchlich zu sein. Zutreffender könnte der Buchtitel lauten: »Der Mensch ist Mittel **und** Mittelpunkt«. Um das deutlich zu machen, hier nochmals ein kurzer Blick in unsere heutige marktwirtschaftliche Unternehmenswelt.

Ein Wirtschaftsunternehmen funktioniert nicht ohne Personal – und dieser Begriff ist ein *Neutrum.* »Definiert man Personal als die Gesamtheit oder Summe der Arbeitskräfte (Arbeitsrollen, Arbeitsvermögen, Stelleninhaber, Organisationsmitglieder, Mitarbeiter etc.), dann wird das Neutrum unter der Hand personalisiert – so, als ob das Personal gleichzusetzen sei mit ›vielen einzelnen Menschen‹. Eine solche Vereinzelung und Vervielfachung verfehlt jedoch das Charakteristische an Personal, das als Einheit oder Ganzheit gedacht

wird. Aus Personal kann man nicht Persönlichkeiten machen, genausowenig, wie man aus Deutschland Deutsche machen kann.« [61]
Die Aufgabe einer Personalabteilung ist die Bereitstellung von Menschen/Mitarbeitern (*Human-Kapital*) für definierte Aufgaben. Ziel eines Unternehmens ist es ja erst in zweiter Linie, Mitarbeiter zu fördern und weiter zu entwickeln. Oberste Prämisse ist wirtschaftliches Handeln und das Erzielen von Gewinnen, die für das Überleben eines Unternehmens ja bekanntlich die Voraussetzung sind. Nicht der Mensch steht im Mittelpunkt eines Unternehmens, sondern – ganz profan – das Geld!

Oswald Neuberger, Organisationspsychologe an der Universität in Augsburg, sieht das so:
»Wenn festgestellt wird: Der Mensch steht im Mittelpunkt (eines Unternehmens), dann ist dies – falls er als Beschreibung der Realität gemeint sein sollte – im mehrfachen Sinn ein dummer Spruch: leicht hingesagt, unbedacht, leerformelhaft, falsch. Der Mensch im Zentrum lenkt vor allem ab, steht allem im Wege ...« Und – an anderer Stelle: »Auf die Menschen einzugehen: das ist entweder ein Luxus, den man sich leisten kann, weil die Geschäfte gut gehen, oder eine nur scheinbare Extravaganz (=Grenzüberschreitung), weil gezeigt werden kann, daß es sich *auszahlt*, also wieder in die Sprache des Geldes zurück übersetzt werden kann.« [61]

Diese Formulierung von O. Neuberger klingt zwar hart, ist aber auf den Punkt gebracht. In der heutigen industriellen Praxis tritt die Entwicklung des einzelnen hinter der Entwicklung der Organisation zurück. Das übergeordnete Ziel ist die Optimierung des Geschäftsprozesses. Inwieweit die beteiligten Menschen (als *human-ressources*) bei all diesen Prozessen der »lean-production«, der TQM, des Kaizen oder des »re-engineering« glücklich, unglücklich sind oder gar im Rahmen eines »out-sourcing« die Firma verlassen müssen, ist in keiner Bilanz nachzulesen.

Die (oft vermeintlich gesuchte) Zufriedenheit für jeden einzelnen Mitarbeiter tritt hinter der Dominanz der Leistungsziele des Unternehmens zurück. Wenn hier die individuellen Ziele eines einzelnen auch nicht ausreichend berücksichtigt werden (können), eines ist sicher der Trend in unserer turbulenten Zeit der Jahrtausendwende: Die Mitarbeiter wollen immer mehr den Sinn einer Aufgabe oder Leistungsvorgabe sehen. Und welche Firma hat schon Sinn als *Köder* im Angebot? *Sinn* zu definieren, ist vielmehr eine sehr persönliche und individuelle Aufgabe – genauso wie eine kurz-, mittel- und langfristige Zielsetzung in unserem Leben festzulegen.
Eine wichtige Voraussetzung hierfür ist die Selbststeuerung!

2 Steuern Sie sich selbst!

All Ihre Kenntnisse und Ihr Wissen werden erst dann voll zur Wirkung kommen, wenn Sie diese auch anwenden.

Leben heißt Lernen und Anwenden!
Und Lernen bedeutet **Veränderung.** So hört das Lernen auch nicht mit einer Pensionierung zu Beginn des dritten Lebensdrittels auf. Der Begriff *Lernen* ist, psychologisch definiert, nicht nur Wissenserwerb, sondern auch eben jegliche Veränderung im Erleben und Verhalten, die durch Erfahrung zustande kommt. Die Universitäten und Volkshochschulen belegen mit zunehmenden Immatrikulationen von Senioren, daß der Trend *lebenslangen Lernens* und damit *Veränderns(!)* ungebrochen ist.

Nun gibt es unzählige Bücher mit Lebenshilfen – und die meisten gutgemeinten Ratschläge scheitern daran, daß sie zu umfangreich sind oder all die guten Vorsätze nach dem Beiseitelegen eines Buches schnell wieder vergessen sind. Obwohl wir täglich meist kleinere oder größere Probleme zu bewältigen haben, scheuen wir uns oft, nahestehende Familienange-

hörige oder Freunde um Rat zu fragen. Diese *Scheu-Schwelle* ist natürlich im Berufsleben noch viel höher, weil wir uns nicht dem Kollegen und noch weniger dem Chef offenbaren können – oder wollen. So bleiben dann die meisten allein in ihrem Gefängnis der eigenen Erfahrungen. Engramme verfestigen sich so, je nach Charakter und Standpunkt, zu eigenen *Wahrheiten* – bis hin zu psychischen Störungen.
Doch es gibt manche Zeitgenossen, die ihre *Macken* gern pflegen, weil sie so immer im Mittelpunkt stehen, umsorgt, bemuttert oder auch bemitleidet werden. Dabei können Störungen über psychosomatische Erscheinungsformen bis hin zu ernsten Krankheiten führen. [62]
Bei meinen psychologischen Studien der letzten Jahre ist mir klar geworden, daß die klassischen therapeutischen Ansätze die betroffenen Menschen zuallererst in die Vergangenheit führen. Die Freud'sche Psychologie postuliert, daß das, was uns als Kind widerfährt, den Charakter und die Persönlichkeit formt und im Grunde unser ganzes Leben bestimmt. Um nun an die Quelle von Störungen zu kommen, kann es sehr schmerzhaft sein, alte Wunden neu aufzureißen. Auch wenn anschließend durch aufbauende Therapie eine Änderung des Bewußtseins und des Verhaltens herbeigeführt wird.

Anders als Freud plädieren Verhaltenspsychologen heute nachdrücklich dafür, bei erforderlichen Verhaltensänderungen die Schwerpunkte mehr in die Gegenwart zu legen. Gewiß ist es aufschlußreich und hilfreich, die auslösenden Momente für ein spezifisches Verhalten zu kennen, aber verändern können wir uns immer nur in der Gegenwart! Bei aller Kritik an diesen moderneren Ansätzen: Liegen ernsthafte psychische Schäden vor, dann ist die Psychoanalyse als Therapieform noch immer eine der Alternativen. Dieses Verfahren kann allerdings sehr langwierig sein und ist auch nicht für jede Person geeignet.
Das Gros der alltäglichen Probleme erfordert jedoch nicht automatisch eine professionelle Behandlung durch einen Theologen, Psychologen, Psychotherapeuten oder gar Psych-

iater. Sie können sehr wohl selbst mit zielbewußtem Vorgehen, mit Disziplin und Ausdauer die Harmonie in Ihrem Leben (wieder-)finden. Doch reicht hierfür nach meiner Erfahrung positives Denken allein nicht aus, wie dies manchmal vermittelt wird. Das ist für mich so, als wenn jemand ohne Fahrpraxis hoffnungsvoll, positiv denkend, mit einem Auto davonfährt ...

Aber positives Denken auf der Basis einiger Grundsätze der Lebensgestaltung kann, ja wird zwangsläufig zur Erfüllung, zum Erfolg – und damit zum Glück führen. Positives Denken ist die Voraussetzung, damit Sie Ihr Leben selbst gestalten, die Verantwortung für Ihr Handeln selbst in die Hand nehmen, um sich auch z. B. den Versuchen Ihrer Umwelt zu widersetzen, Sie zu manipulieren oder auch nur, um Ihre Zeit zu stehlen. Mit mehr (Selbst-)Bewußtsein finden Sie auch zu (mehr) Harmonie, nicht nur in Engpässen und anderen Widrigkeiten. Dabei ist es nachteilig, in schwierigen Lebenslagen fatalistischen Neigungen nachzugeben. Auch wenn das manchmal der einfachere Weg zu sein scheint. Mir war es mir oft nützlich, in unübersichtlichen Situationen dem Prinzip des *Wu Wei* zu folgen. *Wu Wei* ist mehr als »das Tun im Nichtstun«, es ist die Kunst, zum richtigen Zeitpunkt das Richtige zu tun! [63]
Was aber ist das *Richtige*? Um das festzulegen, müssen Sie sich über Ihre individuellen Werte klar sein oder werden, Sie brauchen einen *Sinn* für Ihr Handeln und letztlich auch eine Zielsetzung für Ihr Leben mit eventuellen Teil- oder Etappenzielen, die zu Ihren Langfristzielen führen. **Ohne Ziel ist jeder Weg der richtige!**

Damit sind wir bei der Frage nach dem *Sinn* und dem *Ziel* des Lebens überhaupt. Viele in unserer heutigen Zeit haben diese uralte Menschheitsfrage für sich bereits abgehakt und leben in den Tag hinein, ohne Perspektiven, sehen nur Probleme, die Schuld bei den anderen und beklagen so ihr Schicksal. Viele haben auch gesundheitliche Probleme und sehen sich in ihrem

Umfeld grundsätzlich als *Opfer*. Die schweigende Masse geht wohl ihrem Alltag nach: Man macht das Beste aus der jeweiligen Situation, erlebt und akzeptiert (oft mit viel Murren) die *Hochs* und die *Tiefs*; man versucht, Lösungen für die täglichen privaten und beruflichen Probleme zu finden.
Dabei haben die Kirchen (nicht nur) in Deutschland immer größere Probleme, die Menschen an sich zu binden und zu motivieren, während andererseits immer mehr auf der Suche nach dem Sinn und Inhalt, nach dem *Warum* ihres Lebens sind. Viele klagen im Sinne eines Gedichtes, das uns **Ludwig Thoma** hinterlassen hat:

Ich bin und weiß nicht wer,
ich komm und weiß nicht woher,
ich leb und weiß nicht wie lang,
ich sterb' und weiß nicht wann,
ich geh und weiß nicht wohin,
mich wundert's, daß ich so fröhlich bin.

Im Kapitel II-3 habe ich im Zusammenhang mit dem Thema Reinkarnation erklärt, daß die These der Wiedergeburt für mich ein Erklärungsmodell bedeutet, das viele Widersprüche unserer Welt erklären läßt. Auch wenn es nicht immer leicht ist, überzeugt zu sein, daß es *keine* Zufälle gibt; ein besseres oder glaubwürdigeres Modell für die zum Teil erheblichen Ungleichgewichte in der Welt habe ich bisher nicht erfahren. (Und sollte sich letzten Endes wider Erwarten doch herausstellen, daß meine Überzeugung nicht zutreffend gewesen sein sollte, dann habe ich – für mich – mit diesen Grundsätzen besser gelebt!)

Wenn ich dieses Thema Reinkarnation hier mit dem Ziel des Sich-Selbst-Steuerns verbinde, dann deshalb, weil die grundsätzlichen Werte eines jeden einzelnen unmittelbar auch mit der jeweiligen Zielsetzung zu tun haben. Das eine kann vom anderen nicht losgelöst gesehen werden. Meine eigene Lebensphilosophie mit meinen diesbezüglichen Überzeugungen ist dabei eng von den erlebten Wegegabelungen geprägt worden, wie jedes gravierende Erlebnis auch in Ihrem Leben entsprechende Engramme hinterläßt und ihr Verhalten mitbestimmt!

Beat Imhof, Philosoph, Psychologe und Verhaltenstherapeut hat das menschliche Leben einmal sehr plastisch mit einer Schiffahrt verglichen [64]. Nach diesem Modell entspricht:

a. der Strom, das Wasser	unserem Lebensstrom, der uns trägt,
b. das Schiff	unserem Körper,
c. der Steuermann	unserem Geist (als geistige Wesen!),
d. Betriebsenergie	unserer Seele,
e. die jeweilige Uferpartie	den Stationen unseres Lebens,
f. eine Irrfahrt	einem Leben ohne Inhalt / Zielsetzung,
g. Peilung / Ortung	Zielsetzung und -orientierung.

Zu a.
Das Element unseres Lebensschiffes ist das Leben selbst, ist der Lebensstrom. Ja man kann sagen, das Leben gleicht dem Wasser. Wasser und Leben gehören zusammen; jedes Leben entsteht und beginnt im Wasser (Fruchtwasser). Dreiviertel unserer Erde ist vom Wasser bedeckt und dreiviertel des Menschen besteht aus Wasser. So bedarf der Schiffsführer des Wassers, um mit seinem Schiff voranzukommen. Doch beherzigen wir die Mahnung des chinesischen Weisen Lao-tse:

Das Schiff soll im Wasser sein, das Wasser aber nicht im Schiff.

Das bedeutet übertragen, daß wir Menschen *in* dieser Welt sind, aber (als geistige Wesen) nicht *von* dieser Welt. Lassen Sie nicht ausschließlich die (materielle) Welt in Ihr Lebensschiff eindringen, sonst entsteht die Gefahr einer Schlagseite!

Zu b.

Wer sich selber steuern will, muß eine Reihe von Bedingungen erfüllen. Wenn das Schiff unserem Körper entspricht, dann ist uns dieses »Fahrzeug« für dieses Leben anvertraut. Wir müssen unseren Körper kennen und richtig mit ihm umgehen; er ist weder als Räucher- noch als Speckkammer konzipiert. Hätten wir diesen materiellen, grobstofflichen Körper nicht, gäbe es uns nicht, wir wären bei den Ungeborenen oder Verstorbenen.

Es ist für uns eine Chance, daß wir einen Körper haben. Jeder, der (s)ein Fahrzeug benützt, weiß, daß er dieses pflegen muß. Von Zeit zu Zeit ist Wartung und Service angesagt. Dabei interessiert viele Fahrer mehr das äußere, kosmetische Aussehen, vor allem, wenn das Fahrgestell noch jung ist. Je älter dieses aber ist, je eher sollte unsere Aufmerksamkeit dem Getriebe und Motor gelten. Dies gilt auch in bezug auf die Pflege unseres Körpers. Eine vernünftige Fahrweise mit Schonung des Getriebes und des Motors sind wichtig. Das bedingt eine höhere Lebensdauer.

Fragen Sie alte, hochbetagte Menschen nach dem Rezept für Gesundheit, dann hören Sie gleichlautend immer wieder eine konsequente Maßhaltigkeit in der Lebensführung. Viele Krankheiten beruhen auf Fehlernährung, auf falscher Lebens- und auf falscher Denkungsweise. Die Fehlhaltung im Denken führt – mehr als gemeinhin bekannt ist – im seelischen Energiesystem zu Fehlschaltungen und damit zu Blokkaden und Hemmungen und diese materialisieren und somatisieren sich schließlich ins Körperliche.

Noch heute gilt, was Voltaire von rund zweihundert Jahren einmal schrieb: »In der ersten Hälfte unseres Lebens geben wir eine Menge Geld aus, um unsere Gesundheit zu ruinieren und in der zweiten Hälfte geben wir noch einmal eine Menge aus, um die Gesundheit wiederzuerlangen – und inzwischen rennt das Leben davon.«

Ein Fahrzeug, das nicht in Bewegung gehalten wird, rostet leicht – genauso auch unser Körper. Wir müssen ihn in Trab und somit funktionstüchtig halten. Übertreibungen sind genauso gefährlich wie Stillstand. Achten Sie darauf, daß es nicht zu Materialermüdungserscheinungen kommt und ein *Ersatzteileinbau* nicht erforderlich wird!

Zu c.

Der Steuermann unseres Schiffes sind wir selber! Was heißt steuern? Steuern heißt, ein Fahrzeug lenken, seinen Lauf bestimmen, ihm die gewünschte Richtung geben, auf das Ziel zusteuern!

Das bedingt, daß wir uns nicht blind und ohne Ziel im Wasser treiben lassen. Daß wir, wenn es für unsere Bedürfnisse erforderlich ist, auch gegen den Strom schwimmen. Das ist sicher für viele ein schwieriges Thema, dennoch: nur tote Fische schwimmen mit dem Strom. Wer sich von der Strömung im Leben leiten läßt, wählt vielleicht situativ ein müheloseres Leben – aber oft nur kurzfristig. Viele scheuen die Anstrengungen, das Lebensschiff selbst zu steuern; sie folgen dem Zeitgeist, der Zeitströmung, der Mode, oder der Volksmeinung.

Wer sich nicht selber steuert, überläßt sein Segel dem Wind, läßt diesen die Richtung seiner Fahrt bestimmen – und jeder Hafen ist richtig! Deshalb: liefern Sie sich nicht den sich wandelnden und wechselnden Umwelt- und Umfeldeinflüssen aus, folgen Sie Ihren eigenen Zielen! Viele Menschen zählen zu dieser Kategorie der leicht Beeinflußbaren, Haltlosen, Manipulierbaren und Süchtigen. Diese haben das Steuer ihres Lebensschiffes mehr oder weniger aus der Hand gegeben oder es nie im Griff gehabt. Sie lassen sich gehen und treiben.

Beat Imhof: »Ohne den Steuermann würde die Fahrt nicht vonstatten gehen können, denn er ist verantwortlich für die Geschwindigkeit, für die Fahrtüchtigkeit des Schiffes, für den richtigen Einsatz der Betriebsenergie, für die mitgeführte Fracht sowie für das anzusteuernde Ziel.

In unserem Denkmodell gleicht der Steuermann des Schiffes dem Geist, der wir sind, und dieser begibt sich bei der Geburt freiwillig an Bord des Lebensschiffes. Nicht das Schiff, sondern sich selbst muß er an seinen ihm zugedachten Bestimmungsort bringen. Das Boot ist dabei nur das Hilfsmittel, das er beim Aussteigen wieder verläßt. Geburt und Tod sind also mit dem Einsteigen und Aussteigen in das Schiff des Lebens zu vergleichen. Wenn er *an Land geht,* läßt er das Schiff zurück.

An Land angekommen, ist er auch nicht mehr der Steuermann, sondern einer von vielen Wanderern, die weitergehen auf ihrer Reise in der jenseitigen Welt. So gesehen, sind wir Menschen bei unserer Reise auf der Erde in dieser Verbindung von Körper-Seele-Geist im Raum-Zeit-Kontinuum. Wenn wir einmal das körperliche Fahrzeug verlassen haben, dann sind wir wieder geistige Wesen. Bedenken wir also, daß wir auf unserem Lebensschiff nicht zu viel Ballast mitnehmen. Und dazu ist es notwendig zu überlegen, was in unserem Leben und was auf den Wegen unseres Lebens *wesentlich* und *wichtig* ist!

Zu d.

Die Betriebsenergie, die ein Fahrzeug oder ein Schiffsmotor benötigt, können wir analog mit unserer Seele vergleichen. Für diese Antriebs- oder Betriebsenergie gibt es viele Bezeichnungen. Aristoteles sprach von *Entelechie,* Karl Huter von *Helioda,* Wilhelm Reich nannte diese kosmische Urenergie *Orgon,* K. v. Reichenbach prägte den Begriff *Od,* und von Sigmund Freud kennen wir die Bezeichnung *Libido.* Das sind alles Worte für die Lebenskraft, für unsere Lebensenergie, für den *Odem* (=Atem) des Lebens.

Diese unsere Energie ist freilich nicht beliebig erneuerbar. Daher ist es wichtig, daß wir *vernünftig* mit ihr umgehen und keinen Raubbau betreiben. Unser Energievorrat hängt im wesentlich ab von

- der **ererbten Vitalität**: antriebsstarke Naturen sind eben von Haus aus viel stärker als schwache,
- der **Lebensweise**: die größten Energieräuber sind Streß und Genußgifte, wie Alkohol, Nikotin, Zucker – allem voran natürlich die noch gefährlicheren Rauschgifte,

- der **Regenerationsfähigkeit**; von der Möglichkeit, wieder auftanken zu können. Wichtig sind hier eine richtige Ernährung, Atmung und ein gesunder Schlaf.

Der sparsame und richtige Umgang von Betriebsenergie muß vom Steuermann ständig überwacht werden. Jeder unnötige Verlust könnte seine Fahrt abkürzen und ihn das Etappenziel verfehlen lassen. Dann kann er möglicherweise sein Ziel verfehlen oder/und kommt nur gehandikapt zu Fuß weiter.
Überladen Sie nicht Ihr *Fahrzeug*, weder körperlich, noch seelisch. Bei Übergewicht zum Beispiel muß der Motor, das Herz, mehr leisten und der Energieverbrauch ist höher. »Wer nicht den Lernweg gehen will, muß den Weg des Leidens gehen. Bei einer Krankheit sind wir zu sehr mit den Symptomen beschäftigt. Das ist so, als wenn man einen Kfz-Mechaniker bittet, bei einem Alarmsignal das rote Lämpchen herauszudrehen.« [58]

Unser Leben stellt ähnliche Anforderungen wie das Steuern eines Schiffes an den Steuermann. Wir müssen lernen und verstehen, unser Lebensschiff gut und sicher zu navigieren. Erziehung und Ausbildung sind dabei unser Fundament, quasi der *Navigationsunterricht*. Und wie oft fehlt es hier schon an der Basis! Das meiste, was wir in der Schule lernen, hilft uns im Leben nicht weiter und das, was im Leben so wichtig ist, lernen wir nicht in der Schule.
Entscheidend wichtig ist deshalb Eigeninitiative und die Übernahme von Verantwortung für eigenes Handeln. Die Selbststeuerung steckt hier im eigenen bewußten Denken, in unseren Plänen, in unseren Vorsätzen und unseren Idealen, in unserer Gesinnung oder auf einen Nenner gebracht: in *unserem Sinn für unser Leben*. Das, was wir aus innerer Überzeugung anstreben, ist auch wirklich gut, dann sind wir, wie die Psychologen sagen: *kongruent*. Analysieren wir die Umstände, die bei Mitmenschen zu Schiffbruch geführt haben, dann hat ihnen genau in diesem Punkt das Wesentliche ge-

fehlt. Ihr Unglück begann mit dem falschen, irreführenden Denken, das nicht ihrem inneren Wesen entsprach.

Die Unfähigkeit richtiger Konfliktbewältigung
und mangelnde seelische Belastbarkeit
infolge seelischer Fehl- und Mangelernährung,
sind die tieferen Ursachen für eine
unzulängliche Selbststeuerung des Lebensschiffes.
(Beat Imhof)

Zu den *wesentlichen* Merkmalen des *Kongruentseins* im Leben eines Menschen gehört das eigene Gewissen. Sigmund Freud nennt es das *Über-ICH*, in der Psychologie werden die Aspekte des Gewissens als *moralisches Urteil, moralische Lebensführung* und als *moralische Werte* bezeichnet [6]. Die Theologen behaupten, das Gewissen sei die Stimme Gottes, für die Psychologen ist es die nach innen verlegte Stimme von Eltern und Erziehern, und in der Esoterik wird das Gewissen mit der Stimme der höheren ICHs gleichgesetzt, sozusagen mit dem *inneren Helfer*, dem *inneren Arzt*, mit der *Stimme des Schutz- oder Führengels.*

Hören Sie auf diese innere Stimme, auf Ihr Gewissen, auf Ihre Intuition!

Achten Sie bei Ihren Standortbestimmungen, bei Ihren Korrekturen der eigenen Zielsetzung auf Ihre wirklichen Bedürfnisse. Überprüfen Sie die Parameter für Ihre Schiffahrt. Essentiell wichtig ist die Ausgewogenheit zwischen dem körperlichen, dem seelischen und dem geistigen Bereich. Sorgen Sie dafür, daß nicht ein Bereich verkümmert und die anderen dadurch in Mitleidenschaft gezogen werden.
Im **körperlichen** Bereich ist richtige Betätigung und regelmäßige Wartung/Kontrolle die Voraussetzung. Im **seelischen** Bereich ist eine gelegentliche Selbstprüfung wichtig; hinter-

fragen Sie (evtl.) veränderte eigene Neigungen, Ideale, das gesellschaftliche Umfeld. Welche Ängste, welche Hoffnungen und Befürchtungen haben Sie – welche Maßnahmen ergeben sich daraus? Im **geistigen** Bereich ergeben sich ähnliche Fragen: »Was ist für mich wichtig und wesentlich?« oder »Was sollte ich ernsthaft ändern?« Oder auch: »Was würde ich tun, wenn ich wüßte, ich hätte nur noch drei Monate zu leben?« Die Antworten auf solche Fragen können uns zu tiefen, weitreichenden Einsichten führen.

Abschließend zitiere ich noch einmal Beat Imhof: »Im Vergleich mit dem Kapitän fährt jeder sein Schiff, das ihm aufgrund seiner eigenen Wahl vor Antritt der Reise zugeteilt und anvertraut wurde. Der eine fährt ein Kanu, der andere ein Ruderboot, dieser eine flinke Yacht, ein anderer einen behäbigen Raddampfer oder gar einen aufgetakelten Windjammer. Jeder hat das ihm gemäße Schiff und jeder ist hierfür verantwortlich. Was es auch immer sei: wir alle haben den Auftrag, mit unserem Lebensschiff auf großer Fahrt in den sicheren Hafen, an das rechte Ufer zu gelangen, wo wir erwartet werden.

Wer vorzeitig aussteigt, oder wer Schiffbruch erleidet, kommt nicht ans Ziel. Er muß seine Schiffahrt später unter anderen oder auch erschwerten Bedingungen erneut wagen. Eine Schiffsreise ist allemal ein Risiko, das wir nur bestehen, wenn wir uns einer höheren Führung anvertrauen, denn über Wind und Wetter und über die Wechselfälle des Lebens können wir selber kaum gebieten. Unsere Geistseele aber gleicht einer Möwe Jonathan – und diese bezwang den Sturm, indem sie sich ihm überließ.«

Hilfe zur Selbststeuerung
(Beat Imhof [64])

1. Denke immer und überall, daß alles, was ist, an sich gut ist. Nur dessen Mißbrauch ist schädlich und verwerflich. Glaube deshalb an das Gute im Menschen und in der Welt und versuche dieses durch eigenes Gutsein zu mehren. Sage dir immer wieder: In den Augen des Guten ist auch die Welt gut. Bedenke den Ausspruch von Carl Zuckmayer:

   Die Menschen, die da meinen,
   die Welt sei schlecht gemacht,
   sind nicht mit sich im Reinen
   und gar noch nicht erwacht.

2. Sage dir stets: alles wird gut für den, der das Gute will. Bemühe dich darum überall, das Gute und Edle zu schaffen, indem du dies erstrebst und willst. Goethe:

   Edel sei der Mensch, hilfreich und gut,
   denn dies allein ist es, was ihn unterscheidet
   von allen Wesen, die wir kennen.

3. Widerfährt dir etwas Unangenehmes, Widerwärtiges und Erschwerendes, sage dir jeweils mit gutem Vertrauen auf die Sinnhaftigkeit eines jeden Geschehens: Wer weiß, für was das gut ist! Du bleibst dann frei von Ärger und Aufregung.

4. Nimm dir jeden Tag vor, wenigstens einem Wesen in der ganzen Schöpfung eine stille Freude zu bereiten und du wirst beglückt erfahren: die Freude, die wir geben, kehrt ins eig'ne Herz zurück.

5. Achte und befolge stets die Mahnung: Was du nicht willst, das man dir antut, das füge auch keinem ande-

ren zu. Was du aber von den anderen erwartest, das tue zuerst selber.

6. Mache dir in allen Lebenslagen den Grundsatz zu eigen: nicht mitzuhassen, sondern mitzulieben bin ich da. Jedes kleinste Licht von Güte, Menschlichkeit und Wohlwollen ist stärker als die größte Finsternis.

7. Sei bestrebt, sonnenseitig zu leben und wisse, daß ausnahmslos alles seine zwei Seiten hat. Wo Licht ist, ist immer auch Schatten. Stelle dich unentwegt auf die Licht- und Sonnenseite und bejahe freudig die bevorzugte Stellung, die dir auf diese Weise zukommt.

8. Durch dein Denken schaffst du selber jene inneren Bedingungen, in denen du lebst, denn so wie du denkst, so bist du. Nach dem Gesetz *Gleiches zieht Gleiches an*, bist du selbst verantwortlich, ob dir Gutes oder Böses geschieht, *denn was zu dir gehört, das kommt dir zu.*

9. Sei dankbar für alles, was du bist und hast, und nimm dies nicht als selbstverständlich oder zufällig hin. Du hast ehemals dein Schicksal frei gewählt und bejaht, also stehe jetzt zu deiner Wahl und erkenne darin das Programm zu deiner Selbstverwirklichung. Wenn man nicht hat, was man liebt, muß man lieben, was man hat.

10. Nimm also dein Leben, wie es ist, und trachte danach, das Beste aus ihm zu machen. Erliege aber nicht der Illusion, wir wären hier auf diesem Planeten, um es uns möglichst leicht und schön zu machen. Das Leben ist wie eine Schule. Nur wer sich um sein Fortkommen bemüht, und die gestellten Prüfungen besteht, der kann von Klasse zu Klasse steigen und zur geistigen Reife gelangen. Die anderen werden sitzenbleiben und

repetieren. Bemühe dich um eine positive Einstellung gegenüber allen Anforderungen des Schicksals, denn nur durch diese kommst du wirklich voran. Befolge die Worte von Bô Yin Râ [82]:

Nimm das Leben wie es ist,
denke nicht, so könnt' es sein.
Fluche keinem deiner Tage,
was du ertragen mußt, ertrage!
Was auch immer dir begegnet –
segne, und du wirst gesegnet.

3 Leben Sie Ihre Werte!

In der Wertehierarchie hat jeder seine individuellen Schwerpunkte. Die meisten Werte sind uns in den Jahren der Erziehung durch Strafe und Belohnung einprogrammiert worden. Schul- und Zeugnisnoten sind dokumentierter Ausdruck, aber auch am Arbeitsplatz gilt das gleiche Prinzip, hier durch Bezahlung und Beförderung.

Leben heißt zugleich Lernen, und damit lernen wir lebenslang und verändern uns! Doch sind die uns prägenden wichtigsten drei Entwicklungsphasen spätestens mit 21 Jahren abgeschlossen. Dabei spielen die ersten fünf Jahre eine herausragende Rolle für unser späteres Erwachsenenleben. Die Wissenschaft stimmt hier mit der Astrologie und der Esoterik überein, die ersten drei 7-Jahres-Häuser bzw. Perioden werden analog beschrieben (siehe auch Abschnitt II- 4.6.1).
Als Erwachsene lernen wir zwar, die wirksamsten Verhaltensweisen in uns zu erzeugen, wirken diese jedoch den von uns bis dato vertretenen Werten entgegen, dann entstehen innere Konflikte. Dabei neigt jeder von uns zu der Ansicht, daß

er *objektiv* sei, weil er die Dinge so sieht, wie sie sind. Aber so ist es nicht! Wir sehen die Welt so, wie wir erzogen sind zu denken, wie wir konditioniert sind, ja, negativ ausgedrückt, kann man auch *manipuliert* sagen. Anders gesagt, wir sehen die Welt so, wie *wir sind,* nicht so, *wie sie ist.* Jeder sieht so seine Umwelt durch die Brille seiner persönlichen Erfahrungen! Und die *Wahrheit,* um dies vom Beginn des Buches hier noch einmal zu wiederholen, ist *immer der letzte Stand der eigenen Unwissenheit oder Information!*

Bei aller Individualität ist es wichtig, daß Sie sich über Ihre Werte klar sind. Denn wenn Sie Ihre Ziele erreichen, dabei aber Ihre eigenen Überzeugungen verraten, werden Sie mit inneren Konflikten unzufrieden sein. Sie werden kaum wirklichen Erfolg im Leben haben, wenn Sie nicht Ihren wichtigsten Werten treu bleiben!

Was aber sind Werte? Hinter diesem Begriff verbergen sich im allgemeinen Sprachgebrauch und in der wissenschaftlichen Diskussion sehr unterschiedliche Begriffe. So sprechen heute viele ja auch von einem *Wertewandel.* Auch das ist ein verschwommener Begriff, weil die diesbezüglichen Interpretationen weit auseinandergehen; vom Wechsel eines Verhaltensstiles des individuellen Menschen bis hin zum Makrogeschehen. Ich setze den Wertewandel mit einem weltweiten, epochalen Bewußtseinswandel, einem *Paradigmenwechsel* gleich (s. Kap. II-1)

In diesem Abschnitt will ich von den individuellen, persönlichen Werten sprechen, die – Glaubensgrundsätzen gleich – eine umfassende Wirkung in Ihrem Leben haben. Leben und verstärken Sie diese Werte positiv, so können Sie tiefgehende Änderungen und Verbesserung Ihrer Lebensumstände erreichen.

Werte sind Ihre persönlichen Überzeugungen: das, was *Sie* für ganz besonders wichtig ansehen. Es ist *Ihre Einschätzung,* was für Sie *richtig* oder *falsch, gut* oder *böse* ist. Ihre Glaubenssätze bestimmen Ihr aktuelles Handeln und Verhalten im Umgang mit anderen und prägen Ihren Lebensstil.

Die ersten grundsätzlichen Werte übernehmen wir also bereits in der frühesten Kindheit von unseren Eltern. Diese haben den größten Anteil an den sich in diesem Stadium bildenden Wertvorstellungen, indem sie uns immer wieder sagen und vorleben, was wir tun oder nicht tun sollen, was wir glauben und sagen sollen. Die Eltern erziehen so ihre Kinder nach eigenem Erleben, nach bestem eigenem Gewissen und Wissen und natürlich meist so, wie sie selbst vor Jahrzehnten erzogen wurden. Folgen wir als Kind den Anweisungen, sind wir ein *gutes Kind,* lehnen wir uns auf, sind wir *schwierig* oder gar *böse.*
Der Prozeß der (Werte-)Programmierung beschleunigt und erweitert sich mit zunehmendem Alter. In der Schule kommen neue Vorbilder, andere Helden oder auch Anti-Helden hinzu. So ändern sich allmählich auch unsere Werte. Wir passen uns unserer – privaten und beruflichen – Umwelt an, wobei Werte aus der Entwicklungsphase sehr langlebig sind und oft im späteren Leben noch verfestigt werden können. Auch dürfen wir nicht die enorme Macht der Medien unterschätzen, die nicht nur einen nachhaltigen Einfluß bei der Wertefestlegung haben. Die aufreizende Form von Gewaltdarstellungen in den Medien enttabuisiert Gewalt, verführt Menschen zur Nachahmung und hat katastrophale Folgen für die Gefühle und Werte der Menschen. Hier kennen wir den Begriff der »Mediengesellschaft«.

Grundsätzlich sind Werte also nicht statisch – auch wenn Menschen aufgrund ihrer Überzeugungen soweit gehen können, daß sie eher ihr Leben riskieren, als Werte aufzugeben, die als *richtig* erkannt wurden. Werte hängen in starkem Maße mit unserem Selbstbild und mit unserer Zielsetzung zusammen.
Wenn Sie Ihr Leben nach Ihren eigenen Werten ausrichten wollen, ist es unabdingbar, daß Sie sich Ihrer Werte überhaupt bewußt werden. Viele handeln nach ihrem Gefühl, ohne die eigenen Grundwerte überhaupt (bewußt) zu kennen – und kommen dabei schnell in Konflikte, wenn sich Werte über-

schneiden oder die Wertehierarchie unklar ist. Wenn Sie mit anderen Menschen nicht klarkommen, kann das durchaus auf der Gegensätzlichkeit von Werten beruhen. Bewußt lebende Menschen brechen eine Beziehung ab, wenn ihre Werte mißachtet werden. Andererseits bilden Menschen mit ähnlichen (obersten) Werten oft auch eine verschworene Gemeinschaft.
Vor einer Festlegung und Einordnung Ihrer eigenen Werte ist eine Zielsetzung unumgänglich. Wer nicht weiß, was er will, ist einem Segelschiff vergleichbar, für das ohne Hafenziel jeder Wind der richtige ist. Für den Menschen aber heißt das, daß er leicht im Leben herumgestoßen wird, daß er sich schnell manipulieren läßt, dann unzufrieden ist und unglücklich wird. Es sei denn, der oberste Wert für sein Leben heißt: *fatalistisch* und dabei glücklich und zufrieden sein. Bisher habe ich einen solchen Menschen nicht getroffen. Die beste Hilfe ist eine ausformulierte Zielsetzung mit Teilzielen und Zwischenstufen, die auch immer wieder korrigiert und erweitert werden können!
Die meisten von uns haben unverzichtbare Werte, die vor allem anderen wichtig sind. Das können zum Beispiel sein:
- die Familie,
- Liebe,
- Fairneß,
- Freundschaft,
- Ehrlichkeit,
- Glaube,
- Karriere im Beruf,
- Geld etc.

Das sind nur wenige Beispiele, die Rangfolge muß jeder individuell festlegen. Wichtig ist nicht, welche Werte *richtig* und *falsch* sind. Für Sie ist wichtig, welches **Ihre** Werte sind und welche Prioritäten **Sie** setzen. Sind Sie sich dieser Rangfolge bewußt, dann werden Sie mit ziemlicher Sicherheit voraussagen können, wie Sie sich in welcher Situation verhalten oder entscheiden. Werte von hoher Priorität haben eine starke emotionale Wirkung!

Gehen Sie mit Ihrer Familie, mit Ihren Freunden und Bekannten oder auch mit Mitarbeitern und Kunden bewußt um und kennen oder schätzen Sie deren Wertvorstellungen realistisch/richtig, dann haben Sie einen großen Vorsprung für das Miteinander. Dann verstehen Sie das Verhalten oder die Motivation anderer besser, lösen leichter Konflikte oder lassen diese gar nicht erst entstehen.
Um Ihre eigene Wertehierarchie zu erfahren, lohnt sich die Mühe, die einzelnen Werte im Rahmen eines einfachen »Brainstormings« lose einmal auf einem Blatt Papier (also schriftlich!) festzuhalten. Erst danach erfolgt die Prioritätensetzung! Hier fragen Sie immer: »Was ist für mich das Wichtigste?« Die erhaltenen Antworten ergeben die Rangfolge Ihrer Wertehierarchie. Wenn Sie richtig systematisch und penetrant (!) an solche Fragestellungen herangehen, aktivieren Sie übrigens Ihr Unterbewußtsein!
Feine Unterscheidungen in Ihre Wertvorstellungen zu bringen, wird für Sie ungewohnt und zunächst auch nicht ganz einfach sein. Aber es lohnt sich, wenn Sie mit einer ehrlichen Rangordnung sich selbst und Ihr Handeln besser einordnen und verstehen lernen. Gehen Sie einen Schritt weiter und beobachten und analysieren Sie Ihre Mitmenschen. Kennen Sie die vornehmsten Werte Ihrer Freunde oder Mitarbeiter, dann haben Sie einen Schlüssel zum Verständnis. Die beste Technik, ihn zu erhalten, ist aktives, genaues Zuhören. Diese Fähigkeit ist in der heutigen Zeit leider (zu) vielen verlorengegangen.

Vielleicht stellen Sie bei Ihren eigenen Recherchen fest, daß (aktuell) in Ihrem Leben *Sicherheit* und/oder *Geborgenheit* wichtiger sind als zum Beispiel *Familie* oder *Liebe*? Oder, daß *Geld* für Sie wichtiger ist als *Selbstzufriedenheit am Arbeitsplatz*? Oder auch, daß *Selbstverwirklichung* den Vorrang vor *Geld* hat? All diese Erkenntnisse führen zu Konsequenzen in Ihrem täglichen Verhalten!
Für Ihren beruflichen Alltag läßt sich übrigens ebenfalls eine kleine Liste anlegen, was für Sie hier am wichtigsten ist.

Werte sind auch im Beruf die wirksamsten Mittel der Motivation. Die Problematik beginnt bei Überschneidungen mit der privaten Wertehierarchie. Nur, die Entscheidung, was für Sie letztlich am wichtigsten ist, kann Ihnen niemand abnehmen. **Entscheiden Sie für sich selbst, orientieren Sie sich an Ihrer Zielsetzung und leben Sie Ihr Leben und Ihre Werte!**

Erlern' die Kunst, sich selber zu ertragen.
Ist dein Verhältnis zu dir schon getrübt,
daß sich die Widersprüche nur so jagen,
hilft es dir nicht, die Bittwand anzuklagen;
vielmehr hast du dein Leben schlecht geübt.
Wer bist du denn: ein Mensch wie irgendeiner.
Schwankend von hoch gestimmt zu tief verzagt.
Gemach – sei mit dir selber nicht gemeiner
als mit dem ärgsten Weltverneiner,
es war schon immer Mensch zu sein, gewagt.
Halt an, du mußt dich neu gestalten,
hast den Gang zur Wirklichkeit verpaßt,
und dich mit Illusionen aufgehalten.
Dann ist es Zeit, dich besser zu verwalten,
war deiner Wünsche Ziel zu weit gefaßt.
Nimm besser Maß, was von Natur gegeben,
und anerkenn' die Grenzen, die gesetzt:
sobald du aufgibst, etwas zu erstreben,
das anderen gehört, wirst du in Frieden leben,
und – o Wunder, du erträgst dich jetzt!

(Ernst Konrad Rieder)

3.1 Brauchen wir noch einen Glauben?

Wenn abschließend vom Glauben die Rede sein soll, so assoziieren wir diesen Begriff meist zutreffend mit einer Konfession. »Aber in seiner ursprünglichen Bedeutung ist jedes leitende Prinzip ein Glaube, jede Überzeugung oder Leidenschaft, die dem Leben einen Sinn und eine Richtung geben kann.

Wir sind einer Unzahl von Reizen ausgesetzt. Der Glaube ist gleichsam ein Filter, der unsere Wahrnehmungen von der Welt vorsortiert und strukturiert. Der Glaube ist wie ein Befehlshaber des Gehirns. Wenn wir kongruent glauben, daß etwas wahr ist, dann ist dies, als würden wir unserem Gehirn einen Befehl geben, wie es das, was passiert, repräsentieren soll. Unser Glaube bestimmt unmittelbar unser Nervensystem. Wenn Sie glauben, daß etwas wahr ist, kommen Sie buchstäblich in einen Zustand, in dem es für Sie wahr ist. Wenn Sie mit Ihrem Glauben richtig umgehen, kann er zu einer ungeheuren Kraft in Ihrem Leben werden. Andererseits kann ein einschränkender Glaube eine genauso starke zerstörerische Kraft entfalten. In der Menschheitsgeschichte haben Religionen Millionen von Menschen die Kraft und die Stärke gegeben, Dinge zu tun, die sie bis dahin nicht für möglich gehalten hatten. Der Glaube hilft uns, die stärksten Ressourcen tief in uns zu erschließen und sie für unsere Ziele einzusetzen.

Der Glaube führt uns zu unseren Zielen. Ohne Glauben oder die Fähigkeit, ihn zu nutzen, können Menschen schnell die Kraft zum Leben verlieren. Sie sind wie ein Boot ohne Segel und ohne Ruder. Mit einem starken Glauben, der Ihrem Leben eine Richtung gibt, haben Sie die Kraft zu handeln. Die Persönlichkeiten, die die Geschichte veränderten – ob Jesus Christus, Mohammed, Kopernikus, Kolumbus, Edison oder Einstein – waren Menschen, die unseren Glauben verändert haben. Um unser Verhalten zu ändern, müssen mir mit unserem Glauben anfangen. Je näher wir uns mit menschlichem Verhalten befassen, um so deutlicher wird uns, welche außerordentliche Macht der Glaube über unser Leben hat.« [65]

Im Rahmen der bereits zitierten ehrgeizigen Jugendstudie (15-30 Jahre) Anfang der neunziger Jahre bezeichneten sich in den neuen deutschen Bundesländern 64 Prozent der Befragten als *Atheisten*, gegenüber 20 Prozent in den westlichen Bundesländern. Fast alle jungen Menschen äußersten dabei bittere Gefühle, daß sie in unserer heutigen Gesellschaft mit moralischem Verhalten eher den kürzeren ziehen. Und doch hat den Sozialpsychologen **Gerhard Schmidtchen** bei dieser Erhebung am meisten beeindruckt, »wie groß die Moralsehnsucht junger Menschen ist, die Lauterkeit des Strebens nach persönlicher Ehrlichkeit und der durchgängige Wunsch, in der Entwicklung der eigenen Persönlichkeit den Sinn des Lebens zu finden.« [18]

Sind solche Werte, unabhängig von einem Glauben an sich selbst oder ohne Glauben an das *Höhere*, an den *Meister*, an die *Urkraft*, an ein *gigantisches neuronales Netz* [66], an *Gott*, überhaupt erreichbar oder lebbar?
Nach einer anderen Repräsentativbefragung (ohne Altersgrenze) ist der Glauben an *Gott* im Osten Deutschlands für nur 9 Prozent der Befragten »von sehr großer Bedeutung«. Damit sind »fast neun von zehn ehemaligen DDR-Staatsbürgern *Ungläubige*. Im Westen lehnen etwa 50 % christliche Überzeugungen ausdrücklich ab – einschließlich der *weichen* Materialisten, die das Leben als einen Teil der Entwicklung in der Natur ansehen« [67]. Jede dritte Schwangerschaft in den neuen deutschen Bundesländern wird heute abgebrochen; das Recht des ungeborenen Lebens wird so mit Füßen getreten [68]. Mich macht es auch nachdenklich, wenn Bundeskanzler Schröder bei der Vereidigung den traditionellen Nachsatz *so wahr mir Gott helfe* bewußt wegläßt. Leben wir in einer zunehmend gottlosen Zeit, brauchen wir keinen Gott mehr? Ist das jenes Bild, das in der Zeit des Wertewandels so hoffnungsvoll sein sollte, in der Phase des Paradigmenwechsels vom Fische- zum Wassermannzeitalter?
Nun ist Deutschland für eine weltweite Tendenz nicht repräsentativ. In den USA, Mittelamerika, Südeuropa oder auch in

nah- und fernöstlichen Religionen sehen die Ergebnisse deutlich anders aus. Von den Amerikanern weiß man beispielsweise, daß in *God's own country* 96 Prozent aller Einwohner an Gott glauben [67]! Dreiviertel der Senioren beten täglich, und ein Drittel liest die Bibel [69].

Die religiösen Grundfragen des Glaubens berühren die Basis der menschlichen Existenz und gehen quer durch alle großen Religionen der Menschheitsgeschichte: »Woher komme ich, wer bin ich und wohin gehe ich?« »Warum gibt es das Böse, gibt es einen strafenden Gott, und was wird nach meinem Leben sein?« Oder: »Hört Gott auf mein Beten, oder gibt es ihn gar nicht und wenn, wo ist er dann?«

In der Ende 1998 veröffentlichten päpstlichen, philosophischen Enzyklika von Papst **Johannes Paul II** heißt es immer wieder, daß »der Mensch, als Wesen von Natur aus Philosoph, die Wahrheit sucht. Zugleich sei der Mensch als *soziales* Wesen immer wieder darauf angewiesen, anderen Menschen zu glauben, indem er deren Wissen und Schlußfolgerungen übernehme: wer könne denn schon alle Erfahrungs- und Denkwege nachgehen, auf denen die Schätze der Weisheit und Religiosität der Menschheit gesammelt wurden? Somit ist der Mensch ein Wahrheit suchendes Wesen, das im Glauben lebt.« [70]

Jeder Mensch hat eine Reihe von Glaubenssätzen, mit deren Hilfe er seine Erfahrungen ordnet. Die Erfahrungen sind in der Kindheit zunächst die übernommen Werte und Erziehungsgrundsätze unserer Eltern. Danach öffnet sich mehr und mehr unser Bewußtsein für das äußere Umfeld. Unsere Vorstellungen von den Dingen, was *gut* und *richtig* ist, was »man« zu tun hat und unser Bild von der Zukunft prägen unseren individuellen Glauben. Es gibt dabei bewußte und unbewußte Glaubenssätze (aus dem Un- und Unterbewußten). »Das Glaubenssystem eines Menschen besteht aus einer Reihe von Glaubenssätzen und Erwartungen, die dieser Mensch von der Welt, in der er lebt, als gegeben annimmt – verbale und non-verbale, implizite und explizite, bewußte und unbewußte. Wir wählen genauso unbewußt, wie wir glauben.« [71]

Wenn also ein Atheist behauptet, daß er an nichts glaubt, dann kann das aus diesen Gründen sowenig sein, wie Menschen nicht nichtkommunizieren können. Wenn ein Atheist – nach der Definition – Gott leugnet, dann »langweilt er, weil er immer nur von Gott spricht«, wie Heinrich Böll das satirisch in seinem Buch »Ansichten eines Clowns« formulierte.
Daß unsere Wahrnehmung der Realität in erheblichem Maße von unseren verinnerlichten Glaubenssätzen beeinflußt wird, erleben wir beim Thema Gesundheit. Pauschal gibt es nach allen Recherchen heute keine Zweifel mehr, daß Gläubige gesünder sind und mit ihrem Leben besser zurechtkommen.

3.2 Glaube und Gesundheit

Beeinträchtigt Religiosität, der Glauben eines Menschen, sein physisches und seelisches Wohlbefinden oder fördert sie dies sogar? Sigmund Freud und seine Anhänger unterstellten, daß das Festhalten an einer Religion so etwas wie eine *universelle Zwangsneurose* sei. Die Ursachen für das Schutzbedürfnis und Suche nach einem allmächtigen Vater sah Freud in einer Verformung während der frühkindlichen Erziehung.
Konsequenterweise wurde der Glaube als Heilfaktor für eine körperliche und seelische Gesundheit in der Psychologie lange Zeit unterschätzt. Als Wissenschaft war sie immer stolz auf ihre säkulare, nicht-religiöse und der Aufklärung verpflichtete Tradition. Ja, Gläubigkeit wurde mißtrauisch als engstirnig und realitätsfern beäugt.
»Auch in der Psychotherapie war Religion lange Zeit gleichbedeutend mit Aberglauben. Glauben hieß für die meisten Psychologen, auf eine primitive Bewußtseinsstufe zu regredieren, um sich nicht den Realitäten des Lebens stellen zu müssen. Der Preis für die Tröstungen der Religion bestünde aber allzuoft in Angst- und Schuldgefühlen. Religion – das war für die Psychologie der verrückte Großvater, den man in

eine Dachkammer verbannt hat, der aber immer noch, wirres Zeug redend, durchs Haus geistert und einfach nicht sterben will.
Neue Untersuchungen stützen die Hypothese, daß religiöser Glaube oft wie ein Placebo wirkt. Eine Phase der Toleranz scheint in der Psychotherapie anzubrechen: Wer glauben kann, soll's kräftig tun, denn es hilft. Tröstlich für Atheisten und Religiöse gleichermaßen ist allerdings, daß sich Glauben nicht als Medizin verschreiben läßt. Gott gibt es nicht auf Rezept.« [72]
Nicht nur in der Psychologie und in der Psychotherapie mehren sich die Stimmen und Überzeugungen, daß, wer glaubt, auch gesünder und länger lebt. An der Harvard Medical School werden heute Kurse für angehende Ärzte über Spiritualität und Medizin angeboten. Harvard-Mediziner **Herbert Benson:** »Würde man das Zusammenspiel von Körper und Geist besser verstehen und die Ressourcen der Religion nutzen, so könnte die Hälfte aller streßbedingten Arztbesuche unterbleiben. Alleine in den USA ergäbe sich eine Ersparnis von mehr als fünfzig Milliarden Dollar jährlich.
Ein beeindruckender Berg von Fachliteratur belegt, daß der Glaube an Gott die Gesundheit positiv beeinflußt. So neigen religiös und kirchlich stärker gebundene Menschen weniger zum Suizid, zu Alkohol- und Drogenmißbrauch oder zu Gesetzesdelikten als Menschen mit geringerer religiöser Verpflichtung. Auch die Scheidungsrate kirchlich Gebundener ist geringer; in der Ehe geben sie eine höhere Zufriedenheit an. Das wiederum führt zu höherer psychischer Gesundheit.« [73]
Benson identifiziert die Resultate aus dem Verhältnis Spiritualität und Heilung mit jenen des Placebo-Effektes: Kalk- und Zuckerpillen haben häufig eine heilende Wirkung – sofern die Patienten daran glauben. Dieser Glaube hilft offenbar, eigene Abwehrkräfte zu mobilisieren. »Freilich: Religion ist nicht gleich Religion. Verklemmte, einengende und neurotisierende Frömmigkeit oder weltfremder, delirierender Mystizismus können sogar schädlich sein. Oder nutzlos wie die Kirchenzugehörigkeit, die nur auf dem Papier steht. Hilf-

reich sind nur der gelebte Glaube, das praktizierte Gebet und der Zusammenhalt in der Gemeinde.« [74]
Als Zwischenbilanz der neuen Forschung auf dem psychologischen und medizinischen Gebiet läßt sich ein Ineinandergreifen verschiedener Faktoren feststellen. Danach beruhen die positiven Auswirkungen des Glaubens auf einem Zusammenwirken

- von sozialem Eingebundensein in eine Gemeinschaft,
- von dem Gefühl der Führung durch eine höhere Macht,
- von dem Wissen um Lebenssinn und -ziel und schließlich
- von der helfenden Kraft des Gebetes und der Meditation.

Selbst nichtreligiöse Menschen erfahren Hilfe durch Meditations-Techniken. Herbert Benson beschreibt, daß das konzentrierte Wiederholen eines Gebetes oder Mantras* eine tiefe körperliche Entspannung, eine wohltuende innere Leere und eine Befreiung der Psyche von alltäglichen Gedankenströmen, Ängsten und Sorgen bewirkt [73].

Die neuesten medizinischen und psychologischen Erkenntnisse zusammenfassend: Wer an einen Gott, an eine andere höhere Kraft glaubt oder auch *nur* einen Lebenssinn oder ein Lebensziel hat,

- ist gefestigter, stabiler in seinem Verhalten und bewältigt besser entstehende Konflikte und Lebenskrisen,
- ist weniger anfällig gegen Streß, Mobbing oder ähnliche Anfeindungen. Der Glaube führt zu differenzierten Überzeugungen von Zusammenhängen,
- ist hinsichtlich psychosomatischen Krankheiten weniger gefährdet. Der Glaube wirkt präventiv,
- gesundet nach Erkrankungen schneller, hat mehr Vertrauen in einen Heilungsprozeß. Der Glaube begünstigt die Genesung,

---

* das sind ursprünglich Hymnen und Opfersprüche aus den Veden (Hinduismus, Buddhismus). Silben oder Worte werden gebetsmühlenhaft wiederholt, um den Geist zu zentrieren.

- konsumiert weniger Drogen, wie Alkohol, Nikotin und andere und ist entsprechend weniger suchtanfällig. Der Glaube beeinflußt den Lebensstil im Sinne von gesünderen Lebensumständen,
- sieht Leben und Tod in einem anderen (natürlicheren) Zusammenhang, akzeptiert das Sterben leichter und erlebt die letzte Lebensphase weniger angstvoll und verzweifelt. Der Glaube beinhaltet eine weitergehende Phase über den Tod hinaus.

Wahrheit ist nicht das Beweisbare,
Wahrheit ist das Unausweichliche.
(Antoine de Saint-Excupéry)

3.3 Leben Sie Ihren Glauben!

In den bewußt erlebten Jahrzehnten meines Lebens, bei Begegnungen mit Menschen vieler Nationalitäten und unterschiedlicher Hautfarbe, hat sich die Überzeugung immer weiter verfestigt, daß wir Geschöpfe oder auch Funken eines höheren Bewußtseins, das wir *Gott* nennen, sind und daß wir gelenkt werden. Es ist dies für mich heute allerdings nicht mehr ein Gott einer *allein seligmachenden* Religionsgemeinschaft, wir ich das noch aus der Kindheit in Erinnerung habe, es ist für mich, um mit Graf **Karlfried Dürckheim** zu sprechen, *der Meister* für *alle* Menschen, unabhängig von Institutionen, die ich jeweils mehr als Vehikel, denn als einen Weg sehe, um zum Ziel zu kommen.

Dürckheim fragt: »Warum sprechen wir nicht einfach von Gott? Weil für den wahrhaft Betroffenen und Suchenden unserer Zeit die Erneuerung des religiösen Lebens erschwert, ja gefährdet wird, wenn die Urerfahrungen des Göttlichen, die er heute sucht, alsbald in einen Gottesbegriff oder irgendwelchen theologischen herkömmlichen Formeln eingefangen werden, deren Entleerung die Glaubenskrise unserer Zeit herbeigeführt hat. Wenn wir wechselweise von den anderen Dimensionen, vom *überweltlichen Wesen,* dem *göttlichen Sein,* dem *überräumlich Wirklichen,* dem *Absoluten,* dem *Großen Leben* sprechen oder *LEBEN* mit großen Buchstaben schreiben, so meinen wir damit doch immer nur das eine *unendliche Geheimnis,* dessen Diener und Zeuge zu sein, die Bestimmung des Menschen ist.« [75]

Nicht alle sind sich da so sicher. **Urs Willmann** kommt in seinem Aufsatz »Wo ist Gott?« zu dem vorsichtigen Schluß: »Sollte sich aber dereinst beweisen lassen, daß es Gott nie, weder vor noch nach dem großen Urknall, gegeben hat: bei der Wirkung, die er trotz Inexistenz in den vergangenen Jahrtausenden erzielt hat, handelte es sich dann um den *größten Placebo-Effekt* aller Zeiten.« [76]

Ich persönlich warte nicht auf *dereinst.* Wer wie ich die Macht des Glaubens für den einzelnen Menschen in Mittelamerika, Afrika und Asien erfahren hat, wo es ohne eine Führung durch einen Glauben längst zum sozialen Chaos gekommen wäre, sieht den Sinn nicht mehr nur durch die persönliche Brille seines eigenen Lebens. Wenn Sie mit offenen Augen durch Ihr Leben gehen, dann erfahren Sie mit den nur wenigen uns gegebenen Sinnen Dinge, an denen andere achtlos vorübergehen mögen. Und wenn wir *nur* den Menschen im Blickwinkel haben, dann erfahren wir, daß ein einziger Mensch

- »aus achtzig Billionen (80 000 000 000 000) Zellen und aus 10^{27} Atomen besteht. Mit 10^{21} Erbsen wäre die ganze Erde dreißig Zentimeter hoch bedeckt,
- Blutgefäße mit einer Gesamtlänge von 400 000 Kilometern hat, was einem zehnfachen Erdumfang entspricht,
- ein Herz hat, das pro Minute 75mal schlägt: das sind am Tag rund 100 000 Schläge. Dabei werden in jeder Minute 5 Liter, in einer Stunde 300 Liter und an einem Tag 7.500

Liter Blut befördert. In 24 Stunden würde das menschliche Herz fünfzehn Badewannen mit Flüssigkeit vollpumpen und dabei einen Höhenunterschied von zwei Metern überwinden,

- mit siebzig Jahren insgesamt in seinem Leben 350 000 Kubikmeter Luft verbraucht hat; das entspricht einem Würfel mit einer Kantenlänge von 70,5 Metern,
- in seinem Großhirn mehr als vierzig Milliarden Nervenzellen hat, die aneinandergereiht eine Länge von 500 000 Kilometern ergeben würden (die mittlere Entfernung zum Mond beträgt 384 000 Kilometer).

Alles Zufall? Kaum vorstellbar. Könnte nicht vielleicht doch eine veritable Erst- und Letzt-Ursache dahinterstecken – wie immer man sie nennen mag? Bei allem, was gegen die Existenz Gottes sprechen mag – angesichts der Wunder des Universums im Großen wie im Kleinen, erscheint mir ein eindeutiges Pro noch die relativ vernünftigste Erklärung. Placebo-Effekt hin oder her.« [77]

Antony Robbins hat es noch anders ausgedrückt: »Wenn wir sagen, daß es keinen Ursprung des Geistes gibt, den wir Gott nennen können, dann ist das genauso, als würden wir sagen, *Websters Wörterbuch** sei durch die Explosion in einer Druckerei entstanden, die alle Worte vollkommen aneinandergereiht hätte.« [65]
So drehe ich für mich die Feststellung des »Therapie-Gurus« und Atheisten **Albert Ellis** um [69]:

Es mag **k**einen Gott geben,
aber die Wahrscheinlichkeit dafür beträgt
.000 000 000 01

---

* umfangreichstes Wörterbuch der englischen Sprache seit 1828 – übersetzt könnte sich der Vergleich von Anthony Robbins für den deutschsprachigen Raum auf den Brockhaus oder auf den Duden beziehen.

Jeder wird im Laufe seines Lebens eine ganz individuelle Einstellung zum Thema Gott und Glauben entwickeln. Wenn ich höre, daß Menschen Gott suchen, dann fällt mir die erfundene Geschichte ein, wonach dem Menschen nach seiner Erschaffung seine göttliche Herkunft unbedingt verborgen bleiben sollte. Im Laufe einer langen Diskussion war allen anwesenden Geistwesen der oberen Hierarchie klar, daß der Mensch nicht nur nicht ruhen würde, die Umwelt zu manipulieren, um schließlich sich selbst zu klonen, sondern auch, um die Informations- und Wissenssperre seiner Abkunft, koste was es wolle, zu überwinden.
Da kam ein Erzengel auf die Idee, dieses Wissen in den Menschen hinein, in sein Inneres, zu pflanzen, weil er dort wohl zu allerletzt suchen würde. Und so kam es dann auch. Die wenigsten erkennen ihren *inneren Meister* und suchen hektisch alles Glück nur im Äußeren. Doch die Zeit scheint reif, daß wir als *Geistwesen*, die wir auch ein *Funke Gottes* sind, mehr und mehr uralte Weisheiten wiederentdecken – und danach handeln. Wir werden zunehmend sensibilisiert für den Bewußtseins- und Wertewandel; weltweite Katastrophen werden das Ihrige tun, daß uns Menschen das Eingebettetsein in die Natur, das Eingebundensein in kosmische Gesetzmäßigkeiten wieder bewußt werden.

Von **Leopold Sondi,** dem Schicksalspsychologen kommt die Aussage: »Das Kleine, was wir am Ende finden, erweist sich als das Große, wonach wir ein Leben lang suchen.« **Bô Yin Râ** hat das anders formuliert: »Du mußt dich selbst bejahen, wenn du im Geiste Bejahung durch den Geist erfahren willst. Du findest dich und in dir deinen Gott, allein in deinem ICH! Darum suche Gott nicht mehr in unendlichen Weiten und nicht in einer unnahbaren Welt, hoch über allen Sternen.« [78]

4 Auf dem Weg in eine neue Zeit – Gedanken zum dritten Jahrtausend

Wenn dieses Buch erscheint, sind wir im ereignisreichen letzten Jahr des alten Jahrtausends. Namhafte Wissenschaftler, Astronomen und Astrologen stimmen heute mit religiösen Überlieferungen und alten Weisheitslehren überein, wonach wir jetzt in einem Übergang zu einem neuen Zeitalter leben. Wir erleben in diesen Jahrzehnten zugleich den Beginn einer neuen Evolutionsstufe, eine Entwicklung hin in ein Bewußtseinszeitalter.

Im zweiten Abschnitt dieses Buches habe ich die Bezeichnung aus der Esoterik und der Astrologie übernommen, wonach dieses neue Zeitalter auch als das *Wassermannzeitalter* bezeichnet wird. Die einzelnen Zeitalter umfassen, abgerundet, 2100 Jahre und werden auch *Weltenmonat* genannt; ein *Weltenjahr* sind aufgerundet 26000 Jahre (12 x 2160 Jahre).

Die Bezeichnung des Wechsels ist dabei weniger relevant. Diesen bevorstehenden Bewußtseinswandel nennen zum Beispiel **Fritjof Capra** *Paradigmenwechsel* [84] oder **Michael Gorbatschow** *Perestroika*. Beide meinen einen Umbau, eine Umgestaltung, eine Erneuerung, eine Veränderung des Denkens über Mensch und Welt.

Das Thema Wassermannzeitalter greife ich abschließend noch einmal auf, weil sich niemand von uns den Konsequenzen der globalen Veränderung entziehen kann. Und Veränderungen sind allenthalben zu spüren: im zunehmend weltweit vernetzten wirtschaftlichen Geschehen, in klimatisch teilweise sich durch Stürme, Überflutungen, Erdbeben, Vulkan-Eruptionen extrem verändernden Umweltbedingungen und – last, but not least – im sich langsam ändernden Bewußtsein der Menschen, daß dies nicht alles *Zufall* sein kann und alles irgendwie zusammenhängen muß. So stellen viele, wir erleben das in unseren Breiten mehr und mehr, zusehends die *Sinn*-Frage.

Andererseits: es sind von der Weltbevölkerung von zur Zeit etwa sechs Milliarden ja nur wenige Prozent, die die untersten Bedürfnisstufen der Maslow'schen Pyramide (siehe Abschnitt I-2.10) hinter sich gelassen haben, um im Rahmen ihrer Selbstverwirklichung geistige oder evolutionäre Themen der Menschheit zu hinterfragen. Wer nicht weiß, was er morgen für sich und seine Familie zu essen hat, fragt nicht nach dem astrologischen Frühlingspunkt im astronomischen Geschehen und nach der Konstellation der Gestirne am Beginn eines neuen Weltenmonats!

Wenn Sie sich mit offenen Augen und Ohren in unserer Gesellschaft bewegen, dann bemerken Sie Gruppierungen mit unterschiedlicher Wahrnehmung. Da sind die

- Mitmenschen, die praktisch nur im Äußeren leben und die Zeichen der sich verändernden Umstände einfach ignorieren. Solange es sie nicht tangiert, sie im Überfluß leben, sind für sie die sich in anderen Weltteilen abspielenden Klimakatastrophen weit weg und *Schicksal* der anderen. Sie selbst leben in ihrem EGO, speichern materielle Güter, Titel und auch Ehrentitel, spielen Molochspiele (Abschnitt III-1) oder arbeiten an ihrem Ruf, der, koste was es wolle, zu steigern ist.
- Die große Masse der Bevölkerung hat eigene Probleme im täglichen Geschehen, sorgt für die Familie, für die Zukunft und sieht bedauernd »am Rande« die schlimmen TV-Nachrichten, die ein einzelner nicht ändern kann, um dann wieder zur Tagesordnung überzugehen. Schlecht geht es dabei Arbeitslosen und Kranken, die bei wenig Hoffnung mit ihrem Schicksal hadern.
- Der kleinere Teil – aber es werden immer mehr – nimmt sensibel sich verändernde Umstände wahr. Katastrophen, (seriöse) Zukunftstheorien machen sie nachdenklich und lassen den eigenen Standpunkt überdenken. Das Bewußtsein, daß mit einem Mit- und Füreinander die Zukunft besser zu gestalten ist, weil alles miteinander vernetzt ist, wird ausgeprägter. Ich bewundere immer wieder gesundheitlich Gehandikapte, die ihr Leben mit Sinninhalt und Mut ausfüllen, ihr *Schicksal* selbst in die Hand nehmen und Vorbild für viele Zeitgenossen sind, die mit ihrem Leben weniger anzufangen wissen.

Leider verschlimmern die teilweise chaotischen (EGO-)Zustände auch in der Politik die Situation, in einer Zeit, wo ebenfalls von hier eine ordnende Hand so dringend erforderlich wäre. Den zurückgehenden Führungseinfluß der christlichen Glaubensgemeinschaften habe ich an anderer Stelle bedauert.
Die große Herausforderung des neuen Jahrtausends besteht in der Frage, ob es uns Menschen gelingt, nicht nur unser Wissen weiterzuentwickeln, sondern ob wir fähig sein werden, *Weisheit* zu erlangen. Das ist letztlich eine Frage der spirituellen Entwicklung, die mit der menschlichen Evolution zusammenhängt.
Wir haben heute das Potential, um unseren Planeten zu zerstören; schnell mit Atomkraft und etwas langsamer mit der Umweltzerstörung. Hier sind wir leider schon weit vorangekommen.
Passen da nicht auch Hiobsbotschaften am Ende des zwanzigsten Jahrhunderts gut ins Bild? Endzeitphilosophien, Weltuntergangsszenarien religiöser Gruppen, üble Manipulationen geschickt operierender Sekten beunruhigen uns ebenso wie kollektive Selbstmorde verirrter Seelen, die meinen, sie würden nach dem leiblichen Freitod zum Beispiel von Abgesandten des Kometen Haley abgeholt werden.
Schon **Nostradamus**, der französische Arzt und Astrologe, hat uns vor 450 Jahren eine schreckliche und schicksalhafte, apokalyptische Zeit um diese Jahrtausendwende vorausgesagt. Und Nostradamus, der von der Erscheinung eines Schreckenkönigs sprach, kannte im 16. Jahrhundert noch keine Raketen, Flugzeuge oder Atombomben und wußte auch nicht, daß just im August 1999 die amerikanische Plutonium-angetriebene Raumsonde Cassini mit einer Geschwindigkeit von 68 000 km/h auf die Erde zurückrasen wird. In anderen Vorhersagen hatte Nostradamus sowohl einige Treffer als auch Fehlvoraussagen. Dabei bestätigt unsere moderne Wissenschaft die Voraussage der auf den 11. August 1999 datierten Sonnenfinsternis. Solche Ereignisse sind relativ selten und kommen in einem Menschenleben meist nur ein- oder zweimal vor. Vor Jahrhunderten sahen die Menschen darin apokalyptische Vorboten.

Aufhorchen läßt dabei die Ankündigung, daß sich im Jahre 1999 ein »Planet-Komet« der Erde nähert, der um ein Vielfaches größer als unser Erdtrabant sein soll [90].
Für die Schar der Nostradamus-Anhänger ist es zugleich »Entwarnung«, daß dieser nach dem zweiten Jahrtausend eine weitere Lebenszeit für unsere Erde von etwa 2000 Jahren voraussah – »Bis zum Jahre 3797« [93].
Hier ein Zitat des Philosophen, Physikers, Christen und *homo politicus* **Carl Friedrich von Weizäcker:** »Man hört heute wieder öfter das Wort *apokalyptisch*. Seltsamerweise wird dabei kaum bedacht, daß die biblische Apokalypse die Existenzkrise der Menschheit als den Durchgang zu der verheißenen neuen Welt beschreibt.« [79]
Dann ist doch da noch eine Botschaft von Fatima, die die katholische Kirche unter strengem Verschluß hält! Hier, wie auch im Zusammenhang mit Lourdes oder Medjugorie werden immer wieder Szenarien beschrieben, die mit Vulkanausbrüchen, Erdbeben, Umweltkatastrophen und Abschmelzen der Polkappen zu tun haben. – Genauso, wie die Aussicht auf ein erneuertes Leben auf der Erde nach einer »notwendigen Katharsis zur Befreiung von schädlichen Denk- und Verhaltensweisen.« [80]
Das klingt analog der Geheimlehre der alten Ägypter und Griechen, sowie der (ja von dort stammenden) esoterischen Lehre. Danach geht unsere Erde alle 12000 Jahre durch einen reinigenden Strahlungsgürtel.

Resümieren läßt sich, daß mit unserer derzeitigen Erdbevölkerung noch nie so viele Seelen diesen Planeten bevölkerten. Fest steht auch, daß der erwachsene Mensch über ein Gehirn verfügt, das etwa viermal so groß ist, wie wir es für biologische Prozeduren brauchen. Sind wir also eine Mißgeburt der Natur oder ist in der Evolution die Möglichkeit vorgesehen, die eigene Evolution auf einer höheren Ebene fortzusetzen? Die Hirnmasse hierfür ist global vorhanden.
Wir Menschen haben gegenüber den Primaten eine Menge von zusätzlichen Fähigkeiten. Mit die wichtigste ist nicht nur

der Gebrauch unseres Daumens, sondern es ist dies unser Bewußtsein, die Fähigkeit, unsere Zukunft zu planen – und uns selbst zu beschreiben. Damit identifizieren wir uns auch mit dieser Welt und machen unsere eigene Existenz von unserer Wahrnehmung in dieser Welt vollkommen abhängig. Sobald sich dann etwas ändert, fühlen wir uns bedroht und entwikkeln Methoden, mit denen wir uns behaupten und unsere materiellen Grundbedürfnisse sicherstellen (s. Maslow, I-2.10). Viele Menschen brauchen viel Zeit und Energie, um ihr Selbst, das sie an äußeren Dingen festmachen, zu sichern und zu erhalten. Gläubige Menschen tun sich da schon etwas leichter.
Nun laufen wir mit unserer Fähigkeit und dem Potential, die Welt zu verändern, ein großes Risiko, weil sehr vielen Menschen ein egozentrisches Bewußtsein eigen ist. Es ist noch nicht überall bekannt, um das hier untertreibend zu betonen, daß die Bewußtseinsforschung heute davon ausgeht, daß alle menschlichen Gehirne zusammen *ein einziges globales Bewußtsein* formen! Auch wenn diese Erkenntnis hier und da noch zu Diskussionen führt: vieles, wenn nicht alles, was in unserer gegenwärtigen Welt falsch läuft, ist auf Entscheidungen von Menschen zurückzuführen, die überwiegend an ihren persönlichen Vorteilen, an Machtausübung oder/und an ihrem Überleben interessiert sind – zum Nachteil anderer. Das ist in der Politik nicht anders als in der Wirtschaft.
Wird aber das heute noch eingeschränkte Bewußtsein mit unserer hochentwickelten Technologie multipliziert, dann leben wir, wie wir das leider nur allzu oft beobachten, in großer Gefahr. Die diesbezügliche Aussage von **Carl Friedrich von Weizäcker:** »In älteren stabilisierten Kulturen war das, was man technisch leisten konnte, etwa im Gleichgewicht mit dem, was die gesellschaftlichen Gewohnheiten, die ethischen Normen, die politischen Entscheidungsmechanismen zu bewältigen vermochten. Dieses Gleichgewicht ist heute radikal zerstört. Wir können technisch mehr, als wir gesellschaftlich, ethisch, politisch bewältigen. Die Hoffnung ist naiv, durch technische Selbstentmannung das Gleichgewicht wiederherzustellen. Wir müssen Gesellschaft, Ethik, Politik so radikal

weiter entwickeln, wie wir die Technik schon entwickelt haben – bei Strafe des Untergangs. Wer sollte da nicht Krisen erwarten?« [79]
Das heißt doch, wenn unsere Technologie im Informationszeitalter für den evolutionären Prozeß essentiell ist, dann kommen wir als Menschen nur aus diesem Schlamassel der Gefahr, wenn wir unser *Bewußtsein* erweitern. Und so gesehen, ist unsere heutige, weltweite Krisensituation eine **Bewußtseinskrise** oder auch eine **spirituelle Krise!**
Hier liegt die Herausforderung an jeden einzelnen und an die globale Gesellschaft, die *Weisheit* zu entwickeln. Es klingt so einfach, aber wer kann so leicht seine Gewohnheiten, seine *Wahrheiten* des bisherigen Lebens loslassen, wer will schon sein bisher eingeschränktes Selbstverständnis, seine Identität aufgeben oder verändern – oder einfach loslassen? Wir sind so sehr mit unserem eigenen Bewußtsein, mit unseren eigenen *Wahrheiten* beschäftigt, daß uns das EGO einfach nicht losläßt. Beobachten Sie doch einmal in unserer *Ich-Auch-Gesellschaft* nur das Verhalten von Mitmenschen, die schon das richtige Zuhören verlernt haben und grundsätzlich in ihren eigenen oft geistig engstirnigen vier Wänden leben. Erzählen Sie doch nur einmal einer Mutter eine kleine Gegebenheit Ihres eigenen Kindes oder von einer Krankheit – und warten Sie dann, was passiert. Ältere Menschen tun sich ja bekanntlich meist noch schwerer, nicht von sich zu erzählen. Aber wer hört schon *richtig* aktiv zu? Fast jeder antwortet mit: »Ich auch ...«
Selbst im engeren Familienkreis sind die Konflikt- und Konsensfähigkeit oft eingeschränkt, weil egozentrisches Verhalten nur die eigenen »Wahrheiten« gelten läßt.
Doch nur, wer losläßt, wird gelassen! Nur wenn es uns gelingt, unsere festsitzenden (Vor-)Urteile und Vorstellungen – auch einseitig religiöse – in Frage zu stellen, werden wir offen für Veränderungen und haben es leichter, uns den Umwälzungen im Leben zu stellen. Das einzig Stabile wird über die Jahrtausendwende hinweg die Veränderung sein.
Numerologisch bedeutet übrigens die Neun auch die *Unruhe*

und *Veränderung* (siehe II-4.2.1), und 1999 werden wir über einen diesbezüglichen Mangel nicht klagen können.
Wenn wir aber offen für Veränderungen sind, dann haben wir die Chance, die Welt realistischer zu sehen, so wie sie *wirklich* ist. Dann kommen wir der *Weisheit* näher. Hier liegt unsere Chance für spirituelles Erwachen!
Folgen wir dem bisherigen Evolutionsverlauf und sehen wir, wie es *meine* Überzeugung ist, hinter allem den *Meister* oder *Gott*, dann ist es für mich nicht vorstellbar, daß wir als Menschen, die wir auch Geistwesen sind, jetzt in einer *Endzeit* leben sollen – zumindest nicht so, wie uns das Heilslehrer suggerieren möchten. Wir erleben allerdings das zu Ende gehende Zeitalter unter dem Fischezeichen und den Beginn des neuen Weltenmonats, das Wassermannzeitalter. »New Age« oder »Light Age« sind nur andere, zum Teil in Mißkredit geratene Bezeichnungen.

Packen wir einmal die Evolution in einen für uns leicht vorstellbaren Jahresablauf, dann sieht dieser wie folgt aus:

- Urknall vor über 10 Milliarden Jahren – die Erde formt sich/ = materielle Entwicklung → Januar bis September
- es entsteht Leben → Oktober
- sexuelle Fortpflanzung → zweite Novemberwoche
- der erste Fisch kommt aufs Land (Reptilien) → Anfang Dezember
- Dinosaurier erscheinen → und bleiben 5 Tage (so um Weihnachten)
- die erste Affen treten auf → eine halbe Stunde vor Sylvester
- das erste menschenähnliche Wesen erscheint → eine halbe Minute vor Silvester
- Buddha, Mohammed und Jesus Christus erscheinen → fünf Sekunden vor Sylvester

- die industrielle Revolution → eine halbe Sekunde vor Sylvester

Soweit unser »Jahresüberblick«. Auf die naheliegende Frage, was nun an Sylvester wird, weiß niemand eine Antwort: wir haben nach der Evoltuionsuhr noch *eine halbe Sekunde* Zeit – wenn dieses Jahr dann nicht, wie wir es kennen, ganz normal in ein neues übergeht. Wo wäre auch der Sinn, daß die Evolution so abrupt im Jahre 2000 wieder zu Ende sein soll? Seit Millionen von Jahren hat sich unsere Erde konstant auf den heutigen Zustand hin entwickelt.
Allerdings sehen wir in den letzen zwei Jahrhunderten (»in den letzten Sekunden«) eine rasche Beschleunigung des evolutionären Vorganges. Vor 200 Jahren brauchte eine Botschaft nach einem anderen Kontinent noch Monate mittels eines Schiffes. Heute sind wir weltweit *online.*
»Die Geschwindigkeit, mit der sich das Wissen seit dem 18. Jahrhundert vermehrt, ist atemberaubend. Nach einer Studie der Stanford University ist die Menge des Wissens – gemessen am Platzbedarf von Publikationen – von 1800 bis 1966 um das Sechzehnfache gestiegen. Dieser Prozeß hat sich ununterbrochen fortgesetzt. Zu den Hauptindikatoren des Wissensbestandes gehören wissenschaftliche Zeitschriften und Abhandlungen. Die erste erschien 1665 – und 1990 erschienen jeden Tag im Durchschnitt 10 000 wissenschaftliche Artikel.
Wissenschaftler gehören zu den Hauptproduzenten des Wissens. Ende der achtziger Jahre waren weltweit mehr als sechs Millionen Forscher und Entwickler im wissenschaftlich-technischen Bereich tätig. Das dürften 90 Prozent aller Wissenschaftler sein, die es jemals auf der Erde gegeben hat.« [81]

Durch Wissen und Gehirnmasse entsteht nun noch nicht automatisch auch *Weisheit.* Aber doch möglicherweise (oder zwangsläufig?) Veränderungsdruck. Und wie wird die Menschheit damit umgehen? Haben wir an der Wende zum dritten Jahrtausend das Ende unserer Geschichte, *wie wir sie kennen,* erreicht und beginnt mit dem Wassermannzeitalter

eine neue Ära mit ganz anderen, neuen Inhalten? Homo sapiens, quo vadis?
Die Frage ist für mich dann auch nicht, **ob** ein Wechsel und Wandel kommt, sondern **wann** – und was die Konsequenzen sind. Mit einem *Bewußtseinswandel* werden die Menschen einen evolutionären Punkt erreichen, den eine fortschrittliche Lebensform irgendwann einmal erreicht.
In diesem Zusammenhang möchte ich noch einmal global ausgreifen. Viele Menschen denken und handeln im Rahmen ihrer *Kirchturmphilosophie*. Ihre Gedanken kreisen um ihr EGO, die Welt ist ihre Mikrowelt mit selbstgebastelten *Wahrheiten*.
Und doch sind wir eingebettet in ein Makro-Geschehen auf unserem *blauen* Planeten. Keiner hat bisher die Sterne im Universum zählen können, aber statistisch müßte es im unbegrenzten Raum unzählige bewohnbare Planeten geben! Wer kann ausschließen, daß es hier Welten und Kulturformen gibt, die, wie wir, im Raum-Zeit-Kontinuum leben (müssen) – oder andere auf anderen Planten, die als *Geistwesen* diesen Grenzen nicht unterliegen? Wenn sich andere Planeten so entwickelt haben könnten, warum halten wir, da wir doch auch Geistwesen sind, mit unseren fünf Sinnen, eine solch evolutionäre Phase für die Erde für undenkbar? Wir hören ja nicht einmal eine Hundepfeife ...

Die Frage, wie die nächste Evolutionsebene aussehen könnte, weiß niemand zu beantworten. **Peter Russels** Hypothese ist die Integration, wonach 10 Milliarden Individuen als »globaler sozialer Super-Organismus harmonisch und synergetisch zusammenwirken«. [88]
Als langjähriger Mitarbeiter in der Chemieindustrie kann ich eine Aussage von **Maharishi Mahesh Yogi**, einem Physiker (und Ausgang der *transzendentalen* Meditation), nachempfinden: »So wie in einer übersättigten chemischen Lösung ein einziger stabiler Kristallisationskern genügt, um die gesamte Flüssigkeit kristallisieren zu lassen, so reicht es aus, daß weniger als ein Prozent der Menschen ein erweitertes Bewußtsein haben, um dies auch für alle anderen mühelos zu ermöglichen.«

Auch wenn mir dieser Ansatz optimistisch erscheint: wer will sich festlegen, daß dies gänzlich unmöglich sei. Und Hypothesen auf Hypothesen führen nicht weiter. Nur, ich denke bei einer solchen Aussage auch an die Affen auf den japanischen Inseln, wo wir bis heute nicht wissen, wie sich eine Erkenntnis im kleinen Kreis der Affen urplötzlich auch an anderer Stelle ausbreitete, ohne jeglichen direkten Kontakt (vgl. I-2.4).

Peter Russel hat in seinem Buch den erwarteten Evolutionssprung ins Zeitalter des Bewußtseins grafisch dargestellt [88]:

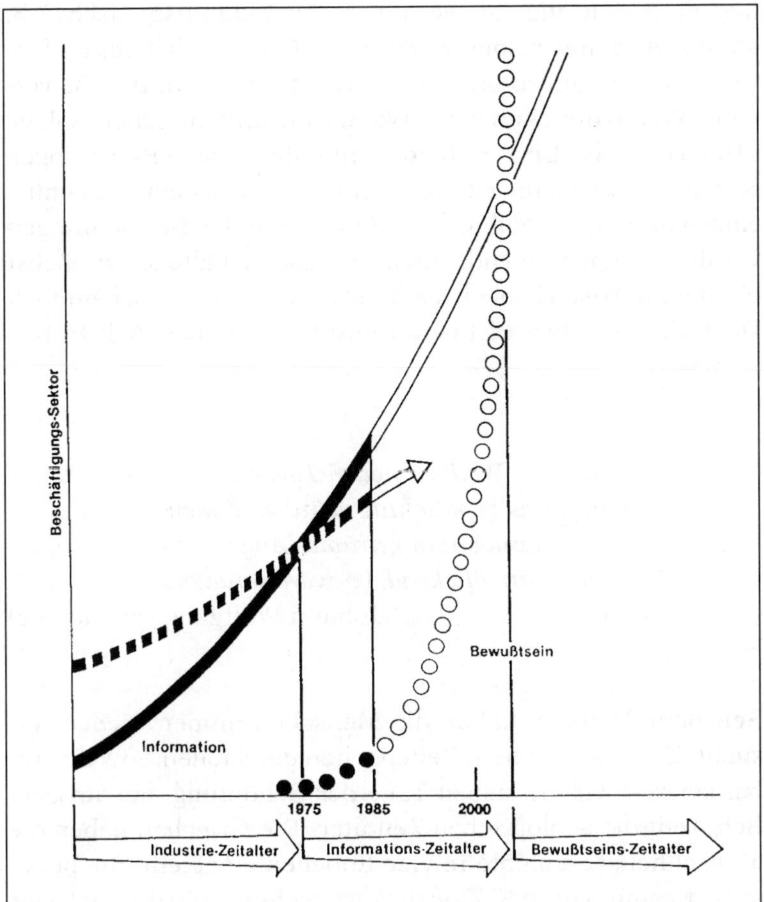

4.1 Eine neue Zeit [91]

Die vieldiskutierte neue Ära, das neue Zeitalter, wird astrologisch und esoterisch als das *Wassermannzeitalter* bezeichnet. Wie sieht nun die historische Entwicklung aus, wann ist der Beginn, was sind die Veränderungen, was hat die Menschheit zu erwarten? Fragen über Fragen, die mit phantasievollen Theorien nicht zu beantworten sind. Zukunftsängste führen ebenfalls nicht weiter.

Diskutieren wir heute dieses Thema in der Gesellschaft, lehnen die einen alles als »esoterischen Zukunftsquatsch« ab, ohne sich damit bisher seriös beschäftigt zu haben, andere vergeistigen nahezu und geben damit wiederum den Beweis von »Wahnvorstellungen«. Wiederum andere sehen solche »Theorien« als »Ersatzreligion« und für manche Psychologen ist das Wassermannzeitalter nichts weiter als ein »Zukunfts-Konstrukt«. Innerhalb dieser Bandbreite der Betrachtungen werde ich nachfolgend, mich an Fakten haltend, zunächst einmal die Historie nachzeichnen, soweit sie uns bekannt ist. Denn die Gegenwart ist ja nur aus der Vergangenheit zu verstehen.

Weil die neuen Tage
sich aus dem Schutz der alten bauen,
kann ein ungetrübtes Auge,
rückwärtsblickend, vorwärtsschauen.
(Johann Wolfgang von Goethe)

Seit dem Altertum haben die Menschen immer wieder versucht, die Geschichte in Zeitepochen einzuteilen. Aus der Bibel kennen wir die sieben Tage der Schöpfung, aus unserer Schulzeit die geologischen Zeitalter. Die Griechen haben die Menschheitsgeschichte in vier Epochen eingeteilt, die persische Kosmologie des Zarathustra rechnet mit dreimal vier

Phasen von 4000 Jahren in einem Weltenjahr von 12000 Jahren. Auch in den indischen Veden kennt man vier Yugazeitalter. Der indische Weisheitslehrer Sri Yukteswar, der Lehrer von Paramahansa Yogananda, rechnete aufgrund astrologischer Erkenntnisse für ein Yuga rund 6300 Jahre [91].

Die uns heute bekannteste ist die astrologische Einteilung nach den zwölf Tierkreiszeichen. Es ist praktisch unser Ziffernblatt der kosmischen Weltenuhr. Die Basis zur Berechnung der großen Zeiträume ist die Wanderung des Frühlingspunktes durch den Tierkreis. Der Frühlingspunkt ist der Ort am Himmelsglobus, wo sich die jährliche Sonnenbahn im Aufstieg von der Süd- zur Nordhemisphäre mit der Ebene des Himmelsäquators schneidet. Dies ist jeweils am 21. März, am Frühlingsbeginn, der Fall.

Jedesmal, wenn der Frühlingspunkt in ein neues Tierkreiszeichen eintritt, beginnt ein neuer Weltenmonat, ein neues Zeitalter und gegenwärtig befindet sich der Frühlingspunkt am Übergang vom Fischezeichen zum Zeichen Wassermann. Wie war das in der Historie bei früheren Übergängen? Nun reichen unsere Geschichtskenntnisse kaum weiter als bis zur Mitte des 5. Jahrtausends vor Christi Geburt. Der Kalender der Mayas und Azteken geht wie die frühägyptische Kultur bis etwa 8500 Jahre vor Chr. zurück. Vieles dieser Jahrtausende ist für uns im Dunkeln geblieben. Platon (640-560 v. Chr.) wurde von ägyptischen Priestern unterrichtet, daß 9000 Jahre vor seiner Zeit der Erdteil *Atlantis* von einer großen Wasserflut zerstört worden sei.

Das war dann aus heutiger Sicht vor rund 12000 Jahren. Die esoterische Lehre geht nun davon aus, daß unsere Erde alle 12000 Jahre durch den sogenannten »manesischen Gürtel« geht und dabei einem Reinigungs- und Läuterungsprozeß unterworfen wird. Nach Platon geht jedesmal, wenn der Frühlingspunkt über die »Achse des großen Phönix« läuft, diesem Geschehen ein moralischer und kultureller Niedergang der Menschheit vorausgeht.

Im astrologischen Weltenhoroskop ist dies die Achse von der 5. zur 11. Hausspitze oder, ausgehend von Tierkreiszeichen,

der Übergang von Jungfrau/Löwe hinüber zu Fische/Wassermann, wie dieser sich gerade in unserer Zeit der Jahrtausendwende ergibt.
Die »manesische Vibration« führt zu klimatischen, geologischen und biologischen Veränderungen. Auch das Erdmagnetfeld wird in Mitleidenschaft gezogen. Platon sah vor über 2000 Jahren für unsere Zeit eine neue Erderschütterung durch »das große Feuer« voraus [91].
Das Feuer ist nun symbolisch auch das Prinzip des Geistes und so könnten wir diese Voraussage auf ein neues Bewußtseinszeitalter umdeuten, in ein Zeitalter des großen geistigen Erwachens. Zunächst aber erst einmal ein Rückblick auf die letzten Weltenmonate:

8550 – 6450 v. Chr.: Das Krebszeitalter
war die Zeit des Matriarchats. Nutzpflanzen wurden angebaut, Haustiere gezüchtet. Um 8000 gab es neolitischen Akkerbau im Irak. In Persien sind Haustiere um 7000 nachgewiesen.

6450 – 4350 v. Chr.: Das Zwillingszeitalter
war die Zeit des Kulturbringers Hermes Trismegistos in Ägypten (siehe Kap. II-2.1). Es ist die Zeit des Lernens, die Zeit der ersten Hochkulturen in Vorderasien. Das Merkurische Denken kam zwischen den damaligen Völkern auf.

4350 – 2250 v. Chr.: Das Stierzeitalter
stand unter der Herrschaft der Venus. Es war die Zeit der babylonischen und chinesischen Hochkulturen und auch der Beginn der Astrologie.
In diese Zeit fällt die Hinwendung zum materiellen Besitztum, Hausrat und Viehbestand. Nahrungsvorräte spielten eine große Rolle. Die Menschen wurden seßhaft: Weidennutzung und Ackerbau wurden wichtig. Es entstand der schollengebundene Bauernstand. Es gab hier bereits Großfamilien, und auch das praktische Handwerk breitete sich aus.

2250 – 150 v. Chr.: Das Widderzeitalter
kennen wir als eine kriegerische, dunkle Zeit. Mit Waffen aus Bronze und Eisen kam es zu größeren kriegerischen Auseinandersetzungen unter mächtigen Heerführern. Es war die Zeit des Judentums unter Moses und die Ära der großen Kulturen Griechenlands, Roms, Persiens und Germaniens.
In dieser dunklen Zeit, vor der Wende zum Fischezeitalter traten innerhalb von zwei Jahrhunderten große Weisheitslehrer auf, die das Denken der Menschheit nachhaltig beeinflußten. Sie waren die geistigen Wegbereiter des neuen Zeitalters von damals (siehe Abschnitt II-2):

Lao-tse	geb. 604	vor Christi Geburt
Pythagoras	580	
Konfuzius	551	
Buddha	536	
Zarathustra	500	
Sokrates	470	
Platon	428	
Aristoteles	384	

150 v. Chr. – 1950 (?) n. Chr.: Das Fischezeitalter
Das Fischezeichen (siehe S. 156) ist ein duales, ein veränderliches Zeichen, ein Symbol der Polarität. Es steht symbolisch für die Gegensätzlichkeit, für die Polarität von Geist und Materie, von Diesseits und Jenseits, von Krieg und Frieden, Freiheit und Gefangenschaft, von männlich und weiblich.
Das Fischezeichen gilt auch als christliches Symbol, das wir auf den Taufbecken in den Kirchen finden. Die Apostel waren Fischer und wurden von Christus zu *Menschenfischern* umgepolt. Der Papst und die Kardinäle tragen den Fischerring, die Bischöfe eine Mitra in Form eines Fischkopfes.

1950 – 2150 n. Chr.: Das Wassermannzeitalter
entspricht einem neuen Weltenmonat, an dessen Beginn wir jetzt stehen, wobei deutlich sein muß, daß die jeweiligen Übergänge so großer Zeitalter fließend und nicht genau auf ein einziges Jahr zu fixieren sind.

So gibt es unterschiedliche Theorien aus verschiedenen Quellen, die in einem Zeitrahmen von 1789, dem Jahr der französischen Revolution, bis über das Jahr 2000 hinaus mit Schwerpunkt der letzten Hälfte des 20. Jahrhundert angesiedelt werden.

Alfons Rosenberg fand das Jahr 1950 empirisch durch seine Methode des *Geschichts-Parallelismus* heraus, wonach sich historische Ereignisse alle 2100 Jahre wiederholen. Die politische Situation um das Jahr 150 vor Christus im europäischen und vorderasiatischen Raum gleicht seiner Ansicht nach derjenigen um das Jahr 1950 nach Christus [91].

Astronomisch kam es am 5.2.1962 zur Wassermann-Konstellation, wonach sich alle alten Planeten Sonne, Mond, Merkur, Venus und Jupiter im Raum 15-18° Wassermann nahe beieinander bewegten. Tatsächlich erlebten wir das Jahr 1962 als eine geschichtsträchtige Zeit:

17.2.1962:	kam die große Flutkatastrophe über Holland
20.2.1962:	John Glenn schaffte die erste Erdumrundung mit einem US-Raumschiff
26.2.1962:	der oberste Gerichtshof in den USA schafft die Rassentrennung ab
16.3.1962:	der erste Cosmos-Satellit der Sowjetunion startet
September 1962:	wir erleben die gefährliche Kuba-Krise
Oktober 1962:	das zweite vatikanische Konzil wird von Papst Johannes dem 23. eröffnet.

Ganz gleich, für wann später einmal der genaue Übergang zum Wassermannzeitalter festgelegt werden kann, festzustellen bleibt, daß wir heute in der Übergangs- und Umbruchphase vom Fische- zum Wassermannzeitalter leben.

Wesentliche, sich verändernde Merkmale im Wassermannzeitalter gegenüber dem bisherigen Weltenmonat sind auf der Seite 156 aufgelistet. Es wird immer weniger ein entweder/oder, vielmehr ein sowohl/als auch, immer weniger ein

Gegeneinander, sondern ein Miteinander, nicht mehr eine Fremd-, sondern eine Selbstbeherrschung geben. Weniger eine Veräußerlichung, mehr eine Verinnerlichung, weniger Detaildenken, sondern mehr Ganzheitsdenken werden im Vordergrund stehen.
Die äußeren Gesetze werden wieder mehr durch innere (Ethik!) ergänzt werden, die Schwerpunkte liegen nicht mehr auf Umweltzerstörung, sondern auf Umweltrettung. Der Fanatismus muß einer Toleranz weichen, und Gott müssen wir nicht mehr im Himmel suchen, sondern in uns und in der Kreatur.
Wassermann und Uranus sind die großen Reformer, und der Reformgedanke steht ja heute allenthalben im Vordergrund – auch wenn der Weltenmonat noch jung ist.

In diesem Sinne müssen wir
frei werden voneinander,
um frei zu werden füreinander!

(Beat Imhof)

»Und in diesem Sinne wird auch die Partnerschaft und die Ehe neue Formen finden.
Das Wassermannzeitalter wurde von **Lessing** und **Fichte** im 18. Jahrhundert als ein Zeitalter des Geistes erwartet. **Schelling** sprach von einer neuen Bewußtseinsstufe, die sich ankündigt und Rudolf **Stein**er nannte das Wassermannzeitalter das ›Michaelische Zeitalter‹. C. G. **Jung** sah es als Zeitalter großer Veränderungen voraus, und er zeigte sich in seinem Buch ›Ein moderner Mythos‹ besorgt um das Los derer, die unvorbereitet von den Ereignissen überrascht werden und ahnungslos der Unfaßbarkeit ausgesetzt sind. Es liegt an uns Menschen, ob das neue Zeitalter Heil oder Unheil, Ab- oder Aufbruch bringen wird.« [91]

Den ersten Schritt der Veränderung zu einem neuen Bewußtsein muß jeder selbst gehen. Um uns auf neue Herausforde-

rungen vorzubereiten, ist **Loslassen** vonnöten. Loslassen von verkrusteten Voreingenommenheiten, von Vorurteilen, von vermeintlichen *Wahrheiten,* von einer fehlgeleiteten Identifikation; von einem falschen EGO. **Hans Küng** nennt das »die Schalen der Vorurteile durchbrechen.« [83]
Die Bedürfnisse des EGO trennen uns von unseren Familien und von unserer Umwelt. Ohne eine egozentrische und eigennützige Einstellung sind wir viel eher in der Lage, mit anderen Menschen zu kommunizieren und zu leben. Wir sind dann in höherem Maße befähigt, unseren Aufgaben mehr mit Mitgefühl und positiver Sorge **um das Ganze** nachzukommen! Nur über Verstehen kommen wir zur Verständigung!
Sehen Sie Ihre Mitmenschen so, wie sie sind. Akzeptieren Sie, daß andere auch anders sind. Leben Sie Ihre Werte, streben Sie nach Ihrer Zielsetzung und leben Sie in Ihrem Glauben. Folgen Sie Ihrer Intuition. Seien Sie nicht bange und glauben Sie an die Zukunft; heute ist der erste Tag dieser Ihrer Zukunft! Halten Sie es mit Luther und handeln Sie **heute**. Werden Sie zu einem »Krieger Ihres Herzens«!* Ich wünsche Ihnen gutes Gelingen!

Sie sind der Mittelpunkt Ihres Lebens – carpe diem!

Man sieht nur mit dem Herzen gut,
das Wesentliche ist für das Auge unsichtbar!
(Antoine de Saint Excupéry;
Der kleine Prinz)

* Krieger = »Menschen, die den Mut haben, sich selbst zu erkennen und die den eigenen Ängsten ins Auge schauen – und damit die Welt verändern.« [92]

Der innere Helfer für das dritte Jahrtausend
(nach Beat Imhof)

1. Nimm dein kleines, irdisches, vergängliches ICH nicht so wichtig; es gehört ja nur vorübergehend zu dir.
2. Sprich so wenig wie möglich über dich und von dir, bedenke, daß es noch Milliarden anderer Menschen auf unserem Planeten gibt.
3. Kümmere dich nicht darum, was andere über dich denken, reden und von dir halten – du kannst es ohnehin nicht allen recht machen.
4. Gib es auf, nach persönlicher Anerkennung und Geltung zustreben. Das zu dir gehört, das kommt dir früher oder später ganz von selbst zu.
5. Sei echt und wahr bei allem, was du denkst, redest und tust; alles Unechte gehört der Vergänglichkeit und Vergessenheit.
6. Sei nicht eitel und bilde dir nicht ein, mehr zu sein, als das, was du wirklich bist. *Sein* ist wichtiger als *Scheinen*.
7. Laß es nicht zu, daß irgend etwas oder irgend jemand dich aus deinem inneren Gleichgewicht bringt; das wäre nur ein Eingeständnis und ein Zeichen innerer Schwäche.
8. Jedem Wesen gegenüber begegne mit dem schweigenden Gruß: »Ich grüße das göttliche Licht in dir.«
9. Auf gedankenlose oder negative Äußerungen deiner Mitmenschen gehe erst gar nicht ein. Versuche stattdessen einen positiven, aufbauenden und ermutigenden Gedanken ins Gespräch zu bringen.
10. Verteidige und rechtfertige dich nicht, wenn du mißverstanden wirst, denn die Stunde der Wahrheit schlägt eines Tages auch für dich.
11. Dein ganzes Sinnen und Trachten sei darauf gerichtet, allen Lebewesen nur wohlwollende Liebe entge-

genzubringen. Bedenke, daß jeder böswillige Schmerz, den du verursachst und jeder übelgesinnte Gedanke, den du denkst, eines Tages auf dich selber zurückfällt.

12. Jede Schwierigkeit, der du begegnest, betrachte als eine Prüfung, in der du dich bewähren sollst. Laß Dich dabei vertrauensvoll führen von himmlichen Mächten und vollbringe mit Freuden die von dir ehemals frei gewählte Aufgabe deines jetzigen Lebens. – So schreite unermüdlich und unbeirrt voran auf deinem Wege zum Licht.

Nicht umsonst leben

Oft und viel lachen;
die Achtung intelligenter Menschen
und die Zuneigung von Kindern gewinnen:
die Anerkennung aufrichtiger Kritiker verdienen
und den Verrat falscher Freunde ertragen;
Schönheit bewundern, in anderen das Beste finden;
die Welt ein wenig besser verlassen,
ob durch ein Kind, ein Stückchen Garten oder
einen kleinen Beitrag zur Verbesserung der Gesellschaft;
wissen, daß wenigstens das Leben eines anderen Menschen
leichter war, weil du gelebt hast.
Das bedeutet, nicht umsonst gelebt zu haben!

(Ralph Waldo Emerson)

Homo sapiens– quo vadis?

V Literatur

1 Quellenangaben

1 Lewis, Oskar: The Children of Sanchez, Autobiography of an Mexican Family, Random House Inc., New York 1961
2 Kraus, Willy: Rede zum 70. Geburtstag Prof. Zimmerer am 4.12.1996
3 Maslow, A.: Psychologie des Seins, Kindler 1973
4 Covey, Stephan R.: Die sieben Wege zur Effektivität, Heyne Campus 1989
5 Spieth R.: Erfolg durch Menschenkenntnis, Heyne 1970
6 ALH, Akademie für ganzheitliche Lebens- und Heilweisen, Studienbriefe zum psychologischen Berater, 42781 Haan
7 Endres, Hans / Fischer, Adele: Der Mensch als Mittelpunkt, Marc Fischer 1994
8 Dorsch, Friedrich: Psychologisches Wörterbuch, Hans Huber, Bern, 12. Auflage 1994
9 Imhof, Beat: Vortrag Mensch und Schicksal am 26.11.1988 in CH-Liesthal
10 Jung, Carl Gustav: Psychologische Typen, Clausen & Bosse / Walter Bd.6, 1995
11 Catell, R.B.: Die empirische Erforschung der Persönlichkeit, 1982
12 Zimbardo, Philip: Psychologie and Life, Psychlogisches Institut Uni Heidelberg 1992
13 Dirks, Heinz: Eine moderne Seelenkunde, Bertelsmann 1960
14 Eysenck H.J.: Persönlichkeitstheorie und Psychodiag. Tests, Diagnostica 11, Springer 1979
15 Schweig, Robert: MTC Seminar, August 1991, 55765 Birkenfeld /Nahe
16 Ammelburg, Gerd: Die Unternehmenszukunft, Haufe 1985
17 Schmerl, Christiane, PSYCHOLOGIE HEUTE, Heft 4/1997
18 Schmidchen, Gerhard: Wie weit ist der Weg nach Deutschland?, Sozialpsycholgie der Jugend i. d. postsozialistischen Welt, Leske-Verlag / DIE ZEIT 2/97
19 PSYCHOLOGIE HEUTE, 8/98
20 Molcho, Samy: Körpersprache als Dialog, Ganzheitliche Kommunikation in Beruf und Alltag, Mosaik 1988
21 Endres, Hans: Menschenkenntnis schnell und sicher, Droemer Knaur 1988

22 Lüke, Alfons: Du bist, wie du schreibst, Ariston 1984
23 Hermann Ned / Hermann Institut Deutschland, Fulda, Seminarunterlagen
23a Gay, Friedbert: DISG Persönlichkeitsprofil, Gabal 1998
23b Auto/Straßenverkehr 3/98, T&M Verlagsges. Berlin
24 Keyserling, Arnold: Atlas des Rades, Verlag der Palme 1995
25 Plichta, Peter: Gottes geheime Formel, Langen Müller 1995
26 Strauss, Alfred: Deutsche Cabbala, Ansata 1931
27 Strauss, Alfred: Die Weltzahl Pi, Ansata 1931
28 Wedemeyer von, Inge: Pythagoras, Weisheitslehrer des Abendlandes, PARAM 1988
29 Reichstein, Herbert: Praktisches Lehrbuch der Kabbala, Magie und Mystik der Namen und Zahlen, Richard Schikowski 1961
30 Dörr, Leni und Hermann J.: Esoterik, was ist das? Lebenskunde 1984
31 Kaku, Michio: Zukunftsvisionen, Lichtenberg / BMW-Magazin 3/98
32 Endres, Hans, Bender, Udo: Numerologie – symbolpsychologische Geburtsdatenanalyse, Institut für ganzheitliche Lebensgestaltung 1991
33 Müller, Hans: Einführung in die pentalogische, pentadische Numerologie, Hans Müller-Verlag, Nachf. Iris Sedella, Arolsen 1975
34 Müller, Hans: diverse Lehrbücher der Pentalogie, Hans Müller-Verlag, Nachf. Iris Sedella, Arolsen
35 Fischer, Adele: Numerologie II– von der Analyse zur Synthese, Marc Fischer 1994
36 Bindel, Ernst: Die geistigen Grundlagen der Zahlen, Freies Geistleben 1980
37 Müller Hans: Der Mensch des Zeitalters, 47 pentadische Menschentypen, Hans Müller-Verlag, Nachf. Iris Sedella, Arolsen 1975
38 Millman, Dan: Die Lebenszahl als Lebensweg; wie wir unsere Lebensbestimmung erkennen und erfüllen können, Ansata 1994
39 Roop, Robert, S.: Das Meisterspiel, Hugendubel 1989
40 DIE ZEIT 32/98: Politische Meinungsbildung in Deutschland, Wandel und Kontinuität der öffentlichen Meinung in Ost und West 8/98, J.H.W. Diez-Verlag
41 Henssler, R.: Die Ethik des Überlebens, FAZ – Blick durch die Wirtschaft vom 13.2.1986
42 Küng, Hans: Schlußrede 30. Kongreß
43 Ruhr-Nachrichten 19.3.1988 MT 4A
44 Krebsbach-Gnath, Camilla: Den Wandel im Unternehmen steuern FAZ – Blick durch die Wirtschaft 1992
45 Lay, Rupert: Ethik für Wirtschaft und Politik, Langen-Müller/Herbig
46 MANAGER MAGAZIN, Heft 5/88

47 ALH, 42781 Haan, Studienbrief Nr. 3 Psychotherapie
48 PSYCHOLOGIE HEUTE, Heft 5/98
49 PSYCHOLOGIE HEUTE, Heft 8/97
50 Toffler, Alvin: Machtbeben, Powershift, Wissen, Wohlstand und Macht im 21.Jahrhundert, Econ 1990
51 Leymann, H.: Mobbing – Psychoterror am Arbeitsplatz und wie man sich dagegen wehren kann, Rowohlt 1993
52 Gruen, Arno: Der Wahnsinn der Normalität – Realismus als Krankheit, Kösel/dtv 1987
Falsche Götter – über Liebe, Haß und die Schwierigkeit des Friedens, Econ 1991
53 MANAGER MAGAZIN 4/92
54 PSYCHOLOGIE HEUTE, Heft 8/86
55 Ammelburg, Gerd: Die Unternehmenszukunft, Strukturen und Führungsstil im Wandel zum 3. Jahrtausend, Haufe 1985
56 PSYCHOLOGIE HEUTE, Heft 7/86
57 Linneweh, Klaus: Bevor es mich zerreißt: Strategien für erfolgreiches Selbstmanagement, Econ 1991
58 Peters, Thomas / Watermann, Robert H.: Auf der Suche nach Spitzenleistungen, Verlag Moderne Industrie 1984
59 Nordhoff, Heinrich, VW-Chef, Vortrag IHK Braunschweig am 28.3.1966
60 MANAGER SEMINARE, Heft 20, 7/95
61 Neuberger, Oswald: Zeitschrift Personalführung 1/90
62 Dethlefsen, Th. / Dahlke R: Krankheit als Weg, Bertelsmann 1988
63 Fischer, Theo: Wu-Wei, die Lebenskunst des Tao, Rowohlt 1998
64 Imhof, Beat: Vortrag 13.8.1988 in Basel
65 Robbins, Anthony: Grenzenlose Energie, Das Power Prinzip, Heyne 1994
66 Tipler, Frank J.: Die Physik der Unsterblichkeit, Piper 1994
67 Schneider-Harpprecht, Chr.: Gott heilt mit / DIE ZEIT 42/98
68 FOCUS 45/1998
69 PSYCHOLOGIE HEUTE: Sind Gläubige gesünder?, Heft 6/97
70 Kallscheuer, O.: Wer glaubt, wird vernünftig / DIE ZEIT 44/98
71 Watzlawick, Paul: Anleitung zum Unglücklichsein, Piper 1996
Vom Schlechten des Guten, dtv 1994
72 Ernst, Heiko: Religion – die Rückkehr des Verdrängten? / PSYCHOLOGIE HEUTE 6/97
73 Benson, Herbert: Heilung durch Glauben – Die Beweise, Heyne 1997
74 Schneider-Harpprecht: Gott heilt mit / DIE ZEIT 42/98
75 Dürckheim Graf, Karlfried: Der Ruf nach dem Meister, Otto W. Barth 1990
76 Willmann, Urs: Wo ist Gott – Ein Versuch über die Wissenschaft vom höchsten Wesen / DIE ZEIT 13/98

77 Scholl, Norbert: Schlag nach bei Rilke / DIE ZEIT 14/98
78 Bô Yin Râ: Das Buch vom lebendigen Gott, Kober Bern 1990
79 Weizäcker von, Carl Friedrich: Worte für ein neues Bewußtsein, Herder 1990
80 Kirkwood, Annie: Marias Botschaft an die Welt, Ch. Falk 1992
81 Nefiodow, Leo A.: Der fünfte Kondratieff, Gabler 1991
82 Bô Yin Râ: Wegweiser, Geistiges Lehrwerk Nr. 12, Kober Bern 1990
83 Küng, Hans: Ewiges Leben?, Piper 1996
84 Capra, Fritjof: Das neue Denken – Die Entstehung eines ganzheitlichen Weltbildes im Spannungsfeld zwischen Naturwissenschaft und Mystik, Scherz 1986
85 Polis Studie: Dietz Verlag Nachf. / DIE ZEIT 32/98
86 Harman, Willis: Bewußt-Sein im Wandel, Bauer 1989
87 Toffler, Alvin: Machtbeben – Wissen, Wohlstand und Macht im 21. Jahrhundert, Econ 1990
88 Russel, Peter: Die erwachende Erde, Heyne 1985
89 Spiesberger, Karl: Das Mantra-Buch, Richard Schikowski 1977
90 Studie des »cabinet d'astronomie des kleinen Vatikans von Clemerie (Meurthe/moselle)« – Astronomische Vorausschau des Jahres 1999 von Carlos Ferrada 1996
91 Imhof, Beat: Zahlen und Zusammenfassung eines Kassetten-Vortrages: »Das Wassermannzeitalter, IMP Zimmermann, Rieden
92 Danaan, Parry: Krieger des Herzens, eine Schulung zur friedlichen Konfliktlösung, Alf Lüchow 1995
93 Allgeier, Kurt: Die großen Prophezeiungen des Nostradamus in moderner Deutung, Heyne 1987

2 Weiterführende Literatur

- Ady, Ronald W. / Götz Hohenstein: Die 100 Gesetze erfolgreicher Unternehmensführung, Langen-Müller / Herbig 1986
- Agor, Weston H.: Intuitives Management, Gabal 1994
- Ammelburg, Gerd:
  Kreativität – die Chance für unsere Zukunft, Ammelburg 1984
  Organismus Unternehmen, Econ 1993
- Aurobindo, Sri: Das Göttliche Leben, Hinder & Deelmann 1974
- Aurobindo: Zyklus der menschlichen Entwicklung, Barth 1975
- Bachinger, Richard: Unternehmenskultur, ein Weg zum Markterfolg, FAZ-Blickbuch 1991
- Barrat, Rodford,: Numerologie, Aurum 1995

- Benedikt, Heinrich E.: Die Kabbala, Bauer 1994
- Berger, Wolfgang: Business Refraiming – Das Ende der Moden im Management, Gabler 1992
- Berne, Eric: Psychologie der menschlichen Beziehungen, Rowohlt 1985
- Berne, Eric: Spiele der Erwachsenen, Rowohlt 1982
- Bernstein, Morey: Protokoll einer Wiedergeburt, Scherz 1990
- Berth, Rolf: Erfolg – Überlegenheitsmanagement, Econ 1992
- Birkenbihl, Michael:
  Chef Brevier – Geheimnisse erfolgreicher Führungskräfte, mvg 1990
  Karriere und innere Harmonie sind möglich, mvg 1991
- Birkenbihl, Vera: Sind Sie ein Gehirnmuffel? Haufe 1983
- Bô Yin Râ; Kober Bern
  Das Buch der königlichen Kunst 1983
  Das Buch vom lebendigen Gott 1990
  Das Buch vom Jenseits 1982
  Das hohe Ziel 1979
  Das Geheimnis 1986
- Börner-Kray, Brunhild: Wassermannzeitalter, Dem Wahren, Schönen, Guten 1986
- Bradshow, John: Das Kind in uns, Droemer Knaur 1992
- Bramley, William: Die Götter von Eden, In-der-Tat-Verlag 1994
- Brantschen, Niklaus: Was ist wichtig? 1980
- Brown, Steven W.: 13 Todsünden des Managers, mvg 1994
- Brückner, G.: Gespräche mit dem Unbekannten, itv 1979
- Brunton, Paul: Karma – Kette von Ursache und Wirkung, esotera 1984
- Bucke, Erhard, Maurice: Die Erfahrung des kosmischen Bewußtseins, Aurum 1988
- Buess, Lynn: Zahlen als Schlüssel zum Selbst – Numerologie für das neue Zeitalter, Bauer 1993
- Butzko, Harald G.: Successoholics – Karriere ohne Reue, Metropolitan 1994
- Capra, Fritjof: Wendezeit-Bausteine für ein neues Weltbild, Scherz 1986
- Carnegie, Dale: Wie man Freunde gewinnt, Rascher 1986
- Cerminara, Gina: Erregende Zeugnisse von Karma und Wiedergeburt, Knaur 1963
- Cheiro: Das Buch der Zahlen, Bauer 1984
- Clauss, Ludwig F.: Die Seele des Anderen, Bruno Grimm 1991
- Coit, Lee: luisteren – je bewust worden van je innerlijke gids, Ankh-Hermes 1985
- Cole – Wittaker, Terry: Mentaltraining im Alltag – Erfolgreiche Techniken zur Lösung von Alltagsproblemen, Peter Erd 1983

- Covey, Stephan R.:
  Die sieben Wege zur Effektivität, Heyne 1982
  Die Geburt einer neuen Kultur, Econ 1986
- Dahlke, Rüdiger: Lebenskrisen als Entwicklungschancen, Bertelsmann 1995
- De Bono, Edward:
  Das Sechsfarben-Denken, Econ 1987
  Taktiken und Strategien erfolgreicher Menschen, mvg
- Deng Ming-Dao: 365 TAO, Ansata 1995
- Dethlefsen, Thorwald/Dahlke, Rüdiger: Krankheit als Weg, Bertelsmann 1983
- Dethlefsen, Thorwald:
  Das Erlebnis der Wiedergeburt, Goldmann 1987
  Das Leben nach dem Leben, Goldmann 1987
  Schicksal als Chance, Bertelsmann / Goldmann 1987
- Diamond, John: Der Körper lügt nicht, VAK 1988
- Dries, Gerd-Manfred: Kreativität, vom reagierenden zum agierenden Menschen, Sauer-Verlag 1982
- Drucker, Peter F.: Managing in Turbulent Times, NY 1993
- Dürckheim Graf von, Karlfried:
  Der Alltag als Übung, Huber 1992
  Durchbruch zum Wesen, Huber 1991
- Dürckheim, Graf von, Karlfried: Mein Weg zur Mitte 1992
  Im Zeichen der großen Erfahrung, mvg 1993
  Vom doppelten Ursprung des Menschen, Herder 1973
  Das Tor zum Geheimen öffnen, Herder 1991
  Von der Erfahrung der Transzendenz, Herder 1993
  Erlebnis und Wandlung 1986
  Zen und Wir, O.W. Barth 1992
  Japan und die Kultur der Stille, O.W. Barth 1992
  Hara, die Erdmitte des Menschen, O.W. Barth 1975
- Eberhard, Lilli: Heilkräfte der Farben – und ihre Anwendung in der Praxis, Drei Eichen-Verlag 1992
- Ehrhardt, Ute: Gute Mädchen kommen in den Himmel, böse überall hin, Krüger 1994
- Eick, Jürgen: Wie man eine Volkswirtschaft ruinieren kann, Societäts 1974
- Endres Hans:
  Ich lerne Umgang mit Menschen, Band 13, Fackel-Bücherei 1988
  Goethes Vision der Zeitenwende, Marc Fischer 1993
- Endres, Hans / Bender, Udo:
  Numerologie – symbolpsychologische Geburtsdatenanalyse, Institut für ganzheitliche Lebensgestaltung, Isselbach 1991
  Das Spirituelle Menschenbild, Knaur 1992

- Endres, Hans / Fischer, Adele: Der Mensch als Mittelpunkt – Das integrale Management, Marc Fischer 1994
- Eschenbach, Ursula G.: Die Typen-Uhr nach der Typologie C.G. Jungs, Bonz 1997
- Ferguson, Marilyn: Die sanfte Verschwörung – persönliche und gesellschaftliche Transformation im Zeitalter des Wassermanns, Sphinx Basel / Knaur 1980
- Fox, Emmet: Macht durch positives Denken, DAS BESONDERE 1982
- Frankl, Viktor E.: .... trotzdem Ja zum Leben, dtv 1982
- Freemantle, David: Der Superboss, mvg 1990
- Freitag, Erhard F.: Kraftzentrale Unterbewußtsein, Goldmann 1990
- Fritsche, Herbert: Der große Holunderbaum, Burgdorf 1991
- Fromm, Erich:
  Haben oder Sein – Die seelischen Grundlagen einer neuen Gesellschaft, dva 1976
  Wege aus einer kranken Gesellschaft, dva 1979
- Gawain, Shakti:
  Kreativ Visualisieren, Sphinx 1986
  Leben im Licht – Quelle und Weg zu einem neuen Bewußtsein, Peter Erd 1987
- Gendlin, Eugene T.: Focusing – Technik der Selbsthilfe bei der Lösung persönlicher Probleme, Otto Müller 1981
- Gerken, Gerd:
  Das Geheimnis der neuen Führung, Econ 1991
  Der neue Manager, Haufe 1986
  Management by love – mehr Erfolg durch Menschlichkeit, Econ 1990
- Gilbert, Adrian, G: / Cotterell, Maurice: Die Prophezeihung der Maya, Econ 1986
- Glasenapp von, Helmuth: Die fünf Weltreligionen, Diederichs 1989
- Golemann, Daniel: Emotionale Intelligenz, Hansel 1995
- Gordon, Thomas (Hrsg.Karlpeter Breuer): Das Gordon-Modell – Anleitungen für ein harmonisches Leben, Heyne 1998
- Gordon, Thomas: Manager Konferenz, Heyne 1998
- Gottschall, Dietmar: Der Hirnscheck, Manager-Magazin 3/82
- Grimm, Bernhard A.: Ethik des Führens – Guter Mensch, schlechter Manager?, Langen-Müller 1994
- Griscom, Chris: Zeit ist eine Illusion, Goldmann 1986
- Gross, Rudolf: Warum die Liebe rot ist – Farbpsychologie im Wandel der Jahrtausende, Econ 1981
- Günther, Jürgen:
  Quo vadis Industriegesellschaft?, Sauer 1984

Halbzeit der Evolution, Scherz 1989
- Hahlbrock, Klaus: Kann unsere Erde die Menschen noch ernähren?, Piper 1991
- Hamann, Rudolf: Sieben Schlüssel der Weisheit, Lebenskunde 1991
- Hamann/Huber: Coaching – Der Vorgesetzte als Trainer, Hoppenstedt 1993
- Hampden-Turner: Modelle des Menschen – Dem Rätsel des Bewußtseins auf der Spur, Beltz 1981
- Hansen, Knut:
  Ausdrucksformen der Persönlichkeit, CT GmbH Taunusstein 1986
  Die Führungspersönlichkeit, CT GmbH Taunusstein 1986
- Harmann, Willis W.: Gangbare Wege in die Zukunft – zur transindustriellen Gesellschaft, Darmstädter Blätter 1978
- Harris, Thomas A.: Ich bin o.K. – Du bist o.K., Rowohlt 1976
- Hawking, Stephen W.: Eine kurze Geschichte der Zeit – Die Suche nach der Urkraft des Universums 1988
- Heider, John: TAO der Führung, Sphinx 1988
- Heiss, Rudolf: Die Deutung der Handschrift, Claasen 1966
- Heller, Robert: Der Manager von Morgen, dtv 1979
- Helwig, Paul; Charakterologie, Teuber-Leipzig 1965
- Hermann, Ned: Kreativität und Kompetenz, das einmalige Gehirn, Paidi/Heyne 1991
- Hesse, Hermann: Das Glasperlenspiel, Suhrkamp 1983
- Hitchcock, Helyn: Das Glück Ihrer Zahlen, Peter Erd 1984
- Höhler, Gertrud: Spielregeln für Sieger, Econ 1992
- Höller, Jürgen: Erfolgreich und glücklich, Econ 1991
- Hunkel, Karin: Die Kraft der Farben, Gräfe und Unzer 1991
- Huxley, Laura A.: Glücklich Sein ist keine Kunst, Sphinx 1989
- Ilg, Hermann: Planet Erde in Wandlung, Wegweiser 1991
- Imhof, Beat, IMP Zimmermann, Rieden/Kaufbeuren:
  Die Heilkraft rechten Denkens 1993
  Was Dich kränkt, macht Dich krank 1994
  und andere Kassetten
- Itten, Johannes: Kunst der Farbe, Mair 1975
- Jahrmarkt, Manfred: Das TAO-Management, Haufe 1988
- James, William: Die Vielfalt religiöser Erfahrung, insel
- Jayakar, Pupul: Krishnamurti – Leben und Lehre, Bauer
- Johanson, Tom: Durch Schatten zum Licht, Bauer
- Jonas, Hans: Das Prinzip Verantwortung – Versuch einer Ethik für die technische Zivilisation, Suhrkamp 1984
- Jung, Carl Gustav: Gesammelte Werke, Band 1 –20, Walter
- Kempe, Klaus / Mehler Ha.A.: Manager Geheimnisse – Wie Führungskräfte ihr ungenutztes geistiges Potential erschließen, Peter Erd 1988

– Kirschner, Josef:
Die Kunst ein Egoist zu sein, Knaur 1976
Hilf Dir selbst, sonst hilft Dir keiner, Knaur 1978
Manipulieren – aber richtig / Die acht Gesetze der Menschenbeeinflussung, Knaur 1978
– Korkowski, E.: Kampf der Dimensionen – Visionen in das III. Jahrtausend, Andersen 1994
– Köster, Susanne A.: Fähigkeiten in Dir entfalten, Gabal 1995
– Koteen, Judi Pope: Der letzte Walzer der Tyrannen, In der Tat 1995
– Kraaz von Rohr, Ingrid: Farbtherapie kurz und praktisch, Bauer 1995
– Krausz, Eduard: Das Universum funktioniert anders, Corona 1990
– Kretschmar, Ernst: Körperbau und Charakter, Springer 1977
– Krishnamurti, J.:
Die letzten Gespräche in Saanen 1985, Aquamarin 1986
Gespräche über das Sein, Barth 1987
– Kritzinger, Helmut W.: Die Lebenslinien Deiner Seele, Esot. Akad. Darmstadt 1993
– Küng, Hans: Projekt Weltethos, Piper 1990
– Künkel, Fritz: Die Arbeit am Charakter, Bahn-Konstanz 1982
– Laddon, Judy: Ontsluiering, Ankh-Hermes Deventer 1984
– Ladensack, Karl: Kreativität im Management, Sauer 1984
– Landolt, Johannes G.: Ende oder Wende? New Age Edition Basel 1987
– Lao Tse: Tao-Te-King, Ansata 1988
– Lauf, Detlef Ingo: Ursprung und schöpferisches Werden, Schlichter 1987
– Lauster, Peter
Lebenskunst, Econ 1993
Ausbruch zur inneren Freiheit, Econ 1995
Der Sinn des Lebens, Econ 1989
Lassen Sie der Seele Flügel wachsen, Rowohlt 1989
Lassen Sie sich nichts gefallen, Econ 1995
Menschenkenntnis, Körpersprache, Mimik und Verhalten, Econ 1989
– Lauterburg, Christoph: Vor dem Ende der Hierarchie – Modelle für eine bessere Arbeitswelt, Econ 1978
– Lay, Rupert:
Ethik für Manager, Econ 1989
Über die Kultur des Unternehmens, Econ 1992
Zwischen Wirtschaft und Christentum, Langen-Müller / Herbig 1986
– Le Boeuf, Michael: The greatest Management Principle in the World, Berkely 1990

- Leuenberger, Hans Dieter: Das ist Esoterik, esotera 1987
- Levi: Das Wassermann Evangelium von Jesus dem Christus, Hugendubel 1990
- Liekens, Paul: Reincarnatie – sleutel tot de zin van het leven, Ankh-Hermes 1984
- Lingermann, Hal A.: Die neun Pfade des Pythagoras, esotera 1996
- Lionel, Frederic: Das Vermächtnis des Pythagoras, Aquamarin 1990
- Looss, Wolfgang, Coaching für Manager – Problembewältigung unter vier Augen, Moderne Industrie 1991
- Lorenz, Konrad: Die acht Todsünden der zivilisierten Menschheit, Piper 1974
- Lorenz, Manfred: Umbruch im biologischen Denken, Lebenskunde 1990
- Lüscher, Max:
  Das Harmoniegesetz in uns, Econ 1993
  Der 4-Farben Mensch, Goldmann 1990
  Die Lüscher-Würfel zur Selbsterfahrung, Econ 1991
  Signale der Persönlichkeit, Econ 1988
- Lynch, Dudley / Kordis, Paul: Delphin Strategien, Paidia 1992
- Maharishi, Mahesh Yogi: Die Wissenschaft vom Sein und die Kunst des Lebens, SRM 1984
- Mann, Rudolf:
  Das ganzheitliche Unternehmen, Scherz 1988
  Das visionäre Unternehmen, Gabler 1990
  Der ganzheitliche Mensch – Lebenssinn und Erfüllung im Beruf, Econ 1991
  Die fünfte Dimension in der Führung, Econ 1993
- Markert, Christopher: Yin-Yang – Het dynamische Evenwicht in ons leven, Prisma 1985
- Maturana, H.R. / Varela F.J.: Der Baum der Erkenntnis, Scherz 1987
- Morres, Desmond: Der Mensch mit dem wir leben, Knauer 1978
- Müller, Hans, Nachf. Iris Sedella, Arolsen:
  Das strahlende System des Geistes 1965
  Die Lehre vom Kraftfeld des Menschen und die Bedeutung des Neuner- Rhythmus 1956
  Die kosmischen Prinzipien 1975
  div. Lehrhefte Pentalogie 1957
- Muller, Robert: Ich lernte zu leben, dianus-trikont 1985
- Müller, Rüdiger: Wandlung zur Ganzheit, Herder 1981
- Müller-Dreesen, Stephanie: Mobbing und Bossing, Hilfe, was tun?, Artha 1995
  Müller-Freienfels, Richard: Du und die Psychologie, Deutscher Verlag, Berlin 1951

- Murphy, Joseph:
  Die Macht der Suggestion, Heyne 1980
  Leben in Harmonie, Goldmann 1987
- Naisbitt, John: Megatrends – 10 Perspektiven, die unser Leben verändern werden – Naturwissenschaft und Religion, Econ 1990
- Neuberger, Oswald:
  Führung. Ideologie – Struktur – Verhalten, Enke 1985
  Führungsverhalten und Führungserfolg, Duncker & Humblot 1985
  Gaukler, Hofnarren und Komödianten, Personalwesen 1992, Heft 15
  Mobbing. Übel mitspielen in Organisationen, Hampp 1995
  Wir, die Firma. Der Kult um die Internehmenskultur, Beltz 1987
  Mikropolitik und Führungsethik, Personalführung Heft 6/89
- Noll, Peter / Bachmann, Hans Rudolf: der kleine Machiavelli – Handbuch der Macht für den alltäglichen Gebrauch, pendo 1990
- Parkinson, Cyril N.: Parkinsonsche Gesetze und andere Untersuchungen über die Verwaltung, Econ 1960
- Peck, Scott M.: Der wunderbare Weg, Goldmann 1991
- Peters, Thomas J. / Watermann, Robert H.: Auf der Suche nach Spitzenleistungen, Moderne Industrie 1984
- Pfützner, Robert: Kooperativ Führen, Bachem 1994
- Plichta, Peter: Gottes geheime Formel, Langen-Müller 1995
- Pouwels / Bergier: Aufbruch ins dritte Jahrtausend, Goldmann 1992
- Riemann, Gerhard (Hrsg.): Der Eingeweihte, Knaur 1985
- Roberts, Jane: Gespräche mit Seth, Goldmann 1972
- Rogers, Carl R.:
  Entwicklung der Persönlichkeit, Klett-Cotta 1998
  Der neue Mensch, Klett 1982
- Rosenstiel, Lutz /Nerdinger, Friedemann W. / Spieß, Erika: Was morgen anders läuft – Die neuen Spielregel für Manager, Econ 1991
- Roth, Eugen: Ein Mensch, Duncker 1995
- Rowe, David C.: Genetik und Sozialisation, die Grenzen der Erziehung, Beltz 1992
- Rückle, Horst: Körpersprache für Manager, Moderne Industrie 1990
- Rüggeberg, Dieter: Christentum und Atheismus im Vergleich zu Okkultismus und Magie, D. Rüggeberg 1989
- Sader, M.: Psychologie der Persönlichkeit, Juvena Weinheim 1992
- Saint Exupéry de, Antoine:
  Der kleine Prinz, K. Rauch 1994
  Man sieht nur mit dem Herzen gut, Herder 1994
  Worte wie Sterne, Herder 1990
- Schellbach, Hans J.: Der neue Weg, Oskar Schellbach 1982
- Schellenbaum, Peter: Abschied von der Selbstzerstörung, Kreuz 1987

- Schircks, Arnulf D.: Management Development und Führung, Hogrefe 1994
- Schirm, Schoenen, Wagner: Führungserfolg durch Selbsterkenntnis, Gabal 1987
- Schmidt, K.O.:
  Der geheimnisvolle Helfer in Dir, Bauer 1989
  Die Religion der Bergpredigt, Drei Eichen 1987
  Der kosmische Weg der Menschheit, Bauer 1989
- Schmidt, Walter: Verantwortung übernehmen im Betrieb, Sauer 1992
- Schnappauf, Rudolf A.: Bewußtseins-Entwicklung – Herausforderung für uns alle, Gabal 1990
- Schulz von Thun, F.: Miteinander Reden Band 1-2, Rowohlt 1996
- Servan-Schreiber, Jean: Die totale Herausforderung, Goldmann 1982
- Sheldon, William: The varities of Human Physique, New York 1942
- Sheldrake, Rupert: Das schöpferische Universum – Die Theorie des morphogenetischen Feldes, Meister 1985
- Silva, José: Die Silva-Mind-Control Methode für Führungskräfte, Peter Erd 1987
- Smith, Manuel:
  Sage nein ohne Skrupel, mvg 1979
  Als ik nee zeg, voel ik mij schuldig, Ambo-Herdruck 1975
- Smothermon, Ron:
  Drehbuch für Meisterschaft im Leben, Context 1986
  Drehbuch III – Transformation statt Veränderung, Context 1991
  Drehbuch IV – Handbuch für das Dritte Jahrtausend, Context 1991
- Spieth, Rudolf: Menschenkenntnis im Alltag, Heyne 1984
- Spinola, Roland, Peschanel Frank, D.: Das Hirn-Dominanz-Instrument, Gabal 1988
- Sprenger, Reinhard K.:
  Mythos Motivation – Wege aus einer Sackgasse, Campus 1994
  Das Prinzip Selbstverantwortung, Wege zur Motivation, Campus 1995
- Steiner, Rudolf, CH – Dornach
  Wie erlangt man Erkenntnisse der Höheren Welten? 1989
  Die Apokalypse des Johannes 1990
- Summer, F.W.: Das kommende Goldene Zeitalter, Ventla 1991
- Swedenborg, Emanuel, Swedenborg-Verlag, 78345 Moos:
  Die wahre christliche Religion 1969
  Himmel, Hölle, Geisterwelt 1963
  Von Seele, Geist und Leib 1981
  div. Hefte / Bücher
- Taniguchi, Masaharu: Die geistige Heilkraft in uns, esotera 1991

– Tauchen, Wilhelm / Wentzel, Gilla: Graphologie als Lebenshilfe – sich und andere besser verstehen, Mehr Wissen 1995
– Tengelmann, Curt: Antiautoritäre Unternehmensführung, Sauer 1991
– Tepperwein, Kurt:
Dein Zahlenschlüssel, Silberschnur 1997
Die Botschaft Deines Körpers, Carval 1998
– Theilhard de Chardin, Pierre: Die Zukunft des Menschen, W. Olten 1991
– Thiel, Erhard: Die Körpersprache verrät mehr als tausend Worte, Ariston 1992
– Thijssen, F.H.: Ethiek van het ondernemen, De Vuurbaak, NL-Barneveld 1986
– Timms, Moira: Zeiger der Apokalypse, Knaur 1981
– Toffler, Alvin:
De derde Golf, Veen Utrecht 1983
Kursbuch ins dritte Jahrtausend 1986
Machtbeben, Powershift, Econ 1990
– Tracy, Diane: Die Machtpyramide – wie man Macht gewinnt, indem man sie abgibt, mvg 1990
– Trevelyan, George: Vision des Wassermannzeitalters, Barth 1985
– Vester, Frederic:
Denken, Lernen, Vergessen, dva 1981
Neuland des Denkens – Vom technokratischen zum kybernetischen Zeitalter, dva 1981
– Vogel, Lothar: Der dreigliedrige Mensch, Dornach 1979
– Vorreiter, Gunther: Die Heilenergie der Edelsteine – Versuch einer naturwissenschaftlichen Deutung und Untersuchung, Deutscher Sachbuchverlag 1994
– Wagner, Hardy: Persönlichkeitsprofil DISG, Gabal 1989
– Wagner-Link, Angelika: Sackgasse Streß?, Thieme 1991
– Wälder-Kirner, Gabriele / Kirner, Friedrich: Auf dem Wege sein – Esoterik Heute, 50 J. Bauer Verlag, Bauer 1987
– Wall, Vicky: Aura Soma, Das Wunder der Farbheilung, H.-J. Maurer 1992
– Weizäcker von, Carl F.:
Die biologische Basis der religiösen Erfahrung, Suhrkamp 1988
Wahrnehmung der Neuzeit, Scherz
Wendezeit – Bausteine für eine neues Weltbild, Scherz 1988
– Wickland, Carl: Dreißig Jahre unter den Toten, Otto Reichl 1988
– Wilber, Ken:
Das holistische Weltbild, Scherz 1981
Das Spektrum des Bewußtseins, Scherz 1987
– Wilber, Ken / Engler, Jack / Brown, Daniel P.: Psychologie der Befreiung, Scherz 1988

- Wilson, Annie/ Bek, Lilla: Farbtherapie – Farben als Schlüssel zur Seele und Medium zur Heilung, Scherz 1984
- Zaleznik, Abraham: Führen ist besser als Managen, Haufe 1989
- Ziegler, Armin: Deutschland 2000 – Die Zukunft von Wirtschaft, Management, Marketing, Technik und Gesellschaft, Econ 1992
- Zink, Jörg: Womit wir leben können – das Wichtigste aus der Bibel in der Sprache unserer Zeit, Kreuz
- Zürn, Peter: Vom Geist und Stil des Hauses – Unternehmenskultur in Deutschland, Moderne Industrie 1983

Bitte faxen oder im frankierten Umschlag senden an:

Herrn
Klaus Deichmann
Landwehr 44

46514 Schermbeck

Fax:
02853/957289

Bitte informieren Sie mich unverbindlich und kostenlos über das Programm für Unternehmer/Führungskräfte:

Erfolg mit System durch Effektivität und Effizienz

Absender

Vorname/Name	Funktion/Abteilung
Straße	Firma
PLZ/Ort	Telefon/Telefax
Datum	Unterschrift